JAVA

para novatos

JAVA

para novatos

Cómo aprender programación orientada a objetos
con Java sin desesperarse en el intento

A. M. Vozmediano

ensegundapersona.es

Java para novatos:

Cómo aprender programación orientada a objetos con Java

sin desesperarse en el intento.

© 2013, 2017 Alfredo Moreno Vozmediano

Primera edición en este formato, junio de 2017.

Revisión del texto, agosto de 2019.

ISBN: 978-1548217853

safeCreative

1 706132 601489

INFO ABOUT RIGHTS

ensegundapersona.es

Información y suscripciones:

http://ensegundapersona.es/suscribete

Introducción

1 A quién va dirigido este libro

Este libro está destinado a aquellas personas que quieren aprender a programar según el paradigma de orientación a objetos y, más concretamente, que quieren aprender a programar en lenguaje Java. No es necesario que hayas programado previamente, aunque si ya sabes programar el proceso será mucho más sencillo, como es lógico.

El libro NO da por hecho que el lector o lectora tenga conocimientos previos sobre programación ni sobre el lenguaje Java, aunque sí supondremos que conoces algunos conceptos genéricos relacionados con la informática como, por ejemplo, qué es el sistema de numeración binario o la diferencia entre un Megabyte y un Kilobyte. No es que sean cuestiones imprescindibles para el programador, pero a veces hay que echar mano de ellas. Si no conoces esos conceptos, te sugerimos que antes les eches un vistazo a cualquier libro sobre introducción a la informática.

2 Qué encontrarás y qué no encontrarás en este libro

En este libro encontrarás toda la información necesaria para convertirte en un programador o programadora de lenguaje Java y, por añadidura, aprenderás a programar siguiendo el paradigma de orientación a objetos, ya que en Java no hay modo de hacerlo de otra forma. El libro comienza con las cuestiones más básicas, como la construcción del primer programa o la utilización del compilador de Java, y avanza hacia temáticas más elaboradas como los flujos dirigidos a ficheros o las estructuras de datos dinámicas. No obstante, se trata de un libro de introducción y aprendizaje, no de un manual avanzado.

Las librerías de Java son gigantescas y un solo libro difícilmente puede abarcarlas. Por suerte, es muy sencillo acceder a la documentación oficial de Java a través de la web de Oracle, la empresa que lo desarrolla en la actualidad (https://docs.oracle.com/javase/8/docs/api/). Si concluyes este libro con éxito (en realidad, mucho antes de hacerlo), podrás utilizar esa documentación cuando necesites usar cualquier componente de la librería, además de las toneladas de documentación no oficial que existen en internet. Sin embargo, sin una base adecuada, toda esa documentación se convierte en un galimatías incomprensible. Esa base es la que pretendemos ofrecerte con este libro.

El libro que tienes en las manos (o en la pantalla) es un *manual de aprendizaje*. Eso significa que está diseñado para leerlo de principio a fin e ir aprendiendo las técnicas del lenguaje mediante un enfoque constructivista, es decir, construyendo nuevos aprendizajes sobre los anteriores. Eso no quiere decir, por supuesto, que sea obligatorio leerlo en ese orden. Es perfectamente posible leer solo las partes que te interesen, o volver sobre ellas cuando sea necesario, pero quien nunca haya trabajado con Java o con lenguajes orientados a objetos encontrará seguramente más claro y productivo empezar por el principio e ir avanzando a lo largo del texto.

En cada capítulo se ha incluido una colección de ejercicios propuestos y/o resueltos. No soy muy amigo de las colecciones de ejercicios. Pienso que es mucho más productivo que el aprendiz pergeñe sus propios programas, llegando hasta donde sus habilidades le permitan en ese momento. Los ejercicios propuestos suelen ser aburridos, por más que el autor intente hacerlos interesantes, y no tienen por qué resultar atractivos para el aprendiz, pudiendo llegar a matar su curiosidad inicial. Sin embargo, mucha gente se siente perdida, sobre todo al principio, si no cuenta con unos cuantos ejercicios con los que practicar. Así que tómate los ejercicios como si fueran unas cuantas tablas gimnásticas con las que sacar músculo por las tardes, no como desafíos que tienes que resolver a toda costa si quieres tener éxito en tu carrera como programador. Es decir: si un ejercicio te resulta aburrido, sencillamente pasa de él y continúa.

Por último, diremos otra cosa que este libro NO es: no es un manual de programación en pseudocódigo. No encontrarás ni una solo línea de pseudocódigo (ni un diagrama de flujo) en él. Este libro va al grano y desde el principio empezaremos a trabajar con Java y a ejecutar nuestros programas en una máquina real. Si eso resulta demasiado para ti y prefieres ir más despacio, encontrarás muchos libros de introducción a la programación que comienzan por pseudocódigo para luego dar el salto a un lenguaje real. Sin ir más lejos, yo mismo hice eso en "Aprender a programar en C: de 0 a 99 en un solo libro".

3 Aviso a navegantes

Soy programador y profesor de informática. Trabajé como programador en la empresa privada, y más tarde di el salto a la enseñanza. He sido profesor de informática durante los últimos diecisiete años. En todo este tiempo, aunque he tocado muchos palos, me he centrado sobre todo en la enseñanza de la programación. Conforme los planes de estudio se actualizaban he pasado por múltiples lenguajes: C, C++, Visual Basic, Java, PHP, Python…

Durante todo este tiempo he desarrollado multitud de materiales para mi alumnado, algunos tan breves como un apunte en un blog, otros visuales como una presentación de diapositivas, y otros mucho más elaborados y extensos como este libro que estás leyendo ahora.

Esta ya larga experiencia me ha permitido comprobar qué cosas funcionan para la mayoría de la gente y qué cosas no lo hacen; en qué orden es mejor introducir los conceptos para no incrementar la confusión que inevitablemente sufre el aprendiz en las primeras semanas; dónde hay que hacer más hincapié y dónde no, etc. Pero no te voy a engañar: aprender a programar es difícil. Siempre encuentro personas que abandonan en el camino, algunas de ellas con unas facultades para programar muy evidentes. La gente que abandona siempre lo hace por una razón: porque tiran la toalla.

Aprender a programar es una tarea larga, difícil y a veces ingrata. Se tardan en ver resultados, y eso puede desalentar al más animoso. Es necesario un compromiso personal por parte del aprendiz y una gran fuerza de voluntad, exactamente igual que al enfrentarse a cualquier otro aprendizaje complejo. Nadie pretende aprender un idioma extranjero en 24 horas y, si alguien te promete que puede lograrlo, seguramente te está tratando de embaucar.

Programar también es una labor apasionante, creativa y absorbente. Pasado un cierto punto de no retorno, cuando los conceptos básicos ya están asimilados y el aprendiz *piensa* todo el tiempo en *modo programador*, la parte más dura habrá quedado atrás y a partir de entonces la experiencia es mucho más disfrutable, porque delante de ti solo encontrarás desafíos tecnológicos más que conceptuales.

El objetivo de este libro es acompañarte en la parte más ardua del camino y ayudarte a traspasar ese punto de no retorno. Pero no lo dudes: eso no puede hacerlo ningún libro ni profesor por ti. Solo puedes hacerlo tú.

Así que, ya lo sabes. Hay dos tipos de aprendices de programación: los que abandonan y los que no. Si tú perteneces al primer o al segundo grupo es algo que te corresponderá a ti decidir, y nadie podrá tomar la decisión por ti.

Estoy convencido de que, con el esfuerzo debido, cualquier persona puede aprender a programar. Lo he visto muchas veces. Piensa que, por muy difícil que resulte, por muy arcana que parezca la labor del programador, los lenguajes de programación no dejan de ser más que invenciones humanas, artefactos creados por gente como tú o como yo que cada día usan a lo largo y ancho del globo millones de personas como tú o como yo. Y si ellos han podido aprender, tú también puedes.

Y ahora, ¿estás preparado (o preparada) para empezar?

4 Organización del texto

Para ayudarte a orientarte en la geografía de este libro, te ofrecemos aquí un breve esquema de qué encontrarás en los siguientes capítulos y dónde encontrarlo.

Hemos dividido el libro en seis capítulos de nivel de dificultad creciente, de modo que el libro pueda leerse de principio a fin, pero también consultarse con facilidad por partes.

En el Capítulo 1 introduciremos algunos conceptos fundamentales para entender cómo trabaja Java: qué tipos de lenguajes de programación existen, qué diferencias hay entre compilar e interpretar y cómo funciona la *semicompilación* de Java y la máquina virtual JVM. Después hablaremos de las herramientas que vamos a necesitar para desarrollar programas con Java, construiremos nuestro primer programa (que compilaremos y ejecutaremos) y presentaremos los tipos de datos primitivos.

En el Capítulo 2 nos meteremos de lleno en el paradigma de la programación orientada a objetos. La idea es desarrollar dentro del paradigma desde el principio, y por eso lo introduciremos tan pronto, siguiendo la tendencia más reciente en las metodologías de enseñanza de la programación de ordenadores. Haremos varias analogías para que el lector pueda asimilar bien los conceptos fundamentales, y a partir de ellas presentaremos las clases, objetos, métodos y atributos de forma clara y con ejemplos.

En el Capítulo 3 hablaremos de las estructuras de control que nos permitirán crear algoritmos en el interior de las clases: secuencias, selecciones e iteraciones serán los protagonistas de este capítulo. Proporcionaremos algunas reglas de estilo y también introduciremos el control de excepciones, tan importante en Java.

En el Capítulo 4 profundizaremos en el paradigma de orientación a objetos desde el punto de vista de Java, hablando de constructores y destructores, interfaces, clases abstractas, herencia, *wrappers*, polimorfismo y clases anidadas, todo ello con múltiples ejemplos que faciliten la comprensión del lector/a.

En el Capítulo 5 estudiaremos las clases para almacenamiento de datos complejos: arrays clásicos y colecciones de Java, principalmente. Hablaremos de ordenación, búsqueda, iteradores y arrays de objetos. Por supuesto, no nos olvidaremos de profundizar en los Strings.

Por último, en el Capítulo 6 nos centraremos en los flujos de datos y, en concreto, en los flujos que permiten leer y escribir datos en ficheros en memoria secundaria. Trabajaremos con ficheros de texto y binarios, así como con ficheros de organización secuencial, aleatoria e indexada.

5 ¿Alguna sugerencia?

Ningún texto está por completo libre de errores y este, sin duda, no es una excepción. Si encuentras cualquier cosa que te chirríe, o simplemente quieres hacer alguna sugerencia, puedes escribirnos a admin@ensegundapersona.es. Te aseguramos que lo tendremos muy en cuenta para futuras ediciones.

CAPÍTULO 1: INTRODUCCIÓN A LA PROGRAMACIÓN CON JAVA

En este capítulo introduciremos las herramientas fundamentales que cualquier programador de Java necesita llevar en su caja de herramientas y conocer en profundidad.

Comenzaremos con un repaso muy breve de algunos conceptos clave para comprender lo que vendrá después, como la diferencia entre compiladores e intérpretes o las máquinas virtuales. Luego hablaremos del JDK de Java y del software que necesitaremos instalar en nuestra máquina para poder desarrollar aplicaciones en Java.

Entonces será el momento de dar el salto a Java. Haremos una pequeña introducción histórica al mismo y rápidamente crearemos nuestro primer programa. Gracias a él, aprenderemos la estructura básica de un programa en Java y usaremos el compilador y la máquina virtual.

Acabaremos el capítulo hablando de los tipos de datos primitivos de Java, las constantes, las variables, las expresiones y los operadores. Con esto ya tendremos a nuestra disposición los ladrillos básicos con los que, más adelante, poder levantar un edificio.

1 Conceptos fundamentales

Es este apartado vamos a introducir muy someramente algunos conceptos básicas (muy pocos, en realidad) que debes tener claros antes de empezar a programar. Del mismo modo que nadie se lanzaría a conducir un coche sin conocer al menos lo más importante del código de circulación, ni nadie construiría su propia casa sin saber algo sobre materiales e instalaciones, es demasiado aventurado pensar que podemos programar un ordenador sin saber algunas cosas importantes sobre esos silenciosos compañeros de escritorio.

Sin embargo, si tienes tiene cierta experiencia con ordenadores o ya has programado antes, es posible que prefieras pasar al apartado 3, donde empezaremos a hablar de Java.

Por último, si quieres una introducción mucho más extensa y formal a los conceptos que encontrarás a continuación, puedes encontrarla en el libro "Aprender a programar en C: de 0 a 99 en un solo libro", donde dedico muchas más páginas a hablar de todo esto.

1.1 Programar un ordenador es como hablar con un extraterrestre

Imagínate que un buen día te tropiezas con un extraterrestre (y no es una metáfora: me refiero a un extraterrestre de verdad, o sea, de los de las películas). El extraterrestre se ha perdido de algún modo en nuestro pequeño planeta y no sabe nada sobre costumbres locales. ¿Cómo podrías comunicarte con él?

Parece, en principio, una tarea imposible. Pero existe un lenguaje que sin duda compartimos: el de las matemáticas. Según todos los indicios, los principios matemáticos son universales y, por lo tanto, verdaderos tanto aquí como en la galaxia de Andrómeda. No, no te asustes. No vamos a hablar de cálculo diferencial ni del teorema de Chaucy. Esos son asuntos fascinantes, pero no imprescindibles para aprender a programar. Nos referimos más a matemáticas del tipo dos y dos son cuatro. Así que nuestro extraterrestre debe saber que dos y dos son cuatro, aunque a las ideas de "dos", "cuatro" y "más" las llame de otra forma.

Supongamos, para simplificar, que el extraterrestre conoce algunos rudimentos de la lengua terrícola (castellano, para más señas), lo suficiente para entender esos términos aritméticos simples ("dos", "cuatro", "más", "por", "mayor que", "igual que", y esas cosas). No sería difícil, por otro lado, enseñárselos. ¿Cómo podríamos, basándonos en esos términos, pedirle al extraterrestre que hiciese una tarea más complicada, como, digamos, averiguar cuál es el valor medio de una serie de diez números?

Primero, le tendríamos que decir que necesita conocer cuáles son esos diez números, ¿no? Eso ya se lo diré yo, que para eso soy el autor del hallazgo del extraterrestre. Cuando tenga los diez números, deberá sumarlos y, el resultado de esa suma, dividirlo entre diez. Así que esto es lo que le diríamos al extraterrestre, gritando mucho como cuando un japonés nos pregunta por dónde se va al Ayuntamiento:

- "Primero, me tienes que pedir los diez números"

- "Luego, cuando te los haya dado, los sumas"

- "Cuando tengas la suma, lo divides entre diez y me dices el resultado"

Formalicemos un poco lo que tendríamos que pedir al extraterrestre que hiciera:

- Paso 1: Pedir diez números (llamémosles N1, N2, N3, ... N10) al terrícola.

- Paso 2: Calcular suma = N1 + N2 + N3 + ... + N10

- Paso 3: Calcular media = suma / 10

- Paso 4: Comunicar el valor de media al terrícola

Pues bien, *esto es un programa*. Si nuestro extraterrestre es un ordenador y si los cuatro pasos anteriores los escribimos en un lenguaje un poco más formal que el que hemos empleado, tendremos un programa comprensible por el ordenador (recuerda: él es el extraterrestre, y tú el terrícola)

Podemos complicar el conjunto de órdenes que le transmitimos para pedirle al extraterrestre que haga cosas mucho más complicadas, como resolver una integral indefinida o calcular el tiempo previsto para mañana, pero, en esencia, esta es la idea.

Ahora tratemos de pedirle que haga algo un poco más complicado: que, primero, me pregunte cuántos números le voy a dar, y que luego me vaya pidiendo los números, para después calcular el valor medio de todos ellos. Tendríamos así un programa básicamente igual al anterior, pero más general, ya que no tiene por qué funcionar siempre con 10 números, sino que lo hará con cualquier cantidad de ellos.

Piénsalo un momento antes de mirar la solución. Aquí está el meollo de todo lo que vendrá luego. Ponte en el lugar del extraterrestre que, al fin y al cabo, es quien recibirá las instrucciones:

- Paso 1: Preguntar al terrícola cuántos números piensa decirme (llamar a esta cantidad A)

- Paso 2: Usar la letra S para referirme a la suma de los números que voy a empezar a pedir al terrícola enseguida. S valdrá cero inicialmente.

- Repetir A veces los pasos 3 y 4:

- Paso 3: Pedir al terrícola un número (lo llamaré N)

- Paso 4: Sumar N a los números que ya había sumado antes (S = S + N).

- Paso 5: Calcular media = S / A

- Paso 6: Comunicar al terrícola el resultado de mis cálculos (es decir, el valor de media)

Pasémosle al extraterrestre este conjunto ordenado de instrucciones y pidámosle que las siga: estaremos ejecutando el programa. ¿Que no te lo crees? Pues mira, más abajo hemos puesto ese programa escrito en un lenguaje de programación que tal vez te suene: lo llaman Java. Cuando mires el código, no dejes que los árboles te impidan ver el bosque. No es necesario que entiendas hasta el último detalle, solo intenta descubrir la espina dorsal del programa y verás que es la misma que escribíamos en castellano un poco más arriba:

```
System.out.println("¿Cuántos números piensas decirme?");
int a = Integer.parseInt(System.console().readLine());
int i = 0, s = 0;
while (i < a) {
    System.out.println("Dime un número");
    int n = Integer.parseInt(System.console().readLine());
    s = s + n;
    i = i + 1;
}
float media = s / a;
System.out.println("La media vale: " + media);
```

1.2 Algoritmos

Técnicamente, la lista de instrucciones para nuestro extraterrestre que hemos escrito más arriba es un *algoritmo*. Para realizar cualquier programa es necesario idear previamente un algoritmo. Puede hacerse con papel y lápiz, con un programa de diseño superavanzado o en la oscuridad hermética del interior de nuestro cerebro: el cómo no importa. Lo importante es idear el algoritmo. Sin algoritmo, no existiría el programa.

Un algoritmo, por ser un poco más formales, es *una secuencia ordenada de pasos que conducen a la solución de un problema*. Los algoritmos tienen tres características fundamentales:

* 1) Son precisos, es decir, deben indicar el orden de realización de los pasos.

* 2) Están bien definidos, es decir, si se sigue el algoritmo dos veces usando los mismos datos, debe proporcionar la misma solución.

* 3) Son finitos, esto es, deben completarse en un número determinado de pasos.

Por ejemplo, vamos a diseñar un algoritmo simple que determine si un número N es par o impar:

* 1) Inicio

* 2) Si N es divisible entre 2, entonces ES PAR

* 3) Si N no es divisible entre 2, entonces NO ES PAR

* 4) Fin

Si te fijas bien, este algoritmo cumple las tres condiciones enumeradas anteriormente (precisión, definición y finitud) y resuelve el problema planteado. Lógicamente, al ordenador no le podemos dar estas instrucciones tal y como las hemos escrito, sino que habrá que expresarlo en un lenguaje de programación. Al hacerlo así, habremos convertido un algoritmo en un programa. ¿Fácil, no?

2 Los lenguajes de programación

Podemos definir un lenguaje de programación como **un conjunto de símbolos que se combinan de acuerdo con una sintaxis bien definida para posibilitar la transmisión de instrucciones a la CPU** (definición extraída de QUERO, E., *Fundamentos de programación*, Ed. Paraninfo, 2003).

Dicho de otro modo: el lenguaje de programación es el código con el que podemos transmitir al ordenador las órdenes de un programa. Hasta ahora hemos usado pseudocódigo (y, en menor medida, diagramas de flujo) para escribir esas órdenes. Ahora llega el momento de traducir ese pseudocódigo en un código real, el lenguaje de programación, comprensible por la máquina.

Lenguajes de programación hay muchos, cada uno con sus ventajas e inconvenientes. Conviene, por tanto, clasificarlos en categorías. Encontrarás habitualmente estas tres clasificaciones:

- La primera, según la época del lenguaje y el paradigma (o estilo) de programación que permite.

- La segunda, atendiendo al nivel de abstracción del lenguaje, distinguirá entre lenguajes de bajo nivel y de alto nivel.

- La tercera, según el proceso de traducción a código máquina, distinguirá entre lenguajes interpretados, compilados y ensamblados.

Hay otras formas de clasificar los lenguajes, desde luego, pero por ahora nos servirá para orientarnos.

2.1 Brevísima evolución histórica de los lenguajes de programación

Desde los gloriosos tiempos del ENIAC y el UNIVAC, que se programaban accionando interruptores y palancas, han cambiado mucho las cosas. Los estilos de programación han evolucionado mediante un proceso continuo de investigación, ensayo y error, y podemos distinguir estos periodos:

- El periodo de programación desestructurada de las primeras décadas de la informática (más o menos, entre 1950 y 1970).

- El periodo de la programación estructurada clásica (entre 1970 y 1990)

- El periodo de la programación modular, que coexiste con la anterior (entre 1970 y 1990)

- El periodo de la programación orientada a objetos (desde la década de 1990 hasta la actualidad)

2.1.1 Programación desestructurada

Un programa de ordenador, como hemos dicho, es un conjunto de instrucciones que el ordenador puede entender y que ejecuta en un determinado orden. Generalmente, el orden de ejecución de las instrucciones es el mismo que el orden en el que el programador las escribió, pero en ocasiones, como veremos, es imprescindible repetir un conjunto de instrucciones varias veces (a esto se le llama técnicamente bucle), o saltar hacia delante o hacia atrás en la lista de instrucciones.

La programación desestructurada clásica utiliza indistintamente bucles y saltos entremezclados hasta conseguir el correcto funcionamiento del programa. Debido a ésto, este tipo de programación es farragosa, confusa, e implica una alta probabilidad de errores. Estos defectos se hacen más patentes cuanto más grande es el programa, llegando a un punto en que el código se hace inmanejable (es lo que se suele denominar código spaghetti)

Este tipo de programación cayó en desuso tras la crisis del software de los años 70. Hoy se considera una mala práctica y debe ser evitada siempre.

Los lenguajes de programación más antiguos pertenecen a esta época: Fortran, Cobol, Simula, Basic... Muchos de ellos han evolucionado y cambiado con el tiempo para adaptarse a los nuevos paradigmas, y por eso aún siguen usándose, aunque de forma mucho más marginal que en sus buenos tiempos.

2.1.2 Programación estructurada

E. W. Dijkstra, de la Universidad de Eindhoven, introdujo este concepto en los años 70 del siglo XX con el fin de eliminar las limitaciones de la programación convencional.

La programación estructurada es una técnica de programación que utiliza una serie de estructuras específicas que optimizan los recursos lógicos y físicos del ordenador. Estas estructuras (de ahí viene el nombre de programación estructurada) y las reglas de uso que implican las veremos en más adelante y las pondremos en práctica a lo largo de todo el libro, ya que Java las ha heredado directamente de los lenguajes de aquella época.

A este tipo de lenguajes también se les llama a veces *imperativos* o *de tercera generación*.

Ejemplos de lenguajes estructurados son C, Pascal o Modula-2. Los lenguajes más antiguos, como Fortran o Cobol, evolucionaron para adaptarse a este paradigma, aunque seguía permitiendo hacer programación desestructurada si el programador así lo deseaba.

2.1.3 Programación modular

Esta otra técnica de programación no es excluyente de la anterior, sino que se pueden utilizar conjuntamente. Es decir, un programa puede ser a la vez modular y estructurado. Y, de hecho, suele serlo.

La programación modular consiste en dividir un programa complejo en varios programas sencillos que interaccionan de algún modo. Cada programa sencillo se llama módulo y deben ser independientes entre sí, es decir, no deben interferir con otros módulos, aunque sí cooperar con ellos en la resolución del problema global.

2.1.4 Programación orientada a objetos

La programación orientada a objetos (OOP, por sus siglas en inglés, Object-Oriented Programming) es una evolución de la anterior. Básicamente, es programación estructurada y modular en la que las instrucciones y los datos se encapsulan en entidades llamadas clases, de las que luego se crean los objetos. Tanquilidad: por ahora no te preocupes de esos detalles. Pronto llegaremos.

En la actualidad, todos los lenguajes imperativos modernos permiten algún tipo de orientación a objetos, y es el estilo de programación predominante en la industria. Incluso los lenguajes más clásicos (como C), han evolucionado para permitir la orientación a objetos (C++).

Casi todos los lenguajes de los que hayas oído hablar recientemente son orientados a objetos en mayor o menor medida: C++, C#, Java, Python, Ruby, PHP (en sus primeras versiones, no lo era), Javascript (no confundir con Java), Visual Basic, Dephi y un largo etcétera.

Java, el lenguaje que aprenderemos a usar en este libro, está orientado a objetos y fue creado y diseñado con ese propósito. En Java no se puede programar de otro modo que no sea mediante orientación a objetos.

2.1.5 Otros paradigmas de programación

Existen otros estilos de programación muy diferentes de los mencionados, tales como la programación declarativa o la funcional, pero se utilizan en ámbitos muy específicos y minoritarios (por ejemplo, en las investigaciones con inteligencias artificiales) y no es nuestro propósito describirlos aquí.

2.2 Lenguajes de alto y bajo nivel

El ordenador, como es sabido, solo puede manejar ceros y unos, es decir, código o lenguaje binario. Los seres humanos, por el contrario, utilizamos un lenguaje mucho más complejo, con montones de símbolos y reglas sintácticas y semánticas, que denominaremos lenguaje natural.

Entre estos dos extremos (lenguaje binario y lenguaje natural) se encuentran los lenguajes de programación. Tienen cierto parecido con el lenguaje natural, pero son mucho más reducidos y estrictos en su sintaxis y semántica, para acercarse a las limitaciones del lenguaje binario.

Hay lenguajes de programación muy próximos al lenguaje binario: a éstos los llamamos lenguajes de bajo nivel de abstracción. Y los hay más próximos al lenguaje natural: son los lenguajes de alto nivel de abstracción.

2.2.1 Lenguajes de bajo nivel

Son los lenguajes más cercanos a la máquina. Los programas directamente escritos en código binario se dice que están en lenguaje máquina que, por lo tanto, es el lenguaje de más bajo nivel que existe.

Las instrucciones del lenguaje máquina realizan tareas muy sencillas, como, por ejemplo, sumar dos números, detectar qué tecla se ha pulsado en el teclado o escribir algo en la pantalla del ordenador. Cuando se combinan adecuadamente muchas de estas instrucciones sencillas se obtiene un programa de ordenador que puede realizar tareas muy complejas.

A pesar de la simplicidad de las instrucciones del lenguaje máquina, la forma de escribirlas es muy complicada, ya que hay que hacerlo en binario. En los primeros años de la informática los ordenadores se programaban directamente en lenguaje máquina, lo cual convertía la tarea de programar en una verdadera pesadilla. Por ejemplo, una instrucción para sumar dos números en lenguaje máquina puede tener este aspecto:

`110100100101110010100010001001111010010110110`

Cuando los ordenadores fueron haciéndose más potentes, pronto se vio que con el lenguaje máquina no se podrían crear programas que aprovechasen esa potencia por la sencilla razón de que era demasiado difícil programar así: no se podía hacer nada demasiado complicado porque el cerebro humano no está "diseñado" para pensar en binario.

Surgió entonces la idea de utilizar el propio ordenador como traductor: ¿por qué no escribir una instrucción como la anterior, que suma dos números, de una forma más parecida al lenguaje humano y que luego un pequeño programa de ordenador se encargue de traducir esa instrucción a su correspondiente ristra de ceros y unos? Así apareció el lenguaje ensamblador, cuyas instrucciones son equivalentes a las del lenguaje máquina, pero se escriben con palabras similares a las del lenguaje humano. Por ejemplo, para sumar dos números, la instrucción en ensamblador puede ser algo como:

`ADD  D1, D2`

Los lenguajes de bajo nivel se caracterizan por ser dependientes del hardware de la máquina. Es decir: un programa escrito en lenguaje máquina o en ensamblador para un procesador con arquitectura x86 no funcionará, por ejemplo, en un smartphone con arquitectura ARM, a menos que sea modificado sustancialmente. Incluso puede tener serios problemas para funcionar en máquinas de la misma familia pero con el resto del hardware diferente, o con un sistema operativo distinto.

2.2.2 Lenguajes de alto nivel

Siguiendo el razonamiento anterior (utilizar el propio ordenador como traductor), en los años sesenta se empezaron a desarrollar lenguajes cada vez más complejos, en los que cada instrucción ya no se correspondía exactamente con una instrucción del lenguaje máquina, sino con varias. Estos son los lenguajes de alto nivel o, simplemente, L.A.N. (no confundir con "red de área local")

Lógicamente, la traducción desde un lenguaje de alto nivel a lenguaje máquina es mucho más compleja que desde lenguaje ensamblador, por lo que los traductores se han hecho cada vez más complicados.

Una característica muy importante de los lenguajes de alto nivel es que son independientes del hardware, lo que implica que los programas desarrollados con estos lenguajes pueden ser ejecutados en ordenadores con hardware totalmente distinto. A esto se le llama portabilidad.

Los programas encargados de traducir el código de alto nivel a código máquina se llaman compiladores e intérpretes. Son programas muy complejos que generan el código binario equivalente al código de alto nivel para una máquina concreta. Por lo tanto, el programa de alto nivel, que es portable de un hardware a otro, debe ser traducido a código máquina en cada tipo de máquina en la que se pretenda ejecutar.

Los ejemplos de lenguajes de alto nivel son innumerables, y la lista incluye casi todos de los que has oído hablar alguna vez: Basic, Cobol, Fortran, Ada, C, PHP, Python, Java, Perl, etc.

2.2.3 Comparación entre los lenguajes de alto y bajo nivel

LENGUAJES DE BAJO NIVEL	LENGUAJES DE ALTO NIVEL
Ventajas	Inconvenientes
Son comprensibles directamente por la máquina (aunque el ensamblador necesita una pequeña traducción)	Necesitan ser traducidos por medio de complicados programas (compiladores e intérpretes)
Los programas se ejecutan muy rápidamente (si están bien escritos, claro)	La traducción automática del código de alto nivel al código máquina siempre genera programas menos eficientes que si se escribieran directamente en binario
Ocupan menos espacio en memoria	Ocupan más espacio en memoria
Permiten controlar directamente el hardware, por lo que son apropiados para la programación de sistemas	En general, solo pueden acceder al hardware utilizando al sistema operativo como intermediario. Pero, entonces, ¿cómo programar el sistema operativo, que necesita controlar directamente el hardware?
Inconvenientes	Ventajas
Son completamente dependientes del hardware. Un programa escrito para determinado tipo de máquina no funcionará en un ordenador con diferente arquitectura.	Son portables, es decir, independientes del hardware. Un programa escrito en una máquina puede funcionar en otra con hardware distinto, siempre que se vuelva a traducir a binario en la máquina nueva.
Incluso los programas más sencillos son largos y farragosos	Los programas son más sencillos, ya que una sola instrucción puede equivaler a varias instrucciones binarias.
Los programas son difíciles de escribir, depurar y mantener	Los programas son más fáciles de escribir, depurar y mantener
Es imposible resolver problemas muy complejos	Es posible, aunque difícil, enfrentarse a problemas muy complejos

Enfrentando las ventajas e inconvenientes de unos y otros, se concluye que, en general, es preferible usar lenguajes de alto nivel para el desarrollo de aplicaciones, reservando los de bajo nivel para casos muy concretos en los que la velocidad de ejecución o el control del hardware sean vitales. Por ejemplo, los sistemas operativos más conocidos, como Windows, MacOS o Linux, están programados casi en su totalidad con lenguajes de alto nivel (generalmente C o C++), reservando un pequeño porcentaje del código a rutinas en ensamblador.

También hay que destacar que no todos los lenguajes de alto nivel son iguales. Los hay de "más alto nivel" que otros. C tiene sin duda menor nivel de abstracción que, por ejemplo, Java; pero, por eso mismo, los programas en C son más rápidos y eficientes que los escritos en Java, y también más difíciles de escribir y depurar.

De modo que no hay un lenguaje mejor que otro: todo depende de para qué lo queramos.

2.3   Ensambladores, compiladores e intérpretes

Cuando programamos en un lenguaje distinto del lenguaje máquina, nuestro código debe ser traducido a código binario para que el ordenador pueda entenderlo y ejecutarlo. Existe un programa específico encargado de hacer esa traducción y que, dependiendo del lenguaje en el que hayamos escrito nuestro programa, puede ser un ensamblador, un compilador o un intérprete.

2.3.1 Ensambladores

Se llaman ensambladores los programas encargados de traducir los programas escritos en ensamblador a código binario.

Fíjate que tanto el programa traductor como el lenguaje se llaman del mismo modo: ensamblador.

Como el lenguaje ensamblador es muy próximo al binario, estos traductores son programas relativamente sencillos.

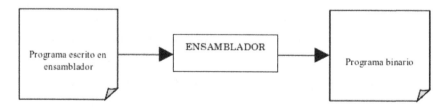

Fig. 1: El programa ensamblador traduce el código ensamblador a código binario.

2.3.2 Compiladores

El compilador es un programa que traduce el código de alto nivel a código binario. Es, por tanto, parecido al ensamblador, pero mucho más complejo, ya que las diferencias entre los lenguajes de alto nivel y el código binario son muy grandes.

El programa escrito en lenguaje de alto nivel se denomina programa fuente o **código fuente**. El programa traducido a código binario se llama programa objeto o **código objeto**. Por lo tanto, el compilador se encarga de convertir el programa fuente en un programa objeto.

Una vez que se ha obtenido el programa objeto ya no es necesario volver a realizar la traducción (o compilación), a menos que se haga alguna modificación en el programa fuente, en cuyo caso habría que volver a compilarlo.

El programa objeto, una vez generado, puede ejecutarse en la máquina en la que fue compilado, o en otra de similares características (procesador, sistema operativo, etc.). Cuando se usa programación modular, puede ser necesario un proceso previo de enlace de los diferentes módulos, pero de esto ya hablaremos más adelante.

Fig. 2: El compilador traduce el lenguaje de alto nivel a código binario antes de la ejecución, produciendo un programa binario ejecutable.

2.3.3 Intérpretes

El intérprete es un programa que traduce el código de alto nivel a código binario pero, a diferencia del compilador, lo hace en tiempo de ejecución. Es decir, no se hace un proceso previo de traducción de todo el programa fuente a binario, sino que se va traduciendo y ejecutando instrucción por instrucción.

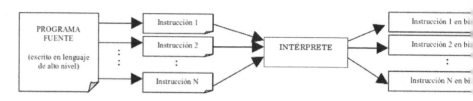

Fig. 3: El intérprete traduce el lenguaje de alto nivel a código binario en tiempo de ejecución, ejecutando cada instrucción conforme la traduce.

2.3.4 Compiladores frente a intérpretes

El intérprete es notablemente más lento que el compilador, ya que realiza la traducción al mismo tiempo que la ejecución. Además, esa traducción se lleva a cabo siempre que se ejecuta el programa, mientras que el compilador sólo la hace una vez. Por estos motivos, un mismo programa interpretado y compilado se ejecuta mucho más despacio en el primer caso.

La ventaja de los intérpretes es que hacen que los programas sean más portables. Así, un programa compilado, por ejemplo, en una máquina PC bajo sistema operativo Windows no funcionará en un Mac, en un PC bajo Linux o en un smartphone con Android, a menos que recompilemos el programa fuente en el nuevo sistema. En cambio, un programa interpretado funcionará en todas las plataformas, siempre que dispongamos del intérprete en cada una de ellas.

JavaScript es un ejemplo de lenguaje interpretado. Esto permite que los programas JavaScript (llamados comúnmente *scripts*) puedan funcionar en cualquier máquina que disponga de un navegador de Internet capaz de interpretarlos. En cambio, C/C++ es un lenguaje compilado, lo que hace que los programas desarrollados con estos lenguajes se ejecuten más rápido que sus equivalentes en JavaScript, aunque obliga a volver a compilarlos si se desea ejecutarlos en una máquina con diferente hardware o diferente sistema operativo.

2.3.5 Bytecode: el caso peculiar de Java

En el diseño original del lenguaje Java estaba la premisa de hacer un lenguaje altamente portable (como son todos los lenguajes interpretados) y, al mismo tiempo, altamente eficiente (como son, por regla general, los lenguajes compilados). Prueba de que lo consiguieron, o que estuvieron cerca de ello, es la ubicuidad actual del lenguaje Java en todo tipo de soportes y plataformas.

Para conseguirlo, los diseñadores de Java idearon lo que podríamos denominar una *semicompilación*, de modo que el código fuente se compila en un código binario, pero no el código binario de una máquina real, sino el de una máquina ficticia. Ese código binario se denomina **bytecode**.

Esa máquina ficticia, con su CPU, sus registros y todo su hardware, se emula mediante un software especial denominado máquina virtual de Java (JVM = Java Virtual Machine). La JVM toma el código binario del bytecode y lo interpreta, traduciéndolo en tiempo de ejecución al código binario real del sistema sobre el que se está trabajando.

La ventaja de este procedimiento es que la traducción del bytecode al código binario real es mucho más rápida que una interpretación tradicional, porque el bytecode ya es un código binario. Por lo tanto, la JVM se limita a formatear las instrucciones del bytecode para hacerlas comprensibles por la máquina real, y no tiene que realizar una traducción completa.

Por ese motivo, un programa escrito en Java y compilado en una arquitectura cualquiera, funcionará sin problemas al ejecutarlo en cualquier otra arquitectura, con el único requisito de haber instalado la JVM en el ordenador de destino.

Todo este proceso se describe en las siguientes figuras. Por ejemplo, supongamos que tenemos una plataforma Intel con un sistema Windows y el JDK instalado, y en ella desarrollamos una aplicación escrita en Java y la compilamos:

Fig. 4. El compilador de Java convierte el código fuente en código objeto para la máquina virtual de Java (bytecode).

Hemos obtenido un programa "semicompilado" en un código binario de una máquina virtual. Nótese que hubiéramos obtenido exactamente lo mismo si estuviéramos trabajando bajo GNU/Linux, MacOS, Android o cualquier otro sistema.

Ahora, nos llevamos ese programa "semicompilado" a alguna otra plataforma, digamos un smartphone con Android y la JVM correctamente instalada. Bastará con lanzar la aplicación para que la JVM tome el control y realice la traducción final, al modo de los antiguos intérpretes, del bytecode al código binario nativo de nuestro smartphone:

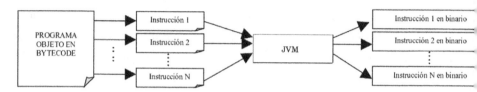

Fig. 5. La máquina virtual de Java (JVM) interpreta el bytecode durante la ejecución del programa.

Este doble proceso de "semicompilación" seguida de "semiinterpretacion" consigue el doble objetivo planteado en el diseño de Java: ser un lenguaje altamente portable al mismo tiempo que razonablemente eficiente.

2.3.6 Máquinas virtuales

Para entender completamente el funcionamiento de Java y su singular proceso de semicompilación, es necesario tener claro en concepto de máquina virtual, que introducimos a continuación.

Una máquina virtual es un programa informático que emula a un ordenador y puede ejecutar programas como si fuese un ordenador real. La máquina virtual puede emular un ordenador real o ficticio (esto último puede tener sentido con propósitos didácticos)

Una característica esencial de las máquinas virtuales es que los procesos que ejecutan están limitados por los recursos proporcionados por la máquina virtual. Es decir, si la máquina virtual "tiene" 1 GB de RAM, por ejemplo, los programas que ejecutemos en ella sólo pueden usar 1 GB, independientemente de que la máquina real tenga disponible más memoria física.

Uno de los usos domésticos más extendidos de las máquinas virtuales es ejecutar sistemas operativos para "probarlos". De esta forma podemos ejecutar un sistema operativo que queramos probar (GNU/Linux, por ejemplo) desde nuestro sistema operativo habitual (MacOS, por ejemplo) sin necesidad de instalarlo directamente en nuestra computadora y sin miedo a que se desconfigure el sistema operativo primario.

2.3.7 Tipos de máquina virtual

Las máquinas virtuales se pueden clasificar en dos grandes categorías según su funcionalidad y su grado de equivalencia a una verdadera máquina.

- Máquinas virtuales de sistema (en inglés System Virtual Machine)

- Máquinas virtuales de proceso (en inglés Process Virtual Machine)

A) Máquinas virtuales de sistema

Las máquinas virtuales de sistema, también llamadas máquinas virtuales de hardware, permiten a la máquina física "dividirse" entre varias máquinas virtuales, cada una ejecutando su propio sistema operativo.

Estas máquinas virtuales permiten a varios sistemas operativos distintos pueden coexistir sobre el mismo hardware, completamente aisladas unas de otras, si bien compartirán los recursos de la máquina física. Esto permite reducir el coste total de las instalaciones necesarias para mantener los mismos servicios, dado que hay un ahorro considerable en hardware, energía, mantenimiento, espacio, etc.

La mayoría de los programas de virtualización conocidos pertenecen a esta categoría de máquina virtual. Entre los más famosos están:

- VMWare. Ha sido el software de virtualización por excelencia durante muchos años. Es software privativo, aunque tiene una versión gratuita. Funciona en Windows, Linux y Mac.

- VirtualBox de Oracle (antes Sun). Funciona también en Windows, Linux y Mac. Tiene una versión Open Source (VirtualBox OSE).

- VirtualPC. Está desarrollado por Microsoft, por lo que es una excelente opción para virtualizar sistemas Windows. No funciona bajo Linux, aunque sí bajo Mac.

Lo has adivinado: la máquina virtual de Java (JVM) no pertenece a este grupo, sino al siguiente.

B) Máquinas virtuales de proceso

Una máquina virtual de proceso, a veces llamada "máquina virtual de aplicación", se ejecuta como un proceso normal dentro de un sistema operativo y soporta un solo proceso. La máquina se inicia automáticamente cuando se lanza el proceso que se desea ejecutar y se detiene para cuando éste finaliza. Su objetivo es el de proporcionar un entorno de ejecución independiente de la plataforma de hardware y del sistema operativo, que oculte los detalles de la plataforma subyacente y permita que un programa se ejecute siempre de la misma forma sobre cualquier plataforma.

La máquina virtual Java es de este tipo. Por lo tanto, cada vez que lanzamos un programa compilado en el bytecode de Java, la JVM emula el hardware necesario para realizar la ejecución (interpretación) del código y ejecutar así la aplicación independientemente del hardware real. Otra máquina virtual con la misma filosofía y muy extendida es la del entorno .Net de Microsoft.

3 Herramientas para desarrollar con Java

3.1 El JDK

El JDK (Java Development Kit) es un paquete de software que contiene todo lo necesario para desarrollar aplicaciones escritas en Java, excepto un editor de texto, del que hablaremos más adelante.

En concreto, el JDK incluye:

- La biblioteca de clases estándar de Java.

- La JVM o máquina virtual Java (java)

- El compilador de java (javac)

- Un desensamblador de clases (javap)

- Un depurador de consola (jdb)

- El generador automático de documentación (javadoc)

- Un visor de applets (appletviewer)

No te preocupes si no sabes aún qué son algunas de estas cosas. Lo irás aprendiendo a lo largo del libro. ¡No se conquistó Roma en un solo día!

Todos los elementos de la lista, excepto el primero, constituyen lo que se llama JRE (Java Runtime Environment. Son los componentes necesarios para compilar y ejecutar aplicaciones java. Pero, para desarrollar programas nuevos, necesitamos además la biblioteca de clases. El conjunto de JRE más biblioteca de clases es lo que se denomina JDK.

Una vez instalado el JDK, y dependiendo de la versión de Java, podría ser necesario que revisases el valor de dos variables de entorno para que el compilador funcione correctamente:

- Variable PATH: en sistemas Windows, esta variable debe apuntar al directorio bin del JDK. Si no la cambias, estarás obligado compilar siempre desde el directorio bin, lo cual es bastante engorroso. En sistemas Linux y Mac no suele ser necesario. ¿Cómo puedes saber si necesitas cambiar la variable PATH en tu sistema? Muy sencillo: un poco más adelante compilaremos nuestro primer programa. Si el compilador no te funciona (el sistema te dice algo como que "javac no existe", "javac no encontrado", etc), significa que debes alterar tu variable PATH. Necesitarás consultar la documentación de tu sistema operativo para aprender a hacer esto, o buscar en internet, porque en cada sistema será diferente. En la web de Oracle tienes información sobre como hacerlo:

https://www.java.com/es/download/help/path.xml

- Variable CLASSPATH: debe apuntar al directorio raíz en donde estén las clases del JDK (solo para versiones antiguas del JDK; las versiones recientes no necesitan esta variable)

La última versión del JDK puede descargarse gratuitamente del sitio web de Oracle. ¡Cuidado! ¡Sólo del sitio web del desarrollador original! No confíes en el JDK que puedan ofrecerte en otros lugares salvo que sean de absoluta confianza.

En el caso de los sistemas GNU/Linux, la mayoría de las distribuciones proporcionan una imagen del JDK en sus repositorios oficiales. Sin embargo, y dependiendo de tu distribución, puede que esta no sea la última versión del JDK liberada por Oracle, o puede que sea el Open-JDK, una versión de código abierto del JDK que no es exactamente igual a la versión de Oracle, por lo que, si quieres disponer de la última versión oficial, deberás descargarla de la web del fabricante.

3.2 Editores de texto

Decíamos más arriba que el JDK incluye todo lo necesario para desarrollar aplicaciones en Java, excepto un editor de texto.

El editor de texto nos servirá para teclear el código de nuestro programa para posteriormente compilarlo y ejecutarlo. Puedes escoger el editor de texto que prefieras, solo teniendo en cuenta dos cosas:

- Que guarde los archivos en texto plano, no formateado. En este sentido, no son apropiados los editores de texto como Microsoft Word o LibreOffice Writer, aunque pueden usarse si no tienes otra cosa a mano.

- Que permita seleccionar la codificación de caracteres. En general, preferiremos usar la codificación UTF-8, pero puede haber casos en los que necesitemos otra. Esto será útil, sobre todo, cuando desarrolles aplicaciones que accedan a bases de datos o que generen páginas web. Casi todos los editores modernos lo permiten.

Además, es muy interesante que el editor reconozca el lenguaje en el que estamos programando y nos coloree las palabras clave, identificadores, etc. Eso facilita enormemente la lectura y comprensión del código que estamos desarrollando. Así que, no, no es buena idea usar el bloc de notas de Windows.

Editores que cumplan estas características hay miles, y muchos son gratuitos. Por ejemplo:

- En entornos Windows: Notepad++, UltraEdit, Syncplify, Akelpad, TotalEdit, Metapad...

- En entornos Linux: Mousepad, Leafpad, gedit, kwrite, emacs...

- En entornos Mac: Editra, TextWrangler, Xemacs, BBEdit...

3.3   Entornos integrados de desarrollo

Finalmente, está la posibilidad de usar el Entorno Integrado de Desarrollo (IDE, por sus siglas en inglés). Esta es la elección de la inmensa mayoría de los programadores profesionales, y con seguridad también será la tuya dentro de unos meses.

Un IDE es una herramienta que proporciona, dentro del mismo interfaz, acceso a todas las funciones anteriores: edicion del código fuente, compilación, depuración, ejecución... En realidad, lo que hacen los IDEs, hasta los más simples, es invocar de forma transparente a las herramientas del JDK, de modo que el programador se ahorra ese trabajo. Así resulta mucho más cómodo y rápido programar con la ayuda de un IDE que compilando e invocando los comandos del JDK desde la consola.

Sin embargo, consideramos (y, con nosotros, mucha gente) que, para un aprendiz, es mucho más ilustrativo trabajar con las herramientas básicas que hemos descrito aquí para adquirir una visión global del funcionamiento del JDK. Más adelante, cuando esto esté claro, habrá tiempo de saborear las bondades de un buen IDE.

Algunos IDEs son monstruos devorarrecursos que disponen de herramientas adicionales potentísimas, como autocompleción de sentencias, generador automático de código, analizador del rendimiento, refactorizador, soporte multilenguaje... Otros son más simples y ligeros, y disponen de un editor sencillo y unos pocos menús para guardar, editar y compilar.

La elección del IDE es algo muy personal. Llegarás a una conclusión después de tener alguna experiencia con varios de ellos. Por ahora, te vamos mencionando algunos de los más populares para el desarrollo de aplicaciones Java, para que sus nombres de vayan sonando:

- Entre los IDEs pesados: Eclipse y NetBeans.

- Entre los IDEs ligeros: Geany y BlueJ

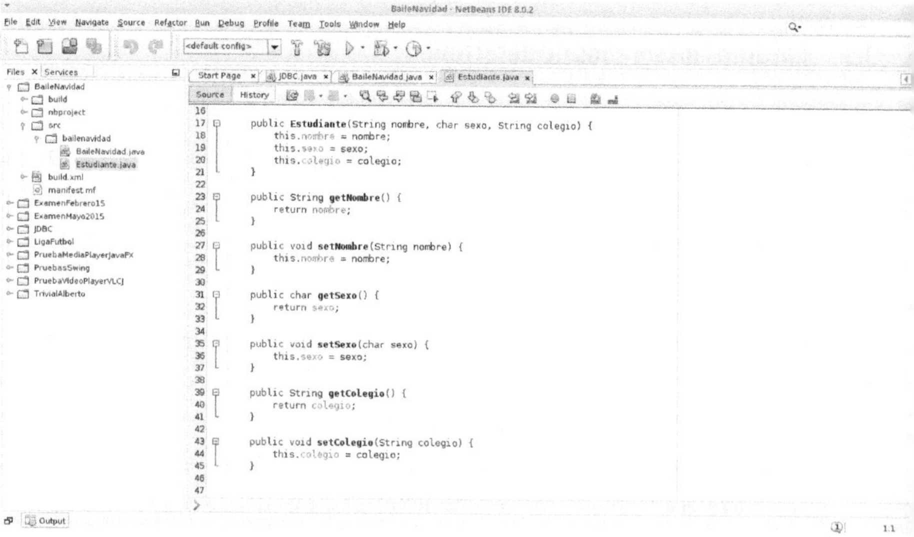

Fig. 6: Netbeans, un IDE profesional multiplataforma y multilenguaje muy completo y potente.

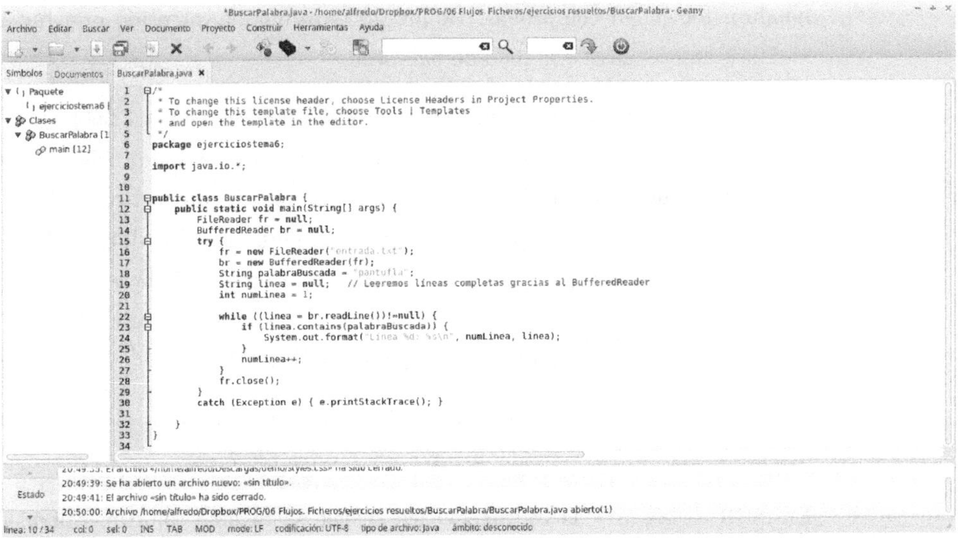

Fig. 7: Geany es un ejemplo de IDE ligero multiplataforma y multilenguaje.

4   Primeros pasos con Java

4.1   Pero, ¿qué demonios es Java?

Java es un lenguaje de programación de ordenadores. Si no tienes claro qué es un lenguaje de programación, repasa las secciones anteriores. Por supuesto, tiene unas serie de características que lo hacen diferente del resto de lenguajes. Sigue leyendo para descubrirlas.

4.1.1   Un poco de historia

Java fue creado en 1991 por James Grosling, de Sun Microsystems, aunque la primera versión no vio la luz hasta 1996. Tuvo como referentes a C y C++, y por eso su sintaxis se parece mucho a la de estos lenguajes, aunque ahí acaban sus similitudes. Existen varias teorías levemente absurdas sobre el origen de su nombre, todas sin comprobar. El propio Grosling ha sugerido que fue elegido aleatoriamente entre una lista de palabras.

Las primeras versiones se denominaron JDK 1.0, JDK 1.1, etc. Luego, pasaron a llamarse Java 2 o J2, diferenciando las versiones estándar (SE = Standard Edition), empresarial (EE = Enterprise Edition) y doméstica (ME = Micro Edition). Así, es posible que encuentres versiones llamadas J2SE 1.4. Significa que es la versión JDK 1.4, edición estándar. Como te habrás imaginado, las diferencias entre la SE, EE y ME estriban en la cantidad de componentes que incorpora el JDK y su coste (gratuito para las SE y ME).

La versión JDK 1.5 se denominó J2SE 5. A partir de aquí, dejó de usarse la denominación "J2" y se habla de Java SE 6, Java SE 7, etc.

En 2010, el gigante de la informática Oracle se fusionó con Sun Microsystems. Desde entonces, la tecnología Java es propiedad de Oracle, aunque la mayor parte de su código tiene licencia GNU/GPL, es decir, es software libre cuyo código fuente está a disposición de todo el mundo. De hecho, existen versiones alternativas del JDK que no están desarrolladas por Oracle, como la GNU Classpath, que es completamente libre.

Java tiene muchos detractores. Si buscas en Google "I hate Java" obtendrás cientos de miles de resultados. Si buscas en Google "Why Java should die" encontrarás aún más. Se ha anunciado la decadencia y muerte de Java muchas veces, pero la verdad es que, en el momento de escribir esto (año 2017), sigue siendo el lenguaje de programación más utilizado en todo el mundo veintitantos años después de su nacimiento.

En realidad, no tiene nada de particular que tanta gente odie Java y desee su desaparición hasta el punto de confundir sus deseos con la realidad. Eso ocurre con todos los lenguajes. Escoge el que quieras, llamémosle X, y busca en internet "I hate X" o "Why X should die". Son sorprendentes los odios (y las pasiones) que cualquier tecnología es capaz de despertar.

No, Java no ha muerto, ni es previsible que vaya a hacerlo en un futuro próximo. De hecho, goza de excelente salud. Las aplicaciones para Android (en su mayoría escritas en Java) y para dispositivos embebidos (como los microprocesadores que hay dentro de las smart TV, de los discos duros multimedia o del reproductor multimedia del coche) le han proporcionado una segunda juventud. Y su uso como lenguaje del lado del servidor en aplicaciones web, y también para aplicaciones convencionales de escritorio, sigue siendo muy notable. Así que no, Java no ha muerto ni va a morir en los próximos años, y no importa la opinión que tengamos de él: la realidad es testaruda y nuestros gustos personales le importan más bien poco.

La última versión de Java en el momento de revisar este texto (en agosto de 2019) es la Java SE 12. Si cuando lo leas hay otra versión posterior en el mercado, no te apures: es improbable que encuentres grandes diferencias al nivel introductorio y medio al que nos vamos a mover en este libro.

4.1.2 Características principales de Java

Las características más distintivas de Java son:

- Es un lenguaje de programación de propósito general, concurrente, orientado a objetos y basado en clases.

- Fue diseñado para tener tan pocas dependencias de implementación como fuera posible, es decir, para ser muy portable de un sistema a otro (esta característica es conocida en inglés como WORA, o "write once, run anywhere"). Esto se consigue gracias a la compilación en bytecode y a la ejecución en máquina virtual de la que hablábamos más arriba.

- Tiene recolección de basura automática. Esto significa que la memoria ocupada por los objetos no tiene que ser liberada por el programador cuando éstos dejan de usarse, sino que la propia máquina virtual se encarga de ello. La gestión de la memoria es una de las mayores pesadillas de los programadores en C/C++.

- Es, en la actualidad, uno de los lenguajes de programación más populares del mundo, particularmente para aplicaciones de cliente-servidor de web, dispositivos móviles y sistemas empotrados. Sin embargo, su uso en applets (miniaplicaciones web ejecutables en el navegador del cliente), muy popular en los años 90, se ha reducido mucho debido a sus problemas de compatibilidad y seguridad y a la pujanza de JavaScript. Por cierto, no deben confundirse los lenguajes Java y JavaScript. Solo se parecen en el nombre.

4.2   Estructura básica de un programa en Java

Echa un vistazo al siguiente código fuente. No te agobies si no lo entiendes todo. Supón que estás leyendo algo escrito en el idioma de algún país al que vas a viajar próximamente y en el que vas a vivir durante un tiempo. Te han dicho que el idioma de ese país se parece un poco al inglés, y por eso tienes ciertas esperanzas de entenderlo, al menos un poco.

Venga, inténtalo:

```java
public class Holamundo {
    /* Programa holamundo */
    public static void main(String[] args) {
        // Este programa solo muestra un saludo por la pantalla
        System.out.println("Hola, mundo!");
    }
}
```

En este sencillo programa podemos apreciar varias características importantes de Java:

- Todo el código Java se debe incrustar dentro de unas estructuras llamadas clases. Todas las clases deben tener un nombre ("holamundo")

- Dentro del código se pueden intercalar comentarios escritos en lenguaje natural, rodeados con los caracteres /* y */, o precedidos de una doble barra: //

- Dentro de las clases puede haber muchas cosas. En concreto, al menos una clase debe disponer de un bloque de código (técnicamente hablando, un método) con el nombre main(): por ahí comenzará la ejecución del programa. Este método es público (se puede ejecutar desde cualquier lugar), es estático (se puede invocar sin instanciar la clase) y no devuelve ningún valor (void) a quien lo ejecutó.

¿Que no lo entiendes todo? No pasa nada. Por ahora, bastará con que entiendas una pequeña parte. Vuelve sobre estas líneas dentro de dos capítulos y te sorprenderá lo mucho que has aprendido.

4.3   Ejecutando mi primer programa en Java

Para ejecutar el programa "Holamundo" en tu ordenador, debes tener instalado el JDK y configurada la variables de entorno PATH (y CLASSPATH, en versiones antiguas). Si no tienes ni la más remota idea de qué estamos hablando, este es un buen momento para repasar el apartado 3.1 de este mismo capítulo.

Teclea el programa "holamundo" con un editor de texto y guárdalo en un directorio de trabajo con el nombre Holamundo.java. Es importante que el nombre del archivo coincida con el de la clase que hay dentro de él, incluyendo las mayúsculas, si las hubiera. Ten en cuenta que, en los sistemas Windows, se ignoran las mayúsculas y las minúsculas en los nombres de los archivos, por lo que da igual si nombras al archivo HOLAMUNDO.JAVA, HolaMundo.jaVA, holamundo.JAVA o cualquier otra combinación. Pero tendrás una fea sorpresa si tratas de hacer lo mismo en sistemas Linux o Mac. Así que acostúmbrate a nombrar los archivos exactamente igual que el nombre de la clase y sin usar caracteres especiales, tales como tildes o espacios: Holamundo.java es el nombre perfecto para el archivo.

Abre ahora una consola de texto (intérprete de comandos, o símbolo del sistema, que de todas esas maneras se llama) y muévete hasta tu directorio de trabajo, es decir, hasta la carpeta donde tengas guardado el archivo Holamundo.hava.

¿Que cómo abres la consola y te sitúas en el directorio de trabajo? Menuda pregunta. Eso depende de tu sistema operativo, claro. En muchas versiones de Windows basta con ir al menú de inicio, buscar la opción "Ejecutar" y teclear "cmd". También suele estar en "Todos los programas" → "Accesorios" → "Símbolo del sistema". Si tu sistema es Linux o Mac, estamos seguros de que ya sabrás abrir una consola de texto.

Para moverte por los directorios desde la consola necesitas el comando "cd" (change directory). Por ejemplo, si mi archivo Holamundo.java está almacenado en el directorio C:\Mis Programas\Capitulo 1\Holamundo.java", puedo teclear esto en la consola:

```
$ cd "C:\Mis Programas\Capitulo 1"
```

Una vez ubicados en el directorio de trabajo, tenemos que compilar el programa Holamundo. Se hace así:

```
$ javac Holamundo.java
```

(Nota para los neófitos: el carácter "$" NO se teclea, solo representa el símbolo del intérprete de comandos. Cuando lo veas escrito delante de un comando en este libro, significa que ese comando está destinado a escribirse en la consola)

Si has escrito bien el código de Holamundo, no se mostrará ningún error y se generará un archivo llamado Holamundo.class. Este archivo es el Holamundo compilado a bytecode. Pero si te aparece algún error, tendrás que volver a editar tu código fuente y corregirlo antes de continuar. Fíjate bien en el mensaje de error: suele dar bastantes pistas.

Cuando consigas tu Holamundo.class, es el momento de ejecutarlo:

```
$ java Holamundo
```

En la pantalla deberías ver el saludo "Hola, mundo!". Ese es tu primer programa ejecutándose y saludándote. ¡Enhorabuena! Tal vez no te parezca gran cosa, pero ten en cuenta algo: todos los que sabemos algo de programación hemos empezado exactamente por ahí.

4.4   El compilador javac, a fondo

En esta sección vamos a ver con más detalle cómo funciona el compilador de consola del JDK. Esto puede ser interesante para los usuarios más avanzados que quieren saber más sobre el compilador. Si no es tu caso, puedes saltar al apartado 5 de este mismo capítulo y volver aquí más adelante.

El compilador de java suele denominarse javac (Java Compiler). Es un fichero ejecutable que se invoca desde los IDE para java cada vez que seleccionamos la opción adecuada, pero también puede ejecutarse desde la línea de comandos.

Para poder usar javac desde la línea de comandos debemos situarnos en el directorio donde está el archivo ejecutable. En un sistema Windows, tendrá la forma c:\Archivos de programa\Java\jdkX.Y.Z\bin, o algo similar. También existe la posibilidad de modificar la variable de sistema PATH para que apunte al directorio de javac, y así poder invocarlo desde cualquier lugar, como ya hemos dicho un par de veces. En los sistema Linux y Mac, podrá invocarse javac desde cualquier directorio, ya que se instala junto con el resto de programas en /bin o en /usr/bin

Como todos los programas de línea de comandos, javac tiene una sintaxis determinada que permite modificar la forma en la que el programa se ejecuta. Esta sintaxis es:

```
javac [ opciones ] [ ficheros_fuente]
```

En "ficheros_fuente" colocaremos los nombres de los archivos fuente que queremos compilar. Las opciones sirven para ajustar el funcionamiento del compilador. Por ejemplo:

```
$ javac -g miPrograma.java
```

Las opciones principales de javac son:

-cp directorios: especifica un conjunto de directorios (separados por : en sistemas Linux y por ; en sistemas Windows) donde buscar las clases adicionales necesarias para la compilación. Sustituye a la variable de entorno CLASSPATH.

-d directorio: especifica el directorio de destino de los archivos compilados. El directorio debe existir. Si no se indica ningún directorio, los archivos compilados se guardarán en el mismo directorio donde estén los fuentes.

-g: añade al archivo compilado información de depuración, para poder depurarlo posteriormente. Debe usarse siempre, excepto en la versión definitiva del programa, donde puede omitirse.

-nowarn: deshabilita los avisos ("warnings")

-verbose: hace que la ejecución del compilador muestre información adicional en la consola al mismo tiempo que compila el código, como las clases que se van usando. Puede ayudar en la depuración.

-Jopciones: pasa "opciones" a la máquina virtual que posteriormente ejecutará el código compilado.

Ejemplo:

```
$ javac -g -nowarn -d /home/usuario/mis_clases miPrograma.java
```

4.5 El depurador jdb

El jdb es el depurador de Java. Al funcionar desde la línea de comandos resulta complejo de aprender a usar. En realidad, casi nadie lo utiliza si no es a través de los menús de un IDE, de modo que esta sección solo es una referencia rápida para aquellos que estén muy interesados en este asunto. Si no es tu caso, puedes pasar sin problemas a la siguiente sección.

Recuerda que para usar el depurador las aplicaciones Java deben estar compiladas con la opción -g. Posteriormente, para depurarlas usaremos:

```
$ jdb [nombreclass]
```

Entramos entonces en un nuevo prompt, el del jdb, a través del cual podemos realizar la depuración de la clase. Para ello se usan los siguientes comandos:

- help: Proporciona una lista de los comandos que están disponibles en la sesión de jdb.

- print <id> [id(s)]: imprime un objeto o campo

- dump <id> [id(s)]: imprime toda la información del objeto

- locals: imprime las variables locales de la pila actual

- classes: lista las clases conocidas

- methods <class id>: lista los métodos de una clase

- stop in <class id>.<method>: fija un punto de ruptura en un método

- stop at <class id>:<line>: establece un punto de ruptura en una línea

- clear <class id>:<line>: eliminar un punto de ruptura

- step: ejecutar la línea actual

- cont: continuar la ejecución desde el punto de ruptura

- catch <class id>: parar por la excepción especificada

- ignore <class id>: ignorar la excepción especificada

- list [line number]: imprimir código fuente

- use [source file path]: ver o cambiar la ruta del fichero fuente

- memory: informe del uso de la memoria

- load <classname>: carga la clase Java a ser depurada

- run <args>: comienza la ejecución de la clase cargada

- !!: repite el último comando

- exit (o quit): salir del depurador

4.6 La ejecución del código objeto

Nuevamente, este apartado está concebido como una referencia para usuarios que quieren usar el comando de ejecución de forma más avanzada. Si no es tu caso, puedes saltar a la siguiente sin perderte nada.

El comando java lanza una aplicación compilada con javac, es decir, lanza la JVM para interpretar el código objeto en bytecodes.

El comando tiene esta sintaxis:

```
java [ opciones ] fichero.class [ argumentos ]
```

Las opciones modifican el funcionamiento de la JVM. La clase se refiere a un archivo .class, y los argumentos son los que se pasarán al programa compilado.

También se puede ejecutar un .jar de este modo:

```
java [ opciones ] -jar fichero.jar [ argumentos ]
```

Algunas opciones interesantes del comando java son:

-d32 y d64: hacen que el programa se ejecute en una JVM de 32 o de 64 bits, respectivamente.

-verbose: para mostrar información adicional de la ejecución.

-X: lista de opciones no-estándar (variarán de una JVM a otra)

5 Tipos de datos simples

Como vimos al definir qué es un programa de ordenador, tan importantes son las instrucciones de que consta un programa como los datos que maneja.

Los datos, como definimos al principio del capítulo, son representaciones de los objetos del mundo real. Esos objetos pueden ser *simples* (por ejemplo, la edad de una persona, o el número de trabajadores de una empresa) o *complejos* (por ejemplo, la flota de camiones de una empresa de transportes).

Nosotros nos referiremos ahora a los tipos de datos simples. Son importantes porque los datos más complejos se fundamentan en ellos, y es necesario informar a Java de cuáles son los tipos que vamos a usar porque necesita saberlo para reservar los recursos necesarios para almacenarlos (principalmente, memoria RAM)

Un último concepto antes de continuar: se entiende por *tipo de datos* el dominio en el que un determinado dato puede tomar un valor. Así, determinada variable puede ser de tipo "número entero", lo que significa que sólo puede contener números sin decimales, o puede ser de tipo "cadena alfanumérica", que significa que puede contener un número indefinido de caracteres alfanuméricos.

5.1   ¡Tipos de tipos!

Distinguir el tipo de dato de cada variable es engorroso para el programador principiante, pero es necesario para indicar al compilador o al intérprete cuánta memoria tiene que reservar para almacenar los datos del programa que se pretende ejecutar.

Pues bien, atendiendo a cómo el lenguaje maneja los tipos de datos, podemos distinguir:

- **Lenguajes con tipado dinámico**: una misma variable puede cambiar de tipo a lo largo de la ejecución del programa. Ejemplos: Perl, Python, Lisp, JavaScript, PHP.

- **Lenguajes con tipado estático**: una variable, una vez que es asignada a un tipo de datos, no puede cambiar de tipo. Es menos flexible que el tipado dinámico, pero también más eficiente. Ejemplos: C, C++, Java, Basic, Pascal.

- **Lenguajes débilmente tipados**: no hacen comprobaciones exhaustivas de tipos de datos. Así, permiten manipular los datos de determinado tipo como si fueran de otro tipo. Por ejemplo, un dato de tipo carácter puede manipularse, si al programador le conviene, como un dato numérico (ya que en el fondo los caracteres son números). Esto puede provocar resultados extraños si el programador comete un error, pero proporciona mucha flexibilidad si se usa correctamente.

- **Lenguajes fuertemente tipados**: comprueban exhaustivamente que las variables de cada tipo sólo se usan conforme a lo que ese tipo permite. Por ejemplo, no se permitirá realizar una operación de suma con caracteres. Son menos flexibles y, además, más ineficientes, puesto que deben realizar comprobaciones de tipo en tiempo de ejecución, es decir, deben introducir código máquina adicional para hacer las comprobaciones de tipo. A cambio, suelen generar programas mucho más robustos y tolerantes a fallos.

Es habitual confundir el tipado estático con el tipado fuerte, y el dinámico con el débil. En realidad, son categorías complementarias que se pueden mezclar: existen lenguajes con tipado estático y débil (como C) y otros con tipado dinámico y fuerte (como Visual Basic).

Por su parte, **Java es un lenguaje con tipado estático y fuerte**. Esto significa que las variables no pueden cambiar de tipo una vez asignado, y que se hacen comprobaciones estrictas sobre los tipos en tiempo de ejecución.

5.2   Tipos de datos primitivos en Java

En Java, se llama "tipo de datos primitivo" a lo que en otros lenguajes se llama "tipo de datos simple" (en realidad, estos tipos primitivos son clases, pero como aún no hemos visto las clases, no te preocupes de ello por el momento). Cada tipo de datos, además, tiene asociado un conjunto de operaciones para manipularlos.

Cada tipo de datos, insistimos, dispone de una representación interna diferente en el ordenador; por eso es importante distinguir entre tipos de datos a la hora de programar.

Los tipos primitivos de Java son:

- Números enteros

- Números reales

- Caracteres

- Lógicos

Así, por ejemplo, en el caso de un programa de gestión de nóminas, la edad de los empleados será un dato de tipo número entero, mientras que el dinero que ganan al mes será un dato de tipo número real.

Números enteros

Es probablemente el tipo más sencillo de entender. Los datos de tipo entero sólo pueden tomar como valores:

..., -4, -3, -2, -1, 0, 1, 2, 3, 4, ...

Como el ordenador tiene una memoria finita, la cantidad de valores enteros que puede manejar también es finita y depende del número de bits que emplee para ello (recuerda que el ordenador, internamente, representa todos los datos en binario).

Además, los enteros pueden ser con signo y sin signo. Si tienen signo, se admiten los números negativos; si no lo tienen, los números sólo pueden ser positivos (sería más correcto llamarlos números naturales).

(Los enteros con signo se almacenan en binario en complemento a uno o en complemento a dos. No nos detendremos en este libro a detallar en qué consisten esas representaciones).

Por lo tanto:

- Si se utilizan 8 bits para codificar los números enteros, el rango de valores permitido irá de 0 a 255 (sin signo) o de -128 a +127 (con signo).

- Si se utilizan 16 bits para codificar los números enteros, el rango será de 0 a 65535 (sin signo) o de -32768 a 32767 (sin signo).

- Si se utilizan 32 bits, el rango será de 0 a más de 4 mil millones (sin signo), o de menos dos mil millones a más dos mil millones (aproximadamente) con signo.

- Si se utilizan 64, 128 bits o más, se pueden manejar números enteros mayores. Puedes calcular los rangos de números resultantes y sentir escalofríos.

Los tipos enteros primitivos en Java son:

- **byte**: entero de 8 bits con signo.

- **short**: entero de 16 bits con signo.

- **int**: entero de 32 bits con signo.

- **long**: entero de 64 bits con signo.

Estas representaciones son independientes de la plataforma, a diferencia de lo que ocurre con otros lenguajes, en los que un tipo de datos puede tener una longitud distinta en cada sistema.

Números reales

El tipo de dato primitivo llamado *número real* permite representar números con decimales. La cantidad de decimales de un número real puede ser infinita, pero al ser el ordenador una máquina finita es necesario establecer un número máximo de dígitos decimales significativos.

La representación interna de los números reales se denomina coma flotante (también existe la representación en coma fija, pero no es habitual). La coma flotante es una generalización de la notación científica convencional, consistente en definir cada número con una mantisa y un exponente.

La notación científica es muy útil para representar números muy grandes economizando esfuerzos. Por ejemplo, el número 129439000000000000000 tiene la siguiente representación científica: $1,29439 \times 10^{20}$

Pero el ordenador representaría este número siempre con un 0 a la izquierda de la coma, así: $0,129439 \times 10^{21}$

Pues bien: la *mantisa* es el número situado en la posición decimal (129439) y el *exponente* es 21.

La notación científica es igualmente útil para números decimales muy pequeños. Por ejemplo, el número 0,00000000000000000000259 tiene esta notación científica: $2,59 \times 10^{-23}$

Y el ordenador lo representará así: $0,259 \times 10^{-22}$. En este caso, 259 es la mantisa y -22 el exponente.

Internamente, el ordenador reserva varios bits para la mantisa y otros más para el exponente. Como en el caso de los números reales, la magnitud de los números que el ordenador pueda manejar estará directamente relacionada con el número de bits reservados para su almacenamiento.

Java dispone de dos tipos primitivos para manejar números reales:

- **float**: coma flotante de 32 bits (1 bit de signo, 8 de exponente y 24 de mantisa)

- **double**: coma flotante de 64 bits (1 bit de signo, 11 de exponente y 52 de mantisa)

Overflow

Cuando se realizan operaciones con números (tanto enteros como reales), es posible que el resultado de una de ellas dé lugar a un número fuera del rango máximo permitido. Por ejemplo, si tenemos un dato de tipo entero sin signo de 8 bits cuyo valor sea 250 y le sumamos 10, el resultado es 260, que sobrepasa el valor máximo (255).

En estos casos, estamos ante un caso extremo denominado overflow o desbordamiento. Los ordenadores pueden reaccionar de forma diferente ante este problema, dependiendo del sistema operativo y del lenguaje utilizado. Algunos lo detectan como un error de ejecución del programa, mientras que otros lo ignoran, convirtiendo el número desbordado a un número dentro del rango permitido pero que, obviamente, no será el resultado correcto de la operación, por lo que el programa probablemente fallará.

En el caso de Java, la JVM proporcionará un error en tiempo de ejecución si se produce un desbordamiento. Ese error puede capturarse mediante una excepción para tratarlo adecuadamente. Veremos más adelante como hacer todo esto.

Caracteres y cadenas

El tipo de dato *carácter* sirve para representar datos alfanuméricos. El conjunto de elementos que puede representar está estandarizado según diferentes tablas de código (ASCII o Unicode). El estándar más antiguo es ASCII, que consiste en una combinación de 7 u 8 bits asociada a un carácter alfanumérico concreto, pero que está siendo sustituido por sus limitaciones en la representación de caracteres no occidentales.

Java proporciona el tipo **char**, de 16 bits, para manejar caracteres.

Las combinaciones de 7 bits del ASCII clásico dan lugar a un total de 127 valores distintos (desde 0000000 hasta 1111111). En Java, se siguen reservando esos 127 valores para la codificación ASCII. El resto, sirve para almacenar los caracteres en formato Unicode. Los caracteres válidos que pueden almacenarse en una variable tipo char son:

- Las letras minúsculas: 'a', 'b', 'c' ... 'z'

- Las letras mayúsculas: 'A', 'B', 'C' ... 'Z'

- Los dígitos: '1', '2', '3' ...

- Caracteres especiales o de otros idiomas: '$', '%', '¿', '!' , 'ç'...

Nótese que no es lo mismo el valor entero 3 que el carácter '3'. Para distinguirlos, usaremos siempre comillas para escribir los caracteres.

Los datos tipo carácter sólo pueden contener UN carácter. Una generalización del tipo carácter es el tipo cadena de caracteres, utilizado para representar series de varios caracteres. Éste, sin embargo, es un objeto complejo y será estudiado más adelante. Sin embargo, las cadenas se utilizan tan a menudo que no podremos evitar usarlas en algunos ejercicios antes de estudiarlas a fondo.

Datos lógicos

El tipo dato *lógico*, también llamado booleano en honor a George Boole (un matemático británico que desarrolló en el siglo XIX una rama del álgebra llamada lógica o de Boole) es un dato que sólo puede tomar un valor entre dos posibles.

Esos dos valores son:

*   Verdadero (en inglés, *true*)

*   Falso (en inglés, *false*)

Este tipo de datos se utiliza para representar alternativas del tipo sí/no. En algunos lenguajes, el valor false se representa con el número 0 y el valor true con el número 1 (o con cualquier número distinto de 0).

Lo que ahora es importante comprender es que los datos lógicos contienen información binaria. Esto ya los hace bastante notables, pero la mayor utilidad de los datos lógicos viene por otro lado: son el resultado de todas las operaciones lógicas y relacionales, como veremos en el siguiente epígrafe.

En Java, los datos booleanos se manejan mediante el tipo **boolean**.

5.2.1 Conversiones de tipo (casting)

Java es un lenguaje fuertemente tipado, por lo que suele reaccionar mal ante el intento de mezclar tipos de datos distintos en la misma expresión.

En general, en estos casos se puede hablar de dos tipos de conversión de datos:

A) Conversiones implícitas: se realizan de forma automática al mezclar tipos de datos. En Java solo puede hacerse si la variable receptora del resultado tiene más precisión que las variables situadas en la expresión. Por ejemplo, puede asignarse un int a un long, pero no al revés:

```
long a = 1, b = 7;
int x = 3, y = 6;
a = x;   // Esta asignación funcionará
y = b;   // Esta asignación fallará
```

B) Conversiones explícitas: el programador especifica mediante el código la conversión de un tipo en otro, indicando el nuevo tipo entre paréntesis durante a asignación. Este proceso se denomina *casting* y se muestra en el siguiente ejemplo:

```
int x = 5;
byte y;
y = (byte)x; // La variable entera x se convertirá a byte
```

Como un int puede contener números más grandes que un byte, esta última conversión puede suponer la pérdida de parte de la información y debe ser, en general, evitada.

Nuevamente, si no comprendes todo lo que se hace en los códigos de ejemplo que acabamos de mostrar, no te agobies. Puedes echar un vistazo al apartado 5.4.2 ahora y luego regresar aquí. Es habitual tener que saltar adelante y atrás en los libros de aprendizaje de la programación. No se pueden leer del tirón como si fueran novelas, qué le vamos a hacer: así es la dura vida del programador principiante.

5.3   Operaciones con datos

Como dijimos más atrás, los tipos de datos se caracterizan por la clase de objeto que representan y por las operaciones que se pueden hacer con ellos. Los datos que participan en una operación se llaman operandos, y el símbolo de la operación se denomina operador. Por ejemplo, en la operación entera 5 + 3, los datos 5 y 3 son los operandos y "+" es el operador.

Podemos clasificar las operaciones básicas con datos en dos grandes grupos: las operaciones aritméticas y las operaciones lógicas.

5.3.1 Operaciones aritméticas

Son análogas a las operaciones matemáticas convencionales, aunque cambian los símbolos. Se emplean, en general, con datos de tipo entero o real:

Operación	Operador
suma	+
resta	-
multiplicación	*
división	/
módulo (resto)	%

Seguramente la operación módulo (%) es la única que no te suena de nada. Sirve para calcular el resto de la división entera. Es decir, si divides un número entero entre otro (por ejemplo, 5 entre 2), el cociente será otro número entero (2), y el resto será 1. Pues bien, el operador / te proporciona el cociente, y el operador % te proporciona el resto. Es un operador muy útil en una gran diversidad de circunstancias, como verás pronto.

El tipo del resultado de cada operación dependerá del tipo de los operandos. Por ejemplo, si sumamos dos números enteros, el resultado será otro número entero. En cambio, si sumamos dos números reales, el resultado será un número real. La suma de un número entero con otro real no está permitida en muchos lenguajes, entre ellos Java, así que intentaremos evitarla.

Aquí tenemos algunos ejemplos de operaciones aritméticas con números enteros y reales:

Operandos	Operador	Operación	Resultado
35 y 9 (enteros)	+	35 + 9	44 (entero)
35 y 9 (enteros)	–	35 – 9	26 (entero)
35 y 9 (enteros)	*	35 * 9	315 (entero)
35 y 9 (enteros)	/	35 / 9	3 (entero)
35 y 9 (enteros)	%	35 % 9	8 (entero)
8,5 y 6,75 (reales)	+	8,5 + 6,75	15,25 (real)
8,5 y 6,75 (reales)	-	8,5 - 6,75	1,75 (real)

Operandos	Operador	Operación	Resultado
8,5 y 6,75 (reales)	*	8,5 * 6,75	57,375 (real)
8,5 y 6,75 (reales)	/	8,5 / 6,75	1,259 (real)

Nótese que el operador "–" también se usa para preceder a los números negativos, como en el álgebra convencional.

Hay, además, otros dos operadores aritméticos muy utilizados:

- Operador incremento (++): Se utiliza para aumentar en una unidad el valor de una variable numérica entera. Por ejemplo, x++ es equivamente a x = x + 1.

- Operador decremento: (–). Se utiliza para disminuir en una unidad el valor de una variable numérica entera. La expresión x-- es equivamente a x = x – 1.

5.3.2 Operaciones lógicas (o booleanas)

Estas operaciones sólo pueden dar como resultado verdadero o falso, es decir, su resultado debe ser un valor lógico.

Hay dos tipos de operadores que se utilizan en estas operaciones: los operadores de relación y los operadores lógicos.

1) Operadores de relación. Son los siguientes:

Operación	Operador
menor que	<
mayor que	>
igual que	==
menor o igual que	<=
mayor o igual que	>=
distinto de	!=

Los operadores de relación se pueden usar con todos los tipos de datos simples: entero, real, carácter o lógico. El resultado será verdadero si la relación es cierta, o falso en caso contrario.

Aquí tienes algunos ejemplos:

Operandos	Operador	Operación	Resultado
35, 9 (enteros)	>	35 > 9	verdadero
35, 9 (enteros)	<	35 < 9	falso
35, 9 (enteros)	==	35 == 9	falso
35, 9 (enteros)	!=	35 != 9	verdadero
5, 5 (enteros)	<	5 < 5	falso
5, 5 (enteros)	<=	5 <= 5	verdadero
5, 5 (enteros)	!=	5 != 5	falso
"a", "c" (caracteres)	==	'a' == 'c'	falso
"a", "c" (caracteres)	>=	'a' > 'c'	falso
"a", "c" (caracteres)	<=	'a' <= 'c'	verdadero

En cuanto a los datos lógicos, se considera, por convenio, que "falso" es menor que "verdadero". Por lo tanto:

Operandos	Operador	Operación	Resultado
verdadero, falso	>	verdadero > falso	verdadero
verdadero, falso	<	verdadero < falso	falso
verdadero, falso	==	verdadero == falso	falso

2) Operadores lógicos. Los operadores lógicos son and (y), or (o) y not (no). Sólo se pueden emplear con tipos de datos lógicos.

El operador and, que también podemos llamar y, se escribe en Java como &&, y da como resultado verdadero sólo si los dos operandos son verdaderos:

Operandos	Operador	Operación	Resultado
verdadero, falso	&&	verdadero && falso	falso
falso, verdadero	&&	falso && verdadero	falso
verdadero, verdadero	&&	verdadero && verdadero	verdadero
falso, falso	&&	falso && falso	falso

El operador or (también nos vale o) da como resultado verdadero cuando al menos uno de los dos operandos es verdadero. En Java se escribe | |

Operandos	Operador	Operación	Resultado
verdadero, falso	||	verdadero || falso	verdadero
falso, verdadero	||	falso || verdadero	verdadero
verdadero, verdadero	||	verdadero || verdadero	verdadero
falso, falso	||	falso || falso	falso

El operador not (o no), que se escribe !, es uno de los escasos operadores que sólo afectan a un operando (operador monario), no a dos (operador binario). El resultado es la negación del valor del operando, es decir, que le cambia el valor de verdadero a falso y viceversa:

Operando	Operador	Operación	Resultado
verdadero	!	! verdadero	falso
falso	!	! falso	verdadero

5.3.3 Otros operadores

Existen otros operadores que se usan en circunstancias más minoritarias, tales como el operador lógico XOR (^), el operador complemento a 1 (~) o los operadores de desplazamiento de bits (<<, >>, >>>, etc). Aunque tienen su indudable utilidad, no son imprescindibles en un libro de introducción a la programación y solo se verán en los casos en los que sean necesarios. Puedes encontrar abundantes referencias en internet sobre este asunto pero, sinceramente, con los tipos que hemos visto tienes más que de sobra por ahora.

Ya te has machacado bastante con los tipos de datos, pero aún nos quedan un par de cosas que aclarar antes de pasar al capítulo 2 y empezar a construir nuestras primeras clases en Java.

5.3.4 Prioridad de los operadores

Es habitual encontrar varias operaciones juntas en una misma línea. En estos casos es imprescindible conocer la prioridad de los operadores, porque las operaciones se calcularán en el orden de prioridad y el resultado puede ser muy distinto del esperado. Por ejemplo, en la operación 6 + 4 / 2, no es lo mismo calcular primero la operación 6 + 4 que calcular primero la operación 4 / 2.

La prioridad de cálculo respeta las reglas generales del álgebra. Así, por ejemplo, la división y la multiplicación tienen más prioridad que la suma o la resta. Pero el resto de prioridades pueden diferir de manera imporante de un lenguaje de programación a otro. Como nosotros vamos a usar C, emplearemos las prioridades de C, que son las siguientes:

Operador	Prioridad
! -- ++	máxima
* / %	
+ -	
< <= > >=	
!= ==	
&&	
| |	
=	mínima

La prioridad del cálculo se puede alterar usando paréntesis, como en el álgebra convencional. Los paréntesis se pueden anidar tantos niveles como sean necesarios. Por supuesto, a igualdad de prioridad entre dos operadores, la operación se calcula de izquierda a derecha, en el sentido de la lectura de los operandos.

En general, es una excelente idea hacer explícita la prioridad mediante paréntesis y no dejarla a merced de los deseos del lenguaje.

Aquí tenemos algunos ejemplos de operaciones conjuntas y su resultado según el orden de prioridad que hemos visto:

Operación	Resultado

6 + 4 / 2	8
(6 + 4) / 2	5
(33 + 3 * 4) / 5	9
2 ^ 2 * 3	12
3 + 2 * (18 − 4 ^ 2)	7
5 + 3 < 2 + 9	verdadero
2 + 3 < 2 + 4 y 7 > 5	verdadero
"A" > "Z" o 4 / 2 + 4 > 6	falso
"A" > "Z" o 4 / (2 + 2) <= 6	verdadero

5.3.5 ¿Y las operaciones más complejas?

Además de todas estas operaciones artiméticas, lógicas y relacionales, los lenguajes de programación disponen de mecanismos para realizar operaciones más complejas con los datos, como, por ejemplo, calcular raices cuadradas, logaritmos, senos, cosenos, redondeo de números reales, etc.

Todas estas operaciones (y muchas más) se realizan a través de objetos predefinidos de la biblioteca de clases de Java. Cuando llegue el momento, ya veremos en detalle muchas clases de esa biblioteca y cómo se usan, y aprenderemos a hacer las nuestras. Por ahora nos basta saber que algunas de ellas sirven para hacer cálculos más complejos que una simple suma o una división.

La ejecución de estos métodos predefinidos requiere el uso de una clase de la biblioteca estándar llamada Math, porque en ella se agrupan todos los métodos de índole matemática. Al método se le pasarán los parámetros necesarios para que haga sus cálculos, y nos devolverá el resultado.

Estas son algunos de los métodos que nos pueden resultar muy útiles hasta que veamos en profundidad la biblioteca de clases:

Método	Descripción
Math.abs(x)	valor absoluto de x
Math.sin(x)	seno de x (en radianes)
Math.cos(x)	coseno de x (en radianes)

Math.exp(x)	e^x
Math.log(x)	logaritmo neperiano de x
Math.log10(x)	logaritmo decimal de x
Math.round(x)	redondea el número x al valor entero más próximo
Math.sqrt(x)	raíz cuadrada de x
Math.pow(b,e)	b^e
Math.random()	genera un número al azar entre 0 y 1

Aquí tienes algunos ejemplos de aplicación de estas funciones sobre datos reales:

Operación	Resultado
Math.abs(-5)	5
Math.abs(6)	6
Math.round(5.7)	6
Math.round(5.2)	5
Math.pow(2,8)	64
Math.sqrt(64)	8

5.4   Constantes y variables

Un dato constante (o, simplemente, "una constante") es un dato de un programa cuyo valor no cambia durante la ejecución. Por el contrario, un dato variable (o, simplemente, "una variable") es un dato cuyo valor sí cambia en el transcurso del programa.

5.4.1 Identificadores

A las constantes y variables se les asigna un identificador alfanumérico, es decir, un nombre. Por lo tanto, es necesario disinguir entre el identificador de una variable y su valor. Por ejemplo, una variable llamada x puede contener el valor 5. En este caso, x es el identificador y 5 el valor de la variable.

Los identificadores o nombres de variable deben cumplir ciertas reglas que, aunque varían de un lenguaje a otro, podemos resumir en que:

* Deben empezar por una letra y, en general, no contener símbolos especiales excepto el subrayado ("_")

* No deben coincidir con alguna palabra reservada del lenguaje, tales como class o function.

Identificador	¿Es válido?
x	Sí
5x	No, porque no empieza por una letra
x5	Sí
pepe	sí
_pepe	No, porque no empieza por una letra
pepe_luis	Sí
pepe!luis	No, porque contiene caracteres especiales (!)
raiz	No, porque coincide con la función raiz(x)

Las constantes también deben tener un identificador. Por cuestión de estilo, en Java los identificadores de las constanes se escriben en MAYÚSCULA, y, los de las variables, en minúscula. Pero solo es una regla de estilo: conveniente, pero no imprescindible. En cada organización pueden tener sus propias reglas.

5.4.2 Declaración y asignación

Las variables, si son simples, tienen que ser de un tipo de datos determinado, es decir, debemos indicar explícitamente qué tipo de datos va a almacenar a lo largo del programa. Y, si son complejas, deben ser instancias de una clase concreta, aunque esto ya lo explicaremos más adelante.

Por ahora, recuerda esto: es imprescindible indicar cuál va a ser el identificador de la variable, y qué tipo de datos va a almacenar. A esto se le llama declarar la variable.

Una declaración de variables en Java será algo así:

```
int x;
double y;
```

```
char z;
```

x, y, z son los identificadores de variable. Es necesario declararlas porque, como vimos, el ordenador maneja internamente cada variable de una forma diferente: en efecto, no es lo mismo una variable entera de 8 bits con signo que otra real en coma flotante de 64 bits. El compilador debe saber de antemano qué variables va a usar el programa y de qué tipo son para poder asignarles la memoria necesaria cuando comience la ejecución y para saber qué operaciones nos permitirá hacer con esa variable.

Para adjudicar un valor a una variable, se emplean las sentencias de asignación, que tienen esta forma:

```
x = 5;
y = 7.445;
z = 'J';
```

A partir de la asignación, pueden hacerse operaciones con las variables exactamente igual que se harían con datos. Por ejemplo, la operación x + x daría como resultado 10. A lo largo del programa, la misma variable x puede contener otros valores (siempre de tipo entero) y utilizarse para otras operaciones. Por ejemplo:

```
int x;
int y;
int z;
x = 8;
y = 2;
z = x / y;
x = 5;
y = x + z;
```

Después de esta serie de operaciones, realizadas de arriba a abajo, la variable x contendrá el valor 5, la variable y contendrá el valor 9 y, la variable z, el valor 4.

En cambio, las constantes son valores que nunca cambian. Sólo se les puede asignar valor una vez, ya que, por su propia naturaleza, son invariables a lo largo del programa.

En Java, una constante se distingue con el modificador **final** colocado antes de la declaración, y la asignación debe hacerse en ese mismo momento. Por ejemplo:

```
final PI = 3.141592;
```

5.4.3 El modificador static

En la declaración de una variable o una constante aparece a menudo la palabra static. Por ejemplo:

```
static int x;
final static PI = 3.141592;
```

El modificador *static* significa que esa variable o constante solo se crearán una vez en toda la ejecución del programa, aunque aparezcan declaradas varias veces. También es aplicable, como veremos, a métodos, y resulta muy conveniente en una enorme diversidad de situaciones.

No te preocupes demasiado por ello. Cuando estemos preparados, explicaremos ese modificador con detalle. Por ahora, solo será un molesto compañero de viaje que aparecerá aquí y allá en nuestros programas sin saber muy bien por qué.

5.4.4 Vida y ámbito de las variables

Las variables en Java son, por definición, todas *locales* al bloque en el que se han declarado, entendiendo por bloque a cualquier conjunto de instrucciones enmarcado entre una llave { y otra llave }

Esto quiere decir que la variable sólo existirá dentro del bloque y se destruirá cuando el bloque finalice, resultando inaccesible al resto del código. Estas variables no pueden ser declaradas como static.

En cambio, las variables miembros de una clase son accesibles en todo el código de la clase, y sí pueden ser declaradas como static.

Veámoslo con un ejemplo:

```
class Prueba {
    static int n = 50;    // Variable miembro de la clase.
                          // Puede ser static (de hecho, lo es)

    public static void main(String[] args) {
        int m = 5, r = 0;    // Variables locales.
                             // No pueden ser static.
        r = n * m;
        System.out.println("El resultado es: " + r);
    }

    public void otro_metodo() {
        int x = 2, r = 0;    // Más variables locales
```

```
    r = n + x + m;        // ¡Esta asignación fallará!
    System.out.println("El resultado es: " + r);
  }
}
```

¡Alto! ¡No desesperes! ¿Que no entiendes lo que pone ahí arriba? Ni falta que hace. Aún no sabes programar, ¿qué esperabas? ¿Que después de leer un puñado de páginas sobre gramática inglesa podrías ver la saga completa de Star Wars en versión original y apreciar los sutiles matices de la voz de James Earl Jones?

No, esto no funciona así. Déjame que te lo recuerde: aprender a programar es difícil, y no lo entenderás todo a la primera. Solo hay una regla que funciona: perseverancia. Solo haz esta prueba: continúa leyendo, haz los ejercicios propuestos (al menos, unos cuantos), y termina el capítulo 2. Después regresa a este código que ahora puede parecerte ininteligible, y verás cómo lo entiendes mucho mejor que ahora. Conclusión: ¡estás aprendiendo! Pero no de forma milagrosa, sino como se aprende en la vida real: poco a poco, con tiempo y dedicación.

Volvamos al código fuente que aparece ahí arriba. Es una clase de ejemplo. ¿No sabes lo que es una clase? De momento no pasa nada. Dentro de la clase hay un par de bloques de código llamados métodos. Los métodos tienen nombre: uno se llama main() y, el otro, otro_metodo() (ya sé, ya sé, no es muy original; iba a ponerle de nombre Rumpelstikin, pero pensé que iba a despistar más todavía). Y los métodos tienen dentro código fuente, encerrado entre llaves ({ y }), y, como parte del código fuente, tienen variables.

Ahora mira de nuevo el código. Encuentra las variables. Hay comentarios que las acompañan para ayudar en la lectura. ¿Lo ves? No es tan difícil.

La variable n es una variable de la clase, por lo que puede ser usada dentro del bloque del método main() o en el de otro_metodo() sin problema. Está disponible en todos los métodos que pertenezcan a esta clase.

Sin embargo, las variables locales m o r no pueden ser usadas fuera de su ámbito. Por eso fallará la asignación r = n + x + m de otro_metodo(): la variable m es local al método main(), y no puede ser accedida desde otro_metodo()

En cambio, sí puede usarse la variable r en otro_metodo(), pero no es la misma variable que en main(), sino otra diferente: observa que se declara r como variable local en otro_metodo(). El hecho de que tenga el mismo nombre que la variable r de main() no significa que sean la misma variable, sino que hemos reutilizado el nombre del identificador.

5.5 Expresiones

Una expresión es una combinación de constantes, variables, operadores, métodos y expresiones literales, tales como 5 o 28.33. Es decir, se trata de operaciones aritméticas o lógicas en las que se pueden combinar todos los elementos vistos hasta ahora, y que resultan evaluables por la máquina para proporcionar un resultado único.

Por ejemplo:

```
(5 + x) / 2
```

En esta expresión, aparecen dos constantes literales (5 y 2), una variable (x) y dos operadores (+ y /), además de los paréntesis, que sirven para alterar la prioridad de las operaciones. Lógicamente, para resolver la expresión, es decir, para averiguar su resultado, debemos conocer cuál es el valor de la variable x. Supongamos que la variable x tiene el valor 7. Entonces, el resultado de la expresión es 6. El cálculo del resultado de una expresión se suele denominar *evaluación de la expresión*.

Otro ejemplo más complejo:

```
( - b  + Math.sqrt(Math.pow(b,2) - 4 * a * c)) / (2 * a)
```

Esta expresión tiene tres variables (a, b y c), 3 operadores (–, + y *, aunque algunos aparecen varias veces), 2 constantes literales (2 y 4, apareciendo el 2 dos veces) y dos métodos (sqrt y pow, que calculan la raíz cuadrada y la potencia respectivamente). Si el valor de las variables fuera a = 2, c = 3 y b = 4, al evaluar la expresión el resultado sería –0.5

La forma más habitual de encontrar una expresión es combinada con una sentencia de asignación a una variable. Por ejemplo:

```
y = (5 + x) / 2;
```

En estos casos, la expresión (lo que hay a la derecha del signo "=") se evalúa y su resultado es asignado a la variable situada a la izquierda del "=". En el ejemplo anterior, asumiendo que la variable x vale 7, la expresión (5 + x) / 2 tendría el valor 6, y, por lo tanto, ese es el valor que se asignará a la variable y.

6 Hemos aprendido...

Hasta aquí llega el primer capítulo de "Java para novatos".

En este capítulo hemos sentado las bases sobre las que edificar nuestros futuros programas. Aún no hemos creado ningún código ejecutable (salvo el "Hola, mundo", por supuesto), pero un carpintero necesita aprender a manejar ciertas herramientas básicas, tales como el serrucho o el destornillador, antes de lanzarse a construir una mesa o una silla. Pues bien, eso es lo que hemos hecho: presentarte al serrucho y al destornillador para que los guardes en tu caja de herramientas.

Hemos aprendido en qué consiste programar un ordenador y qué es un algoritmo. También sabemos algo más sobre los diferentes lenguajes de programación que existen y qué lugar ocupa Java en ese universo superpoblado de lenguajes diferentes.

Ya sabemos qué es el JDK y que para programar con Java, además de él, necesitamos un editor de texto y una consola. Eso, de momento: más adelante podemos (y debemos) probar uno o varios IDEs como Netbeans, Geany o Eclipse.

Por último, hemos hecho un recorrido bastante exhaustivo por los tipos primitivos de Java, y hemos visto qué operaciones pueden hacerse con cada uno de ellos, así como qué son las constantes, las variables y las expresiones.

Ahora es el momento de ejercitarse un poco con todo ello.

7 Ejercicios propuestos

Aquí encontrarás una colección de ejercicios propuestos relacionados con lo que hemos aprendido en este capítulo. Si el título del ejercicio termina con un asterisco (*), significa que puedes encontrar ese ejercicio resuelto en el apartado siguiente.

Si te resulta más cómodo tener las soluciones en archivos individuales, puedes descargar los ejercicios resueltos en esta dirección:

http://ensegundapersona.es/programar-en-java

Ejercicio 1.1: Instalación del JDK

Descarga e instala en tu ordenador la última versión del JDK de Oracle (¡de la web del fabricante!).

Modifica la variable de entorno PATH (y CLASSPATH, si es necesario) como se indica en el capítulo 1.

Comprueba que Java está correctamente instalado consultando la versión de Java que has descargado. Puedes hacerlo tecleando en la consola:

```
$ java -version
```

Debería devolverte algo como:

```
Version "1.8.2_121"
```

En cambio, si aparece algún error, es que no has instalado correctamente el JDK o no has configurado la variable PATH. Tendrás que resolverlo antes de poder continuar.

Ejercicio 1.2: Hola, mundo

Teclea en un editor de texto plano el programa "Hola, mundo" que ya vimos a lo largo del capítulo:

```
public class Holamundo {
```

```
/* Programa holamundo */
public static void main(String[] args) {
   // Este programa muestra un saludo por la pantalla
   System.out.println("Hola, mundo!");
}
}
```

Guárdalo con el nombre Holamundo.java y compílalo con el comando:

```
$ javac Holamundo.java
```

Si el compilador te informa de algún error, corrígelo editando el código de nuevo. Luego, vuelve a compilarlo.

Si todo va bien, ejecuta el programa compilado (holamundo.class) con:

```
$ java Holamundo
```

Y comprueba que el programa te saluda educadamente.

Ejercicio 1.3: Tipos de datos (*)

(Recuerda: el asterisco significa que puedes encontrar este ejercicio resuelto en el siguiente apartado)

¿A qué tipo pertenecen los siguientes datos?

a) 0   b) -90.234   c) -90

d) -90.0   e) 'A'   f) "Casablanca"

g) false   h) "false"   i) "-90"

Ejercicio 1.4: Indentificadores de variable

¿Cuáles de los siguientes identificadores de variable no son correctos y por qué?

a) XYZ   b) 56vertice   c) año&actual

d) _xyz   e) indice28   f) año_actual

g) 'valor'   h) año   i) zzz

Ejercicio 1.5: Calcular expresiones (*)

Calcula el valor de estas expresiones, sabiendo que a = 2, b = 5 y c = 8:

a) 4 / 2 * 3 / 6 + 6 / 2 / 1 / 4 * 2   b) (7 * (10 − 5) % 3) * 4 + 9

c) 3 * a − 4 * b / Math.pow(c, 2)   d) 7 % 5 % 3

e) b * a − Math.pow(b, 2 * 4 / c)   f) Math.sqrt(Math.pow(b,2))

g) (((b + c) / 2 * a + 10) * 3 * b) - 6   h) Math.sqrt(b*b)

i) 7 / 2   j) Math.round(81.4) + Math.round(81.6)

k) 7 % 2   l) Math.round(Math.sqrt(c)) > Math.abs(-
(a^2))

m) 0 % 5   n) 7 * 10 − 50 % 3 * 4 + 9

Ejercicio 1.6: Convertir expresiones (*)

Convierte estas expresiones algebraicas a su notación informática en lenguaje Java:

a) $\dfrac{M}{N} + P$ c) $\dfrac{x+y}{a-b}$ e) $\dfrac{m + \dfrac{n}{p}}{q - \dfrac{r}{s}}$

b) $M + \dfrac{N}{P - Q} + P$ d) $2 \cdot \dfrac{sen(x) + \cos(x)}{\tan(x)}$ f) $\dfrac{-b + \sqrt{b^2 - 4ac}}{2a}$

Ejercicio 1.7: Asignaciones sospechosas (*)

Se tienen las siguientes variables: a y b de tipo entero; c y d de tipo real; e y f de tipo carácter; y g de tipo lógico. Señala cuáles de las siguientes asignaciones no son válidas y por qué:

a) a = 20;   b) b = 5500;   c) e = 'f';

d) g = true;   f) b = 12;   g) c = 0;

h) e = f;   i) g = "false";   j) f = '0';

k) d = c   l) a = 12.56;   m) f = g;

Ejercicio 1.8: Asignaciones liosas (*)

¿Cuál es la salida por pantalla de cada una de estas secuencias de asignaciones?

A)

```
int a, b, c;
a = 3;
b = 4;
c = a + 2 * b;
c = c + b;
b = c - a;
a = b * c;
System.out.println(a + b + c);
```

B)

```
double x;
x = 2.0;
x = Math.pow((x + x), 2);
x = Math.sqrt(x + Math.sqrt(x) + 5);
System.out.println(x);
```

C)

```
int x, y;
boolean z;
x = 5;
y = x - 2;
```

```
x = y * y + 1;
z = (x > (y + 5));
System.out.println("x vale " + x + ", y vale " + y + " y z vale " + z);
```

D)

```
int a, b;
a = 10;
b = 5;
a = b;
b = a;
System.out.println(a + b);
```

Ejercicio 1.9: Intercambio de valores (*)

Se tienen dos variables, a y b. Escribe las asignaciones necesarias para intercambiar sus valores, sean cuales sean.

Ejercicio 1.10: Intercambio de valores a tres bandas (*)

Se tienen tres variables, a, b y c. Escribe las asignaciones necesarias para intercambiar sus valores, sean cuales sean, de manera que:

- b tome el valor de a

- c tome el valor de b

- a tome el valor de c

Ejercicio 1.11: Generador de letras (*)

Teclea y ejecuta este programa. ¿Qué es lo que ocurre? ¿Qué son esos caracteres que aparecen en la consola al ejecutarlo?

No olvides que el nombre del archivo debe coincidir con el de la clase, pero en minúsculas. Es decir, el archivo con el código debe llamarse generaletras.java

```
class GeneraLetras {
  public static char getLetra() {
    return (char) (Math.random()*26 + 'a');
  }
```

```
public static void main(String[] args) {
    System.out.println(getLetra());
    System.out.println(getLetra());
    System.out.println(getLetra());
    System.out.println(getLetra());
}
}
```

Ejercicio 1.12: ¿Funciona o no funciona?

A continuación te presentamos varios fragmentos de código. Se trata de que, para cada uno de ellos, intentes averiguar (antes de probarlo) si ese código funcionaría o no funcionaría una vez tecleado. En caso de que no funcione, intenta averiguar por qué. Y, en caso de que funcione, intenta predecir cuál será la salida por consola. Luego puedes probarlo en el compilador de java para ver si estabas en lo cierto o no.

A)

```
int a = 'a';
System.out.println(a);
```

B)

```
int pi = 3.14;
System.out.println(pi);
```

C)

```
double pi = 3,14;
System.out.println(pi);
```

D)

```
boolean adivina = (1 == 4);
System.out.println(adivina);
```

E)

```
boolean adivina = (1 == 'a' == 1);
System.out.println(adivina);
```

F)

```
boolean adivina = (97 == 'a' == 97);
System.out.println(adivina);
```

G)

```
boolean adivina = ((97 == 'a') && true);
System.out.println(adivina);
```

H)

```
int a = 1;
int b == a > 1;
System.out.println(b);
```

I)

```
byte a = 200;
System.out.println(a);
```

Ejercicio 1.13: Programa misterioso (*)

¿Qué mostrará el siguiente programa por pantalla, y por qué? (Pista: necesitarás averiguar qué significa el prefijo 0x escrito delante de un número, y para qué sirve el operador >>>)

```
public class Incognita {
    public static void main(String[] args) {
        int i = 0x100;
        i = i >>> 1;
        System.out.println(i);
    }
}
```

Ejercicio 1.14: Corrige los errores (*)

Los siguientes programas contienen uno o varios errores que hacen que no compilen. Modifícalos hasta que funcionen correctamente.

A)

```
class Suma {
    static int n1 = 50;
    public static void main (String[] args) {
        int n2 = 30, suma = 0, n3;
        suma = n1 + n2;
        System.out.println("La suma es: " + suma);
        suma = suma + n3;
        System.out.println(suma);
```

```
    }
}
```

B)

```
class Suma {
  public static void main (String[] args) {
    int n1 = 5, n2 = 6;
    boolean suma = 0;
    suma = n1 + n2;
    System.out.println(La suma es = suma);
  }
}
```

C)

```
class Cuadrado {
  public static void main (String[] args) {
    int n = 8;
    cuad = n * n;
    System.out.println("El cuadrado de " + N + " es: " + cuad);
  }
}
```

Ejercicio 1.15: Ejecuta de cabeza

¿Puedes adivinar qué salida por pantalla produce este programa antes de ejecutarlo? Necesitarás buscar primero qué significan los operadores += y %=

```
class Adivinanza {
  public static void main (String[] args) {
    int num = 5;
    num += num - 1 * 4 + 1;
    System.out.println(num);
    num = 4; num %= 7 * num % 3 * 7;
    System.out.println(num);
  }
}
```

Ejercicio 1.16: Mi primer programa (de verdad) (*)

Escribe un programa que calcule el área y la circunferencia de un círculo cuyo radio estará almacenado en una variable entera llamada r. Tal vez necesites buscar las fórmulas para calcular ambas magnitudes. Comprueba que el programa funciona correctamente para cualquier valor de r. La salida del programa, para r = 5, debería ser algo parecido a esto:

```
Radio: 5.
Longitud de circunferencia: 31,42
Área de círculo:  78,54
```

Ejercicio 1.17: Mi segundo programa (ejercicio de dificultad elevada) (*)

(Nota: Este ejercicio es complicado a estas alturas del libro, de modo que no te preocupes si no sabes resolverlo. Puedes volver a él más adelante y comprobarás que puedes hacerlo sin dificultad: será la prueba palpable de que estás aprendiendo).

Escribe un programa en Java que genere cinco caracteres al azar. Cuando lo hayas conseguido, modifícalo para que genere únicamente vocales al azar.

8 Ejercicios resueltos

A continuación te presentamos una selección de ejercicios del apartado anterior que hemos resuelto para ti.

Te aconsejamos que, antes de mirar en esta sección, intentes hacer cada ejercicio por ti mismo y luego compares lo que has hecho con la solución que te proponemos. Ten en cuenta que los primeros ejercicios solo tienen una solución correcta, pero, más adelante, cuando empecemos a hacer programas cada vez más complejos, pueden existir muchas soluciones para el mismo problema y la tuya puede ser perfectamente válida aunque no sea igual que la nuestra.

Si quieres tener los ejercicios en archivos de texto individuales, puedes descargarlos de:

http://ensegundapersona.es/programar-en-java

Ejercicio 1.3: Tipos de datos

a) int (entero)

b) float o double (real)

c) int

d) float o double

e) char (carácter)

f) String (cadena de caracteres)

g) boolean

h) String

i) String

Ejercicio 1.4: Indentificadores de variable

a) Correcto

b) Incorrecto (empieza por un número)

c) Incorrecto (contiene carácter &)

d) Incorrecto (comienza por _)

e) Correcto

f) Incorrecto (contiene carácter ñ)

g) Incorrecto (contiene comillas)

h) Incorrecto (contiene carácter ñ)

i) Correcto

Ejercicio 1.5: Calcular expresiones

a) 2.5   b) 65

c) -14   d) 2

e) 5   f) 5

g) 339   h) 5

i) 3.5   j) 163

k) 1   l) false

m) 0   n) 20

Ejercicio 1.6: Convertir expresiones

a) (M / N) + P

c) (x+y) / (a-b)

e) (m+(n/p)) / (q-(r/s))

b) m+(n/(p-q))+p

d) 2* (Math.sin(x) + Math.cos(x)) / Math.tan(x)

f) (-b + Math.sqrt(b*b-4*a*c))/(2*a)

Ejercicio 1.7: Asignaciones sospechosas

a) Correcto

b) Correcto

c) Correcto

d) Correcto

f) Correcto

g) Correcto, pero problemático: se intenta asignar un entero a un real (funcionará por conversión implícita)

h) Correcto

i) Incorrecto: se intenta asignar un String a un boolean.

j) Correcto

k) Correcto

l) Incorrecto: se intenta asignar un real a un entero.

m) Incorrecto: se intenta asignar un boolean a un carácter.

Ejercicio 1.8: Asignaciones liosas

A) a = 180, b = 12, c = 15. En la pantalla aparecerá el número 207.

B) x = 5. En la pantalla aparecerá 5.0

C) x = 10, y = 3, z = verdadero. En la pantalla aparecerá: "x vale 10, y vale 3 y z vale true"

D) a = 5, b = 5. En la pantalla aparecerá 10.

Ejercicio 1.9: Intercambio de valores

```
int a, b, aux;
// Asignamos un valor inicial (cualquiera) a las variables a y b
a = 2;
b = 6;
// Intercambiamos los valores con ayuda de la variable auxiliar
aux = a;
a = b;
b = aux;
// Comprobamos que todo ha ido bien mostrando el valor de a y b
System.out.println("a = " + a + ", b = " + b);
```

Ejercicio 1.10: Intercambio de valores a tres bandas

```
int a, b, c, aux;
// Asignamos un valor inicial (cualquiera) a las variables
a = 2;
b = 7;
c = 4;
// Intercambiamos sus valores con ayuda de la variable aux
aux = a;
a = c;
c = b;
b = aux;
```

```
// Comprobamos que todo ha ido bien mostrando el valor de a, b y c
System.out.println("a = " + a + ", b = " + b + ", c = " + c);
```

Ejercicio 1.11: Generador de letras

El programa muestra cuatro caracteres en minúscula generados al azar.

La ejecución comienza por main(), como siempre. Dentro de main() se imprime en la pantalla, con println(), el resultado de invocar un método llamado getLetra().

Ese método genera un número aleatorio entre 26 (de 0 y 25, incluyendo el 0, es decir, 26 posibles números aleatorios) y le suma el código ASCII del carácter 'a', que es 65. Devuelve el resultado de esa suma (return) a main(), que se encarga de mostrarlo por la pantalla (println)

Si, por ejemplo, aleatoriamente se genera el número 5, la expresión Math.random()*26 + 'a' sumará 5 al código ASCII de la 'a', es decir, calculará 5 + 65. Ese es el código ASCII de la quinta letra del alfabeto inglés (la 'e'), y eso será lo que se devuelva a main() y lo que se imprima en la pantalla.

Si aleatoriamente se genera otro número, como, por ejemplo, el 6, la suma será 6 + 65, es decir, 71, que corresponde al sexto carácter el alfabeto, la letra 'f'. Y así sucesivamente.

Si se generase el número 0 (el más pequeño posible que se puede generar con la expresión del programa), el cálculo sería 0 + 65, es decir, 65: la letra 'a'. Y si se generase el número 25 (el más grande posible en nuestro programa), el cálculo sería 25 + 65, es decir, 90, que se corresponde con la letra 'z', la última del alfabeto.

Por eso, sea cual sea el número aleatorio que produzca la llamada a Math.random(), siempre se genera un número entre 65 (letra 'a') y 90 (letra 'z').

Fíjate como, en el return, se hace una conversión explícita o casting: se obliga a convertir ese número a un carácter. Por eso lo que vemos es el carácter correspondiente al número y no el número mismo.

Y todo eso ocurre cuatro veces, una por cada llamada a getLetra() que se produce en el método main(). Por eso aparecen cuatro caracteres al azar entre la a y la z minúsculas.

Ejercicio 1. 13: Programa misterioso

El objetivo de este ejercicio era que curiosearas un poco por internet para buscar información acerca de detalles del lenguaje de programación que ignoras. Es muy frecuente que los programadores tengan que hacer esto durante el desarrollo de un programa, y potenciaremos ese comportamiento a lo largo de todo el libro.

Si te has molestado en ejecutar el código misterioso en tu ordenador, habrás visto que muestra el número 128 en la pantalla. Pero, ¿por qué?

En primer lugar, todos los números precedidos por "0x" se consideran escritos en *hexadecimal*. El hexadecimal es un sistema de numeración basado en 16 dígitos, no en 10, como es lo más habitual. Esos dígitos son 0, 1, 2, 3, 4, 5, 6, 7, 8, 9, A, B, C, D, E y F, de modo que puedes encontrar números que incluyen, de hecho, letras en su interior, tales como 23A o FFE.

¿A qué número decimal equivale 100 en hexadecimal? Muy sencillo: a 256. Fíjate que 100, en hexadecimal (o sea, 0x100) no significa "cien", sino "doscientos cincuenta y seis". Lo que ocurre es que tú estás acostumbrado/a a ver "100" y pensar "cien", porque siempre utilizas el sistema decimal, en el que, en efecto, "100" significa "cien".

Hazte a la idea de que el hexadecimal es un idioma distinto, aunque sea un idioma peculiar, porque solo sirve para expresar números, no cualquier concepto. Pero la idea es la misma. En inglés, "table" se refiere al concepto "mesa", pero no se escribe "mesa". Pues es lo mismo: "0x100" se refiere al concepto "doscientos cincuenta y seis", pero no se escribe "256".

Para aprender más sobre el sistema hexadecimal y otros sistemas de numeración relacionados (como el binario y el octal) puedes leer algún libro sobre introducción a la informática. Yo mismo expliqué todo esto con bastante detalle en "Aprender a programar en C: de 0 a 99 en un solo libro". Aquí no nos extenderemos más, porque este libro ya está quedando demasiado voluminoso.

Bien, tenemos que la variable i vale 0x100, es decir, 256. ¿Qué ocurre al ejecutar i >>> 1? Si has curioseado un poco por internet, habrás encontrado que el operador ">>>" provoca un desplazamiento de bits a la derecha, rellenando con ceros. Un momento, un momento. ¿Un qué de qué?

Todos los números (y los caracteres, y las informacion multimedia...) se representan internamente en el ordenador codificados en binario, es decir, con ceros y unos. El número 256, en concreto, es 100000000 en binario (un uno seguido de ocho ceros). Desplazar a la derecha significa eso: que cada dígito binario se desplazará una posición a la derecha en el número original. Así que 100000000 se convierte en 010000000 (se rellena con ceros a la izquierda). Pues bien, el número 010000000 en decimal se escribe 128. Y en binario, como en cualquier sistema de numeración, el cero a la izquierda no tiene ningún valor, por lo que podemos escribir el mismo número como 10000000 (un uno seguido de siete ceros).

Misterio resuelto.

Si quieres saber más sobre el sistema de codificación binario, nuevamente te remito a mi libro "Aprender a programar en C: de 0 a 99 en un solo libro" o a cualquier otro manual de introducción a la informática de tu elección.

Ejercicio 1.14: Corrige los errores

A) La variable n3 no tiene ningún valor asignado, por lo que la instrucción suma = suma + n3 falla. Basta con asignarle algún valor (aunque sea cero) *antes* de utilizarla por primera vez.

B) La variable suma es de tipo boolean, lo que no tiene ningún sentido. Debería ser de tipo int. Así, el programa sí funciona.

C) Se ha intentado usar una variable (cuad) sin haberla declarado previamente. Bastará con escribir int cuad; antes de usarla para solucionar el problema. También puede declararse la primera vez que se usa, es decir: int cuad = n * n;

Ejercicio 1.16: Mi primer programa (de verdad)

En la solución que proponemos vamos a incorporar varias técnicas que nos van a acompañar a lo largo del resto del libro. No son estrictamente necesarias para lograr que el programa propuesto funcione, pero es un momento tan bueno como cualquier otro para que te vayas familiarizando con ellas. Como ya hemos dicho muchas veces, no te agobies si no lo entiendes todo al cien por cien. No te hace falta de momento.

La primera de esas técnicas son los comentarios. Fíjate en ellos: en donde están puestos y en el formato que tienen. Siguen un formato estandarizado llamado *javadoc* del que hablaremos con más detalle más adelante y que presenta muchas ventajas, por lo que está muy extendido en el mundo de los programadores profesionales.

La segunda técnica en la entrada de datos por consola, es decir: este programa pide al usuario que teclee el valor del radio. Eso se hace en el método leeTeclado(). Verás que no resulta nada intuitivo. No te preocupes por ahora: explicaremos qué ocurre en ese método con detalle en el capítulo 3.

Por último: hemos creado cinco métodos para resolver algo que podría despacharse con solo uno (el método main() que, te recuerdo, es obligatorio). Lo hacemos así para ser más ordenados pero, sobre todo, para que te vayas familiarizando con el aspecto de una clase típica de Java. Aprenderemos más sobre clases, objetos y métodos en el capítulo 2.

Eso es todo. Échale un vistazo al código, compáralo con el tuyo (si has intentado resolverlo antes), pruébalo en tu propio ordenador y, por milésima vez, no te desesperes (aún) si no lo comprendes todo. Esa comprensión llegará poco a poco.

```java
import java.io.*;


/**
 * La clase círculo calcula y muestra
 * el área y el perímetro de una circunferencia.
 * El radio se lee por consola.
 */

public class Circulo {

/**
 * Calcula el área y el perímetro de un círculo
 */
  public static void main (String[] args) {
    double radio = 0;
    double area, circunf;
    radio = leeTeclado();
    area = calculaArea(radio);
    circunf = calculaCircunferencia(radio);
    muestraResultado(radio, area, circunf);
  }
```

```java
/**
 * Calcula el área de un círculo
 *
 * @param  r  el radio del círculo
 * @return    el área del círculo
 */
  public static double calculaArea(double r) {
    double a;
    a = Math.PI * (r * r);
    return a;
  }

/**
 * Calcula el perímetro de un círculo
 *
 * @param  r  el radio del círculo
 * @return    el perímetro del círculo
 */
  public static double calculaCircunferencia(double r) {
    double c;
    c = 2 * Math.PI * r;
    return c;
  }

/**
 * Lee el radio del círculo por teclado
 *
 * @return    el radio del círculo
 */
  public static double leeTeclado() {
    double radio = 0;
    BufferedReader buffer = new
            BufferedReader(new InputStreamReader(System.in));
    System.out.printf("Escribe el valor del radio: ");
    try {
      radio = Double.parseDouble(buffer.readLine());
    }
    catch (Exception e) {
      System.out.println("Error de lectura de datos");
    }
    return radio;
  }


/**
 * Muestra el resultado
 *
 * @param  r       el radio del círculo
 * @param  area    el área del círculo
 * @param  circunf la longitud de la circunferencia
```

```
*/
public static void muestraResultado(double r, double area,
                                    double circunf) {
  System.out.println("Radio: " + r);
  System.out.println("Área: " + area);
  System.out.format("Circunferencia: %.2f\n", circunf);
}
```

Ejercicio 1.17: Mi segundo programa

El programa que genera 5 caracteres al azar solo es una modificación trivial del ejercicio 1.11: basta con añadir una quinta invocación a getLetra() dentro de main() y nos quedará esto:

```
public class GeneraLetras {

  public static char getLetra() {
    char caracterAleatorio;
    caracterAleatorio = (char) (Math.random()*26 + 'A');
    return caracterAleatorio;
  }

  public static void main(String[] args) {
    char c;
    System.out.println(getLetra());
    System.out.println(getLetra());
    System.out.println(getLetra());
    System.out.println(getLetra());
    System.out.println(getLetra());
  }
}
```

Podemos modificar ese programa para que solo genere vocales al azar. Vamos a sustituir el método getLetra() por otro llamado getVocal(). En él, elegiremos un número al azar entre 10 (de 0 a 9) y, dependiendo de lo que nos salga, devolveremos a main() una vocal u otra. Hemos puesto números al azar de 0 a 9 para poder generar vocales mayúsculas y minúsculas, que son diez en total. Si solo nos quedásemos con las minúsculas, bastaría con un número al azar entre 0 y 4.

Observa como usamos la instruccion "if" (el "si" condicional en inglés) y trata de entender lo que ocurre en getVolcal():

```
public class GeneraVocales {
```

```
public static char getVocal() {
  char car = ' ';
  int aleat = 0;

  aleat = (int)(Math.random() * 10);

  if (aleat == 0) car = 'A';
  if (aleat == 1) car = 'E';
  if (aleat == 2) car = 'I';
  if (aleat == 3) car = 'O';
  if (aleat == 4) car = 'U';
  if (aleat == 5) car = 'a';
  if (aleat == 6) car = 'e';
  if (aleat == 7) car = 'i';
  if (aleat == 8) car = 'o';
  if (aleat == 9) car = 'u';

  return car;
}

public static void main(String[] args) {
  System.out.println(getVocal());
  System.out.println(getVocal());
  System.out.println(getVocal());
  System.out.println(getVocal());
  System.out.println(getVocal());
}
}
```

CAPÍTULO 2:
LA PROGRAMACIÓN
ORIENTADA OBJETOS
SIN MIEDO

En este capítulo introduciremos los conceptos básicos sobre programación orientada a objetos y aprenderemos a construir nuestras primeras clases y, con ellas, nuestros primeros programas verdaderamente orientados a objetos.

En los manuales de introducción a la programación hay dos tendencias: una, que ha quedado un poco desfasada, consiste en ignorar todas las cuestiones relativas a los objetos y centrarse al principio en las estructuras de control. Este enfoque está heredado de los manuales de programación clásicos, pues consiste, básicamente, en aprender programación estructurada y, más adelante, encajar las destrezas aprendidas en el paradigma de orientación a objetos.

La segunda tendencia, que es la que se está imponiendo en la actualidad y que seguiremos aquí, consiste en programar dentro del paradigma orientado a objetos desde el minuto cero, de modo que el aprendiz no tenga que hacer ninguna *adaptación mental* posterior: tus primeros programas ya serán aplicaciones 100% orientadas a objetos y, por tanto, asimilará ese modo de trabajar de manera paulatina y natural, sin los vicios ocultos que a veces tienen los programadores que llegan a la programación orientada a objetos procedentes de la programación estructurada clásica.

En este capítulo expondremos en qué consiste el famoso paradigma, utilizando para ello ejemplos y analogías que lo harán fácilmente comprensible. Después definiremos los elementos principales tales como clases, objetos, métodos o atributos. Construiremos nuestras primeras clases y diremos algunas cosas interesantes sobre los paquetes de Java. Terminaremos el capítulo explicando cómo hacer operaciones de entrada/salida con el usuario, de manera que podamos empezar a construir programas interactivos y funcionales.

1 Entendiendo la programación orientada a objetos

1.1 Pensamiento orientado a objetos

Java es un lenguaje orientado a objetos: pero, ¿qué significa exactamente "orientado a objetos"? Para responder a esta pregunta, primero tenemos que comprender en qué consiste la programación tradicional o "no orientada a objetos".

En programación tradicional, cualquier problema informático se resuelve codificando un conjunto de algoritmos que trabajan sobre un conjunto de datos. Es decir, los datos son elementos pasivos: es el código el que se encarga de hacer todo el trabajo por ellos.

A medida que los proyectos crecen, el código también lo hace, y llega un momento en el que es imposible saber cómo funciona todo el sistema. Surgen interacciones imprevistas e impredecibles entre distintas partes del programa. El fallo más tonto, como un error tipográfico, puede convertirse en una pesadilla cuya localización puede suponer muchas horas de trabajo (y, en consecuencia, mucho dinero).

Como dice Yukihiro Matsumoto, creador del lenguaje Ruby, el mantenimiento de estos programas se convierte en algo parecido a transportar un calamar gigante intentado que ninguno de sus tentáculos te alcance la cara.

Lo que hace la programación orientada a objetos es cambiar la forma de trabajar. No supone una revolución con los métodos anteriores, sino un cambio en la forma en la que se hacen las mismas cosas de siempre. La mayoría del trabajo se delega a los propios datos, de modo que los datos ya no son estáticos, sino que se encargan de mantenerse en forma a sí mismos. De nuevo en palabras de Matsumoto: dejamos de tratar cada pieza de dato como una caja en la que se puede abrir su tapa y arrojar cosas en ella y empezamos a tratarlos como máquinas funcionales cerradas con unos pocos interruptores y diales bien definidos.

Lo que se define anteriormente como una "máquina" puede ser, en su interior, algo muy simple o muy complejo. No se puede saber desde el exterior y no se nos permite abrir la máquina (excepto cuando estamos completamente seguros de que algo está mal en su diseño), por lo que se nos obliga a utilizar los interruptores y leer los diales para interactuar con los datos. Una vez construida una de esas máquinas, no queremos tener que volver a pensar en cómo funciona internamente.

1.2   Un ejemplo sencillo para entender las clases y los objetos

Pongamos un ejemplo sencillo para entender el concepto de objeto y de "máquina con unos pocos interruptores y diales".

Seguramente en tu cocina tienes un horno microondas (aunque, en realidad, para este ejemplo podrías elegir cualquier electrodoméstico). El horno consta, entre otros muchos subsistemas, de un temporizador. Su trabajo consiste en mantener el horno encendido durante un tiempo determinado por el usuario. ¿Cómo podríamos representar esto en un lenguaje de programación? En Java, por ejemplo, el temporizador podría ser, simplemente, una variable numérica de tipo float o double. El programa manipularía esa variable disminuyendo el valor una vez por segundo, y permitiría al usuario establecer el tiempo inicial del temporizador antes de poner el horno en marcha.

Con este enfoque tradicionalista, un error en cualquier parte del programa podría terminar asignando un valor falso a la variable, como un número negativo o un tiempo de varias horas. Hay un número infinito de razones inesperadas por las que podría llegar a suceder esto. Cualquiera con cierta experiencia programando sabe que se pueden perder horas o días tratando de encontrar ese error.

Pero si programamos con un lenguaje orientado a objetos, no pensaremos en el tipo de datos que mejor se ajusta a un temporizador de microondas, *sino en el modo en el que un temporizador de microondas funciona en el mundo real*. No parece una gran diferencia, pero lo es.

El programador, o el diseñador, necesitará dedicar cierto tiempo a decidir qué es exactamente un temporizador de microondas y cómo se espera que el mundo exterior interactúe con el. Por fin, construirá una pequeña máquina (una pieza de software) con controles que permitan establecer, consultar y disminuir su valor.

El temporizador se crea, por ejemplo, sin un mecanismo para asignarle un valor arbitrario, por la sencilla razón de que los temporizadores de microondas no trabajan de esa forma: solo permiten asignar múltiplos de 10 segundos, por lo general. Existen sólo unas cuantas cosas que un temporizador de microondas puede hacer, y sólo permitiremos esas cosas. Así, si alguien desde otra parte del programa trata de asignar algún valor no permitido al temporizador, como un número negativo, le resultará imposible hacerlo. Estaremos protegiendo una parte del programa de errores cometidos en otras partes y que, en programación tradicional, se propagan como el fuego en un tanque de gasolina.

Por si fuera poco, los lenguajes orientados a objetos nos permiten que, una vez que hayamos diseñado un temporizador de microondas (o el objeto que sea), podamos fabricar tantos como sea necesario. Habremos creado un patrón o molde de temporizador y, a partir de ese molde, se pueden construir objetos diferentes (pero similares) indefinidamente.

Pues bien, el molde se conoce como **clase**, y cada temporizador concreto que fabriquemos a partir de él se conoce como **objeto**.

Aclaremos, sin embargo, que la programación orientada a objetos no es una solución milagrosa: nada impide, en cualquier lenguaje, escribir código poco claro, descuidado, inestable o directamente erróneo.

A continuación hablaremos de los "interruptores y diales" del temporizador del microondas (**métodos**) y, en próximos capítulos, veremos como se construyen los moldes (**clases**).

1.3 Métodos

En la programación orientada a objetos, como acabamos de ver, no se piensa en manipular los datos directamente desde el exterior de un objeto, si no que son los propios objetos los que deciden cómo se debe operar sobre ellos. Se pasa un mensaje al objeto y este mensaje provoca algún tipo de acción o respuesta significativa por parte del objeto. Esto ocurre sin que nos importe cómo realiza el objeto, interiormente, el trabajo.

Las tareas que podemos pedir que un objeto realice (o lo que es lo mismo, los mensajes que comprende) son los **métodos**.

En Java, se llama a un método con la notación punto (como en C++, Python, Ruby o muchos otros lenguajes). El objeto con el que nos comunicamos se nombra a la izquierda del punto. Por ejemplo:

```
String mi_cadena = "Esto es una cadena de caracteres";
System.out.println("La longitud de la cadena es: " + mi_cadena.length());
```

La salida por pantalla será:

```
La longitud de la cadena es 32
```

Intuitivamente es fácil de comprender: a este objeto cadena se le está pidiendo que diga la longitud que tiene (y, como es una cadena de caracteres, nos responde con la cantidad total de letras de que consta). Técnicamente, lo que hemos hecho se llama *invocar el método length() del objeto mi_cadena*.

Otros objetos pueden hacer una interpretación un poco diferente de length. La decisión sobre cómo responder a un mensaje, o si se responde en absoluto, se toma durante la ejecución del programa, y la acción cambiará dependiendo de la variable que se use.

```
String mi_cadena = "Esto es una cadena de caracteres";
String[] mi_array = {mi_cadena, "Otra cadena"};
System.out.println("La longitud de la cadena es: " + mi_cadena.length());
System.out.println("La longitud del array es: " + mi_array.length());
```

La salida por pantalla será:

```
La longitud de la cadena es 32
La longitud del array es 2
```

Por lo tanto, lo que haga length() variará dependiendo del objeto con el que estemos hablando. En el primer caso, le pedimos a mi_cadena su longitud. Como se trata de una cadena de caracteres, solo hay una respuesta posible. En el segundo caso, se lo pedimos a mi_array, que es una colección compuesta por dos cadenas. Podríamos pensar que el método length() pudiera contar todos los caracteres en total almacenados en el objeto (43 en total). Pero lo más plausible es que nos devuelva 2, que es el número de elementos del array.

No importa si por el momento no entiendes bien lo que son los strings o los arrays. Lo que hay que tener en cuenta ahora es que el objeto array conoce lo que significa ser un array, y el string, lo que significa ser string, y ambos saben exactamente lo que tienen que hacer si les pedimos que nos calculen su propia longitud (lenght).

En Java, las piezas de datos llevan consigo ese conocimiento, por lo que las solicitudes que se les hace se pueden satisfacer en las formas adecuadas para el tipo de dato. Esto libera al programador de la carga de memorizar una gran cantidad de nombres de funciones, ya que una cantidad relativamente pequeña de nombres de métodos, que corresponden a conceptos que sabemos como expresar en lenguaje natural, se pueden aplicar a diferentes tipos de datos siendo el resultado el que lógicamente cabría esperar. Esta característica de los lenguajes orientados a objeto se conoce como **polimorfismo**.

Cuando un objeto recibe un mensaje que no conoce, se produce un error. Por lo tanto, hay que conocer qué métodos son aceptables para un objeto, aunque no se necesita saber como están programador por dentro. Los métodos, insistimos, son como los diales del horno microondas: como usuario, tienes que saber qué diales existen y cómo usarlos, pero no cómo están construidos por dentro.

1.4   Atributos

Los **atributos** de un objeto definen las características del mismo. Por ejemplo, un atributo del temporizador del microondas debería ser el número de segundos que éste debe permanecer activo, y un atributo de un objeto de tipo String debe de ser el número de caracteres de que consta la cadena.

Al programador que usa un objeto deberían importarle un bledo los atributos del mismo. Él (o ella) se encargará de usar el objeto a través de sus métodos, y éstos operarán con los atributos, si ello es necesario, de forma totalmente transparente al programador. Es decir, los atributos raramente son accesibles desde el exterior del objeto, salvo que, por razones de diseño, el programador del objeto haya decidido lo contrario.

2 Definiciones formales

Una vez vista de manera informal la filosofía que subyace en el paradigma de orientación a objetos, pasamos a enumerar de manera más formal los diferentes conceptos que aparecerán de ahora en adelante de manera insistente. Como hemos dicho muchas veces, no te preocupes (de momento) si no entiendes todo lo que aquí se dice. Preocúpate solo si, al finalizar el libro, sigues sin saber qué son algunos de los siguientes conceptos.

2.1 Objetos

Un objeto es una unidad que engloba dentro de sí un conjunto de datos y las funciones necesarias para el tratamiento de esos datos.

Un objeto se caracteriza por:

- Su identidad: cada objeto es único y diferente del resto. Internamente se le asigna un ID para diferenciarlo de otros objetos, aunque pertenezcan a la misma clase y tengan todos sus valores internos con el mismo valor.

- Su estado: el estado de un objeto viene dado por el valor de sus atributos o variables internas.

- Su comportamiento: el comportamiento de un objeto se define mediante los métodos o fragmentos de código que operan con los atributos internos del objeto e interactúan, si es necesario, con otros objetos.

2.2 Atributos

Los atributos son los datos incluidos en un objeto. Son como las variables en los lenguajes de programación clásicos, pero están encapsuladas dentro de un objeto y, salvo que se indique lo contrario, son invisibles desde el exterior.

2.3   Métodos

Se llaman métodos a las funciones que pertenecen a un objeto. Es decir: son fragmentos de código con un nombre que permite invocarlos y ejecutarlos, pero están encapsulados dentro del objeto. Tienen acceso a los atributos del mismo y son la forma de operar con los atributos desde el exterior del objeto. Son, en definitiva, los "diales" de la caja negra.

2.4   Clases

Una clase es un patrón para construir objetos. Por tanto, un objeto es una variable perteneciente a una clase determinada. Es importante distinguir entre objetos y clases: la clase es simplemente una declaración, no tiene asociado ningún objeto. Y todo objeto debe pertenecer a una clase.

2.5   Mensajes

El mensaje es el modo en que se comunican los objetos entre sí. Un mensaje no es más que una llamada a un método de un determinado objeto. Cuando llamemos a un método de un objeto, a menudo diremos que estamos enviando un mensaje a ese objeto, y el objeto reaccionará ejecutando el código asociado a ese mensaje.

2.6   Interfaz

Las clases (y, por lo tanto, también los objetos) tienen partes públicas y partes privadas. La parte pública es visible para el resto de los objetos, mientras que la privada sólo es visible para el propio objeto. A la parte pública de un objeto se le denomina interfaz.

2.7 Características de la programación orientada a objetos

A continuación definiremos otros conceptos relativos a la programación orientada a objetos, abreviada a veces como OOP (del inglés *Object Oriented Programming*). Se trata de las características más destacables de este paradigma: términos que te vas a encontrar en cualquier sitio que hable de OOP.

Algunos de ellos no los vas a comprender todavía, o no en toda su extensión e implicaciones. Ya sabes: no te preocupes. Volveremos a ellos una y otra vez en los siguientes capítulos.

Abstracción

Cuando se programa con OOP, se intentan abstraer las características de los objetos del problema que estamos tratando de informatizar, para crear a partir de ello las clases y sus métodos.

Encapsulamiento

Como ya hemos dicho varias veces, los miembros privados de una clase no son accesibles desde otras clases. Es decir, desde una clase no se puede invocar un método de otra clase a menos que se indique lo contrario.

Se denomina encapsulamiento al hecho de que cada objeto se comporte de modo autónomo, de manera que lo que pase en su interior sea invisible para el resto de objetos. Cada objeto sólo responde a ciertos mensajes (llamadas a sus métodos) y proporciona determinadas salidas. Los procesos que lleve a cabo para obtener esas están totalmente ocultos al resto de objetos.

El concepto de encapsulamiento ya estaba presente en la programación modular, donde se perseguía maximizar la cohesión y minimizar el acoplamiento de los módulos. Esa idea es llevada a sus últimos términos por la programación orientada a objetos.

Herencia

Es posible diseñar nuevas clases basándose en clases ya existentes. Esto se llama herencia. Cuando una clase hereda de otra, toma todos los atributos y todos los métodos de su clase "madre", y puede añadir los suyos propios. A veces, algunos de los métodos o datos heredados no son útiles, por lo que pueden ser enmascarados, redefinidos o simplemente eliminados en la nueva clase.

Polimorfismo

Este "palabro" se refiere a la posibilidad de crear varias versiones del mismo método, de forma que se comporte de maneras diferentes dependiendo del estado del objeto o de los parámetros de entrada.

2.8   Ventajas de la OOP

La OOP se ha impuesto con fuerza en las dos últimas décadas, y no ha sido por casualidad. De hecho, proporciona varias ventajas importantes a la hora de desarrollar y mantener aplicaciones software, que se traducen, en definitiva, en un ahorro de tiempo y esfuerzo. Y, en consecuencia, de dinero.

Estas ventajas son:

- **Modularidad**: el código de un objeto puede modificarse, mantenerse o mejorarse sin que ello afecte al resto del sistema, siempre que respetemos su interfaz (así, los demás objetos del programa se seguirán comunicando con el objeto modificado sin que sepan que éste ha cambiado)

- **Reutilización de código**: es muy sencillo utilizar clases y objetos de terceras partes. Solo tienen que publicar el interfaz de sus clases, y podemos empezar a usarlas en muy poco tiempo, sin preocuparnos de cómo funcionan por dentro, igual que el técnico de la lavadora sustituye una pieza electrónica por otra sin saber exactamente como están hechas.

- **Facilidad de prueba y mantenimiento**: si tenemos un objeto que está dando problemas, es fácil aislar el elemento que falla y modificarlo sin que ello afecte al resto del código de la aplicación.

- **Ocultación de información**: como cada objeto oculta los detalles de su implementación al resto, es virtualmente imposible que un malfuncionamiento en una parte del sistema pueda afectar a otras.

3   Declaración de clases y objetos en Java

Para crear un objeto y empezar a usarlo, es necesario que antes exista una clase (el molde)

Veremos más detalles sobre cómo crear clases en el capítulo 4, porque Java puede llegar a ser muy sutil en esto. Por ahora, aprenderemos a declarar clases simples.

En Java, la forma más simple de declarar una clase es ésta:

```
class MiClase {
    private static int miAtributo1;
    private float miAtributo2;
    public void miMetodo1() {
        <código del método>
    }
    public int miMetodo2(int a, b) {
        int r;
        <código del método>
        return r;

    }
}
```

En este ejemplo, hemos declarado una clase llamada MiClase (que debemos guardar en un archivo llamado MiClase.java). La clase tiene dos atributos, miAtributo1 y miAtributo2, uno de tipo int y otro de tipo float. Ambos son private, lo que significa que no son accesibles desde fuera de la clase (típico de los atributos). Además, uno de ellos es static, es decir, solo se creará una vez aunque se definan varios objetos de esta clase.

Después, aparece la definición de dos métodos. Ambos son public, esto es, pueden ser usados por otros objetos externos a esta clase. El primero no devuelve ningún resultado (void), y el segundo devuelve un valor entero (int). Este último, además, tiene una variable local de tipo int llamada r.

Recuerda que la clase solo es un molde, un patrón. La forma de crear un objeto usando este molde es esta:

```
MiClase miObjeto = new MiClase;
```

A partir de este momento existirá una variable en el programa llamada miObjeto en cuyo interior existirán todos los elementos de MiClase: los atributos y los métodos. Y podemos crear todos los objetos que necesitemos a partir de ese molde.

3.1   Un ejemplo más realista

Supongamos que estamos desarrollando una aplicación para administrar los datos personales y académicos del alumnado de un instituto. Dentro de la aplicación, hemos detectado que existe un tipo de dato llamado "persona" (también podría haber sido "alumno"), que tiene ciertas características (nombre, edad, sexo, etc) y con el que se pueden llevar a cabo ciertas operaciones (asignarle un nombre, preguntarle cuál es su edad, etc)

Esas características son los atributos. Esas operaciones son los métodos. Así, el aspecto de la clase Persona sería, más o menos, este:

```
class Persona {

    private String nombre;
    private String apellido;
    private int edad;
    private char sexo;

    public String getNombre() {
        return nombre;
    }
    public void setNombre(String txt) {
        nombre = txt;
    }

    public String getApellido() {
        return apellido;
    }
    public void setApellido(String txt) {
        apellido = txt;
    }

    public int getEdad() {
        return edad;
    }
    public void setEdad(int n) {
        edad = n;
    }
```

```
public String getSexo() {
    String s;
    if (sexo == 'H') s = "Hombre";
    if (sexo == 'M') s = "Mujer";
    if (sexo != 'H') && (sexo != 'M') s = "Desconocido";
    return s;
}
public void setSexo(char s) {
    sexo = s;
}
}
```

Observa como los atributos son privados, y hemos definido un método público
para consultar y modificar cada uno de ellos. Los métodos saben cómo deben
proceder con los atributos, y el programador que usa la clase no deben
preocuparle esos detalles: una vez escrita y probada la clase, podemos olvidarnos
de ella y usarla sin tener en cuenta su implementación. Solo tenemos que conocer
cuáles son sus métodos públicos y para qué sirve cada uno.

Este es un ejemplo de cómo podríamos usar esta clase para crear una persona
llamada Miguel Pérez, de 23 años de edad y sexo masculino:

```
class ProbarPersona {

    public static void main(String[] args) {
        Persona a = new Persona();
        a.setNombre("Miguel");
        a.setApellido("Pérez");
        a.setEdad(23);
        a.setSexo('H');
        // Ahora vamos a mostrar por pantalla la información
        // para asegurarnos que todo se ha almacenado correctamente
        System.out.println("Nombre: " + a.geNombre() + " " +
                                        a.getApellido());
        System.out.println("Edad: " + a.getEdad());
        System.out.println("Sexo: " + a.getSexo());
    }
}
```

Si compilamos y ejecutamos el programa probarPersona, la salida por pantalla
debería ser esta:

```
Nombre: Miguel Pérez
Edad: 23
Sexo: Masculino
```

Observa que, aunque en el interior del objeto el sexo se almacena como un carácter H, al recuperarlo con getsexo() se nos devuelve el string "Masculino". Ese es el comportamiento del objeto y, como usuarios del mismo, no nos importa cuál es el procedimiento interno por el que se ha obtenido ese resultado. Lo usamos y punto.

Por cierto: para usar la clase Persona desde la clase probarPersona, NO debes hacer import persona ni nada parecido, porque eso solo sirve para importar paquetes y no clases individuales. Basta con que ambas clases residan en el mismo directorio.

4 Más sobre métodos

4.1 Paso de parámetros

Los métodos pueden recibir una serie de valores denominados parámetros. En la clase Persona del ejemplo anterior, el método setEdad(), por ejemplo, recibía un parámetro de tipo int llamado n. En ese parámetro se indica al método cuál es la edad que debe almacenarse en el estado del objeto.

Por lo tanto, los parámetros son imprescindibles para que el objeto reciba los mensajes correctamente. Si no, ¿cómo le indicaríamos al objeto de tipo Persona cuál es la edad que tiene que almacenar?

Un método puede tener una lista larguísima de parámetros, o ninguno. Lo más habitual es que tenga entre cero y unos pocos.

En la declaración del método hay que indicar el tipo de cada parámetro. Observa este ejemplo:

```
public void setDatos(String nombre, String apellido, int edad, char sexo)
```

Este hipotético método setDatos() podría servir para asignar valor a todos los atributos de la clase Persona del ejemplo anterior. Por supuesto, cuando llamemos al método setDatos() para que se ejecute, será necesario pasarle cuatro datos que coincidan en tipo con los cuatro parámetros. Esta podría ser una posible invocación:

```
p = new Persona();
p.setDatos("Ana", "Sánchez", 45, 'M');
```

Esas dos líneas de código, pues, son equivalentes a estas otras:

```
p = new Persona();
p.setNombre("Ana");
p.setApellido("Sánchez");
p.setEdad(45);
p.setSexo('M');
```

4.2 Valores devueltos

Probablemente habrás observado que algunos métodos terminan con la sentencia **return** y otros nos. Los que sí lo hacen devuelven un resultado al código que los llamó. Ese resultado puede ser de cualquier tipo y también hay que indicarlo en la declaración del método.

El método seDatos() anterior no devuelve nada, por lo que, en la declaración, se usa la palabra void (vacío). Pero el método getEdad(), por ejemplo, devuelve un valor entero (la edad de la persona), y por eso se indica int en la declaración:

```
public int getEdad() {
    return edad;
}
```

4.3 Métodos y atributos estáticos

Algunos métodos, como algunos atributos, pueden estar precedidos de la palabra **static**.

Esto quiere decir que, para esa clase, se creará solo una instancia de ese método o atributo. No importa si se crean 800 objetos de tipo Persona: el atributo o el

método static solo se creará una vez, y los 800 objetos de esa clase, del primero al
último, lo compartirán.

Esto no solo permite ahorrar recursos en términos de memoria, sino que a veces
resulta muy útil (si no, ¡no lo habrían inventado!). Por ejemplo, podemos usar un
atributo static para llevar la cuenta del número de personas que se han creado:

```java
class Persona {

    // Al crear la primera persona, esta variable se pondrá a 0
    private static int numPersonas = 0;

    static void contarNuevaPersona() {
        // Incrementamos el contador de personas
        numPersonas++;
    }

    // El resto de la clase sería igual que antes
}
```

Si cada vez que creamos un objeto de la clase persona llamamos al método
contarNuevaPersona(), el atributo numPersonas se incrementará en una unidad
y contendrá el número total de objetos de esa clase que existen. En cambio, si no
fuera un atributo static, cada objeto Persona tendría su propio atributo puesto a 0
en el momento de su creación, y la llamada a contarNuevaPersona() establecería
su valor a 1.

Eso sí, tendremos que acordarnos de llamar a nuevaPersona() cada vez que
creamos un objeto de tipo Persona, o, si no, no llevaremos bien la cuenta:

```java
Persona p = new Persona();
p.contarNuevaPersona();   // Si se nos olvida esto, la cuenta de personas
                          // ya no se será correcta.
p.setNombre("Miguel");
etc.
```

Es lógico suponer que siempre querremos llamar a contarNuevaPersona() cada
vez que creemos un objeto Persona, ¿no? También es de suponer que se trata de
una situación habitual, esto eso, que a menudo hay algún método que debemos
invocar siempre justo después de crear un objeto. ¿Existirá alguna forma de
hacerlo automáticamente, sin necesidad de confiar en la buena memoria del
programador?

La respuesta, obviamente, es sí: los métodos constructores.

4.4   Métodos constructores: una primera visión

En Java existen dos tipos de métodos especiales llamados **constructores** y **destructores** de objetos. No es obligatorio programarlos para cada clase, pero sí que aparecen con frecuencia, sobre todo los constructores (de los destructores hablaremos más adelante)

El constructor es un método que es invocado automáticamente al crear un objeto de la clase. Su función suele ser *inicializar el estado del objeto.*

Por ejemplo, en la clase Persona de los ejemplos anteriores un posible constructor sería este:

```
class Persona {

   Persona() {
      nombre = ""; apellido = "";
      edad = 0;
      sexo = 'X';
      contarNuevaPersona();
   }
   // El resto de la clase quedaría igual
}
```

Observa varias cosas importantes:

- El nombre del constructor debe coincidir con el de la clase.

- El constructor se ha usado para inicializar con valores vacíos todos los atributos de la clase.

- También se ha aprovechado para invocar el método nuevaPersona(), que contabiliza todos los objetos Persona creados por el programa. Así, esa contabilización se automatiza, porque nuevaPersona() será invocado siempre que se cree un objeto Persona. Ya no tenemos que confiar en la buena memoria del programador.

- El constructor no devuelve nada ni se indica su visibilidad (por definición, tiene que ser *public*)

- Los constructores pueden parametrizarse y, de hecho, sobrecargarse. Observa como en la siguiente variación de la clase Persona hay dos constructores, uno con parámetros y otro sin ellos:

```java
class Persona {

    Persona() {
        nombre = ""; apellido = "";
        edad = 0;
        sexo = 'X';
        nuevaPersona();
    }

    Persona(String n, String a, int e, char s) {
        nombre = n; apellido = a;
        edad = e;
        sexo = s;
        nuevaPersona();
    }

    // El resto de la clase quedaría igual
}
```

Esto es una excelente idea, porque ahora podemos crear personas por dos vías diferentes con el mismo resultado. Lo ilustramos en este ejemplo:

```java
// Creamos una persona con el constructor sin parámetros
// y luego le asignamos los valores
Persona p1 = new Persona();
p1.setNombre("Miguel");
p1.setApellido("Pérez");
p1.setEdad(23);
p1.setSexo('H');
// Ahora creamos otra persona con el constructor parametrizado
Persona p2 = new Persona("Luisa", "Martínez", 21, 'M');
```

Presentamos por último la versión "todo junto" de la clase Persona, con todos los elementos que hemos ido añadiendo (método static y constructor polimórfico)

```java
// Versión definitiva de la clase Persona

class Persona {

    private String nombre;
    private String apellido;
    private int edad;
    private char sexo;
    private static int numPersonas = 0;   // Al crear la primera persona,
                                           // esta variable se pondrá a 0
```

```
// Constructor sin parámetros
Persona() {
   nombre = ""; apellido = "";
   edad = 0;
   sexo = 'X';
   nuevaPersona();
}

// Constructor con parámetros
Persona(String n, String a, int e, char s) {
   nombre = n; apellido = a;
   edad = e;
   sexo = s;
   nuevaPersona();
}

// Método estático para contar en número de personas creadas
static void nuevaPersona() {
   numPersonas++;    // Se incrementa cada vez que se crea una persona
}

public String getNombre() {
   return nombre;
}
public void setNombre(String txt) {
   nombre = txt;
}

public String getApellido() {
   return apellido;
}
public void setApellido(String txt) {
   apellido = txt;
}

public int getEdad() {
   return edad;
}
public void setEdad(int n) {
   edad = n;
}

public String getSexo() {
   String s;
   if (sexo == 'H') s = "Hombre";
   if (sexo == 'M') s = "Mujer";
   if (sexo != 'H') && (sexo != 'M') s = "Desconocido";
   return s;
}
public void setSexo(char s) {
```

```
    sexo = s;
  }
}
```

5 Paquetes

5.1   Qué son los paquetes en Java

Un **paquete** o **package** es un conjunto de clases relacionadas entre sí empaquetadas en un archivo. En el JDK existen multitud de paquetes estándar que usarás continuamente, y, además, puedes encontrar paquetes de terceros para hacer todo tipo de cosas. Y tú mismo aprenderás a hacer tus propios paquetes.

Un paquete en Java es, pues, lo que en otros lenguajes se denomina **librería** o **biblioteca**.

Por ejemplo, en el JDK existe un paquete llamado java.io, donde se agrupan todas las clases que permiten hacer la entrada/salida de datos (por consola y teclado, pero también escribir en archivos de disco, por ejemplo).

El uso de paquetes permite agrupar las clases relacionadas en un solo lugar y, además, evitar posibles conflictos con nombres de clases y métodos que se repitan. Al estar en paquetes separados, ya no es posible la confusión.

Para usar un paquete se utiliza la sentencia **import**. En este ejemplo puedes ver su uso:

```
// Para importar la clase System del paquete java.lang
import java.lang.System;

// Para importar TODAS las clases del paquete java.lang
import java.lang.*;
```

Una vez importado un paquete, podemos usar los métodos del mismo sin indicar el nombre completo del paquete. Por ejemplo, en lugar de hacer esto:

```
System.out.println("Hola, mundo");
```

Podemos hacer esto:

```
import java.lang.System;
out.println("Hola, mundo");
```

Para acceder correctamente a los paquetes, el compilador de Java necesita saber dónde están los archivos de la biblioteca de clases, es decir, tienes que configurar adecuadamente la variable de entorno CLASSPATH. Esto ya no es necesario en las última versiones de Java si hablamos de los paquetes estándar del JDK, pero sí lo será si utilizas paquetes de terceros.

```
$ CLASSPATH = <ruta a la biblioteca de clases>:<ruta 2>:<ruta 3>:etc
$ export CLASSPATH
```

(sustituye el carácter : por ; si estás trabajando en un sistema Windows)

Recuerda que, como vimos en el tema 1, también puedes compilar el programa con la opcion -cp, indicando a continuación el classpath de tu aplicación:

```
$ javac -cp /ruta/a/mis/clases nombre.java
```

5.2 Algunos paquetes notables del JDK

El JDK de Java, como hemos dicho, proporciona una colección realmente enorme de clases, todas ellas agrupadas en sus correspondientes paquetes. Puedes consultar la lista completa en la documentación oficial online de Oracle.

Realmente, no existe ningún programador en el mundo que conozca en profundidad el funcionamiento de todas esas clases, ni falta que le hace para programar bien. Sería tan absurdo como suponer que una persona debe conocer a todos los habitantes de la ciudad en la que vive. Uno conoce a sus compañeros de trabajo o de clase, a su familia, tal vez a sus vecinos, y a un puñado más o menos extenso de amigos. Eso sucede también con la biblioteca de clases: acabarás conociendo con bastante detalle algunas clases a fuerza de usarlas una y otra vez, pero el resto serán como esa gente anónima que te cruzas continuamente por la calle.

Eso sí, si algún día las necesitas, debes ser capaz de acudir a la documentación (mejor la oficial), mirar un par de ejemplos, y hacer uso de cualquier clase de la biblioteca que no habías conocido antes.

Te presentamos aquí una lista con los paquetes más utilizados del JDK de Java, de modo que sepas por dónde empezar a buscar en caso necesario y que te vayan sonando los nombres:

- java.lang: Contiene la clases fundamentales del lenguaje. Se carga automáticamente con cuaquier programa, sin necesidad de hacer import.

- java.util: Clases relacionadas con las colecciones y estructuras de datos: listas, colas, pilas, y muchas otras.

- java.io: Clases relacionadas con la entrada/salida por consola y por otras vías.

- java.math: Clases para cálculos y operaciones matemáticas.

- java.awt: Clases para generar interfaces gráficos (ventanas, botones, etc)

- java.sql: Clases para gestionar el acceso a bases de datos externas.

- java.net: Clases para gestionar el trabajo en red.

6 Un apéndice importante: entrada y salida por consola en Java

Vamos a terminar este capítulo mencionando la entrada de datos por teclado y la salida de datos por consola: dos cuestiones imprescindibles para realizar cualquier programa de empiece a hacer cosas interesantes.

Ambos dispositivos se manejan mediante la clase System. Esta clase está en el paquete java.lang, que se carga automáticamente en todas las aplicaciones Java, sin necesidad de hacer import (en el ejemplo de la sección anterior, por lo tanto, hicimos un poco de trampa al ejecutar import java.lang.System)

La clase System contiene tres objetos static que se crean automáticamente al ejecutar cualquier programa Java, y que se destruyen ellos solitos al terminar. Estos objetos son:

- **System.out**: para manejar la salida estándar (consola)

- **System.in**: para manejar la entrada estándar (teclado)

- **System.err**: para manejar la salida de errores. No la usaremos de momento.

La salida a través del objeto System.out y, en concreto, del método System.out.println(), ya la has visto en multitud de ejemplos. Simplemente, envía el String indicado entre paréntesis a la consola.

```
System.out.println("Hola, mundo");
```

Algo más complicada es la entrada de datos por teclado. Observa con atención este ejemplo:

```
char c;
try {
    c = (char) System.in.read();
} catch (Excepcion e) {
    e.printStackTrace();
}
```

¡Uff! A menudo se dice que Java no es un lenguaje adecuado para aprender a programar, y esta es una de las ocasiones en las que uno piensa que esa afirmación podría ser cierta. Es arduo explicar a un principiante qué demonios pone ahí. Digamos que Java tiene una obsesión un pelín delirante por la seguridad, y que ese mamotreto que ves ahí arriba es un reflejo de ello.

Ese trozo de código sirve para leer un carácter, un simple carácter, por el teclado, y almacenarlo en la variable c. Todo ello se envuelve en un bloque try-catch de manejo de excepciones, de forma que si ocurre algo inesperado (como que el usuario teclee veinte caracteres en lugar de uno, o que haya pulsado CTRL-C, o que la CPU haya explotado, o vaya usted a saber qué), el programa sea capaz de detectarlo y reaccionar adecuadamente.

No te agobies ahora por los detalles. Recuerda que, para hacer una entrada por teclado, necesitas copiar y pegar el código de más arriba, y adaptarlo a tus variables. Ya volveremos más adelante, cuando estemos preparados, sobre el manejo de excepciones y el bloque try-catch.

Si lo que quieres es algo más versátil, como leer una cadena de caracteres completa desde el teclado en lugar de un solo carácter, existen muchas formas de lograrlo. Aquí tres de ellas:

Forma número 1: usando System.console()

```
String dato = System.console().readLine();
```

Forma número 2: usando un objeto Scanner

```
Scanner sc = new Scanner();
String s = sc.nextLine();
```

Forma número 3: usando un objeto BufferedReader

```
InputStreamReader isr = new InputStreamReader(System.in);
BufferedReader buff = new BufferedReader(isr);
String dato = buff.readLine();
```

La primera forma es la más sencilla. ¿Para qué montar tanto lío para leer unos cuantos caracteres del teclado? Bien, la biblioteca de clases de Java está diseñada para ser muy robusta y versátil, y eso hace que haya que pagar algún pequeño precio en cuanto a usabilidad y legibilidad en ocasiones.

La forma ortodoxa de hacer la entrada de datos con Java es la tercera: crear un objeto Reader para leer los caracteres de la entrada estándar. Es mucho más seguro y funcionará en cualquier circunstancia, pero requiere varios esfuerzos adicionales:

- Hay que importar el paquete java.io.*

- Hay que encerrar obligatoriamente las instrucciones de lectura en un bloque try-catch

- Y, como has visto, hay que escribir mucho más código

Por último, un ejemplo un poco más completo para que puedas ver la entrada por teclado en acción:

```
System.out.println("Por favor, teclea tu nombre: ");
```

```
String nombre = System.console().readLine();
System.out.println("Ahora teclea tu edad: ");
int edad = Integer.parseInt(System.console().readLine());
System.out.println("Hola, " + nombre + ", tienes " + edad + " años");
```

Sí, lo has adivinado: Integer.parseInt() convierte a int una cadena de caracteres, porque todo lo que se recibe desde el teclado es procesado como cadena. Así que hemos de convertirlo antes de usarlo. Teóricamente, la conversión puede fallar y debería estar dentro de un bloque try-catch, pero esa... esa es otra historia.

La mala noticia es que console().readLine() podría fallar en algunas consolas. Para hacer un código totalmente confiable necesitas recurrir al BufferedReader, o sea, a la forma más complicada. El ejemplo anterior quedaría más o menos así (observa como hemos resumido en una línea la creación de los objetos InputStreamReader y BufferedReader):

```
import java.io.*;
...

BufferedReader buff = new BufferedReader(new InputStreamReader(System.in));
try {
    String nombre = buff.readLine();
}
catch (Exception e) {
    e.printStackTrace();
}
System.out.println("Ahora teclea tu edad: ");
int edad = Integer.parseInt(buff.readLine());
System.out.println("Hola, " + nombre + ", tienes " + edad + " años");
```

Recuerda: sin agobios. Para hacer entrada por teclado, por el momento solo tienes que recordar tres palabras: **copia, pega y adapta**.

7 Hemos aprendido...

En este capítulo hemos dado un paso transcendental: comprender el paradigma de orientación a objetos desde el principio de nuestra experiencia como programadores. A partir de ahora, podremos trabajar siempre dentro de él, ignorando la vieja táctica de "aprende primero programación clásica, y luego da el salto a la programación orientada a objetos" que tantos problemas ha causado a muchos aprendices, e incluso a muchos programadores profesionales.

Ahora ya sabemos qué son las clases, los objetos, los atributos y los métodos. Podemos crear clases sencillas y, lo que es más importante, comprendemos qué idea se esconde detrás de esos nombres (recuerda el ejemplo del horno microondas).

El siguiente paso es proporcionar contenido a esas clases para que empiecen a trabajar para nosotros y nos permitan construir programas que resuelvan problemas. Eso es lo que veremos en el siguiente capítulo.

8 Ejercicios propuestos

Como en el capítulo anterior, vamos a marcar con un asterisco (*) los ejercicios cuya solución encontrarás en la siguiente sección. Si te resulta más útil tener el código en archivos .java para abrirlos con tu editor preferido y poder trastear con ellos, puedes descargar todos los ejercicios resueltos de:

http://ensegundapersona.es/programar-en-java

Ejercicio 2.1: Clase Temperatura (*)

Escribe en Java una clase Temperatura que convierta de grados Celsius a Farenheit y viceversa. Para ello crea dos métodos:

```
double celsiusToFarenheit(double)
double farenheitToCelsius(double)
```

Recuerda que, para convertir de una unidad a otra, la fórmula adecuada es:

- De Farenheit a Celsius: C = (F − 32) / 1,8

- De Celsius a Farenheit: F = (1,8) x C + 32

Escribe también un método main() para poder probar los métodos anteriores a partir de un número introducido por el usuario del programa.

Ejercicio 2.2: Clase ConversorDivisas (*)

Escribe una clase llamada ConversorDivisas que convierta libras en euros y viceversa, mediante dos métodos llamados librasToEuros() y eurosToLibras(). La clase contará con dos constructores.

El constructor ConversorDivisas() establecerá el tipo de cambio en 0,85.

El constructor ConversorDivisas(double) permitirá configurar el tipo de cambio al crear el objeto.

Como en el ejercicio anterior, también debes escribir un método main() que te permita comprobar que el programa funciona correctamente a partir de datos introducidos por teclado (esto se dará por supuesto en el resto de ejercicios del capítulo)

Ejercicio 2.3: Clase MiNumero (*)

Escribe en Java una clase llamada MiNumero que calcule el doble, el triple y el cuádruple de un número y permita sumarlo y restarlo con otros números. Los métodos de la clase deben ser:

- Constructor sin parámetros (establecerá el número a cero)

- Constructor con parámetro entero (asignará ese valor al número)

- Método cambiaNumero(int): permite asignar un nuevo valor al número

- Método suma(int): permite sumar una cantidad al número

- Método resta(int): permite restar una cantidad al número

- Método getValor(): devuelve el valor actual del número

- Método getDoble(): devuelve el doble del valor actual del número

- Método getTriple(): devuelve el triple del valor actual del número

- Método getCuádruple(): devuelve el cuádruple del valor actual del número

Ejercicio 2.4: Clase Peso (*)

Crea una clase llamada Peso que tenga estas características:

- Un constructor al que se le pase un peso y la unidad de medida en la que está tomado, que puede ser Lb (libras), Oz (onzas), Kg (kilogramos) o g (gramos)

- Un método getLibras() que nos devuelva el peso en libras.

- Un método getOnzas() que nos devuelva el peso en onzas.

- Un método getPeso() que nos devuelve el peso en kilogramos.

Puedes encontrar en Internet las equivalencias entre estas unidades de medida.

Ejercicio 2.5: Clase Distancia (*)

Programa una clase Distancia con dos métodos:

- millasAMetros(): tomará como parámetro una distancia expresada en millas y la transformará en kilómetros.

- millasAKilometros(): hará lo mismo, pero convirtiendo las millas en kilómetros.

(Una milla marina equivale a 1852 metros)

Ejercicio 2.6: Restaurante (*)

En un restaurante especializado en huevos fritos con chorizo necesitan un programa que les calcule cuántos platos de huevos con chorizo pueden preparar con la cantidad de existencias disponibles en la cámara frigorífica.

Escribe los siguientes métodos:

- constructor(int, double): recibirá el número de docenas de huevos y de kilos de chorizo disponible en el frigorífico.

- addHuevos(int): incrementa el número de docenas de huevos.

- addChorizos(double): incrementa el número de kilos de chorizo.

- getNumPlatos(): devuelvel el número de platos de huevos con chorizo que se pueden ofrecer con las existencias actuales, teniendo en cuenta que cada plato necesita una media de 2 huevos y 200 gramos de chorizo.

- sirvePlato(): disminuye el número de huevos y de kilos de chorizo porque se ha servido un plato (2 huevos menos y 200 gramos de chorizo menos)

- getHuevos(): devuelve el número de huevos (no de docenas) que quedan en la cámara.

- getChorizo(): devuelve el número de kilos de chorizo que quedan en la cámara.

Ejercicio 2.7: Conversor de medidas de información

Se desea construir una clase capaz de convertir cualquier medida de información en cualquier otra. Al constructor se le pasará un número entero y una unidad de medida, y existirán métodos para convertir a cuaquier otra unidad. Por ejemplo:

- getByte(): devolverá la cantidad expresada en Bytes.

- getBits(): devolverá la cantidad expresada en bits.

- getGb(): devolverá la cantidad expresada en gigabits

- getMB(): devolverá la cantidad expresada en gigabytes

- getMiB(): devolverá la cantidad expresada en mebibytes

- Etc.

9 Ejercicios resueltos

A continuación encontrarás el código fuente de los ejercicios resueltos de este capítulo. También lo puedes descargar de:

http://ensegundapersona.es/programar-en-java

Importante: cada uno de estos ejercicios consta de dos clases, que deben almacenarse en dos archivos independientes, cada uno con el nombre de la clase y la extensión Java.

El primero de los archivos contiene la clase que realmente resuelve el problema. Es segundo es una clase que denominaremos "de prueba", porque tendrá el propósito de probar que la otra clase funciona correctamente. Esta segunda clase, por lo tanto, es solo un *tester* que utilizamos a nuestra conveniencia.

Ejercicio 2.1: Clase Temperatura

Archivo Temperatura.java:

```java
class Temperatura {
   private double tempF, tempC;

   public void setFarenheit(double f) {
      tempF = f;
   }

   public void setCelsius(double c) {
      tempC = c;
   }

   // Convierte de grados C a grados F
   public double celsiusToFarenheit() {
      return (1.8*tempC)+32;
   }

   // Convierte de grados F a grados C
   public double farenheitToCelsius() {
      return (tempF-32)/1.8;
   }
}
```

Para probar el correcto funcionamiento de esta clase, puedes construir otra que haga uso de ella. Por ejemplo, algo así en un archivo llamado TemperaturaPrueba.java:

```java
class TemperaturaPrueba {
   public static void main(String[] args) {
      Temperatura convTemp;
      convTemp = new Temperatura();
```

```
        convTemp.setCelsius(100);
        convTemp.setFarenheit(212);

        System.out.println(c + " grados Celsius son " +
                    convTemp.celsiusToFarenheit() + " grados Farenheit");
        System.out.println(f + " grados Farenheit son " +
                    convTemp.farenheitToCelsius() + " grados Celsius");
    }
}
```

Ejercicio 2.2: Clase ConversorDivisas

```
class ConversorDivisas {

    private double tipoCambio;

    // Constructor sin parámetros: establece tipo de cambio en 1.36
    public ConversorDivisas() {
        tipoCambio = 0.85;
    }

    // Constructor parametrizado para establecer tipo de cambio
    public ConversorDivisas(double tc) {
        tipoCambio = tc;
    }

    // Convierte de euros a libras
    public double eurosToLibras(double e) {
        return e*tipoCambio;
    }

    // Convierte de libras a euros
    public double librasToEuros(double d) {
        return d/tipoCambio;
    }

    public void setTipoCambio(double tc) {
        tipoCambio = tc;
    }

    public double getTipoCambio() {
        return tipoCambio;
    }
}
```

Igual que antes, para probar la clase Finanzas necesitarás otra clase que haga uso de ella. Ese código de prueba podría ser algo como esto:

```
import java.io.*;

class FinanzasPrueba {
  public static void main(String[] args) {
    System.out.println("¿Qué tipo de cambio quieres?");
    double tipo;

    tipo = Double.parseDouble(System.console().readLine());

    // f1 convertirá con el tipo por defecto (0.85)
    ConversorDivisas f1 = new ConversorDivisas();
    // f2 convertirá con el tipo introducido por teclado
    ConversorDivisas f1 = new ConversorDivisas(tipo);
    double euros = 100.0;
    double libras = 100.0;

    System.out.println("Con el tipo de cambio = ");
    System.out.println(f1.getTipoCambio() + ":");
    System.out.println(euros + " euros son ");
    System.out.println(f1.eurosToLibras(euros) + " libras.");
    System.out.println(libras + " libras son ");
    System.out.println(f1.librasToEuros(libras) + " euros.\n");

    System.out.println("Con el tipo de cambio = ");
    System.out.println(f2.getTipoCambio() + ":");
    System.out.println(euros + " euros son ");
    System.out.println(f2.eurosToLibras(euros) + " libras.");
    System.out.println(libras + " libras son ");
    System.out.println(f2.librasToEuros(libras) + " euros.");
  }
}
```

Ejercicio 2.3: Clase MiNumero

A partir de ahora, y en el resto de ejercicio resueltos de este capítulo, seguiremos el esquema de los anteriores. Es decir, mostraremos la clase que resuelve el problema (en este caso, la clase MiNumero, que estará en el archivo MiNumero.java) y, a continuación, un clase cuyo propósito será únicamente comprobar el correcto funcionamiento de MiNumero (que, en este caso, llamaremos MiNumeroPrueba y estará en el archivo MiNumeroPrueba.java)

```
class MiNumero {

  private int n;

  // Constructor sin parámetros: establece el número a 0
  MiNumero() {
    n = 0;
```

```
}

// Constructor parametrizado para establecer valor del número
MiNumero(int num) {
    n = num;
}

// Asigna un nuevo valor al número
void cambiaNumero(int num) {
    n = num;
}

// Suma una cantidad al número
void suma(int num) {
    n = n + num;
}

// Resta una cantidad al número
void resta(int num) {
    n = n - num;
}

// Devuelve el valor actual del número
int getValor() {
    return n;
}

// Devuelve el doble del valor actual del número
int getDoble() {
    return n*2;
}

// Devuelve el triple del valor actual del número
int getTriple() {
    return n*3;
}

// Devuelve el cuádruple del valor actual del número
int getCuadruple() {
    return n*4;
}

}


class MiNumeroPrueba {
    public static void main(String[] args) {
        MiNumero n1 = new MiNumero();    // Crea un número con valor 0

        System.out.print("Por favor, introduzca un número entero: ");
```

```
    int x = Integer.parseInt(System.console().readLine());
    MiNumero n2 = new MiNumero(x);    // Crea un número con valor x

    n1.cambiaNumero(5);        // Asigna un nuevo valor (5) al número n1
    n1.resta(1);               // Resta 1 al número n1 (ahora n1 valdrá 4)
    n2.suma(n1.getValor());    // Suma a n2 el valor de n1

    System.out.println("\n\nPROBANDO LA CLASE miNumero\n\n");

    System.out.println("NÚMERO n1");
    System.out.println("  Valor actual = " + n1.getValor());
    System.out.println("  Doble = " + n1.getDoble());
    System.out.println("  Triple = " + n1.getTriple());
    System.out.println("  Cuádruple = " + n1.getCuadruple() + "\n");

    System.out.println("NÚMERO n2");
    System.out.println("  Valor actual = " + n2.getValor());
    System.out.println("  Doble = " + n2.getDoble());
    System.out.println("  Triple = " + n2.getTriple());
    System.out.println("  Cuádruple = " + n2.getCuadruple() + "\n");
  }
}
```

Ejercicio 2.4: Clase Peso

```
class Peso {
  private double gramos = 0;

  // Constructor. Recibe la cantidad y la unidad de medida.
  // Convierte cualquier unidad a gramos.
  public Peso(double cantidad, String unidad) {
    if (unidad == "gr") gramos = cantidad;
    if (unidad == "kg") gramos = cantidad*1000;
    if (unidad == "lb") gramos = cantidad/0.0022;
    if (unidad == "oz") gramos = cantidad/0.0353;
  }

  // Devuelve el peso en libras
  public double getLibras() {
    return gramos * 0.002205;
  }

  // Devuelve el peso en onzas
  public double getOnzas() {
    return gramos * 0.035274;
  }

  // Devuelve el peso en kilogramos
  public double getPeso() {
    return gramos / 1000;
```

```
    }

    // Devuelve el peso en gramos
    public double getGramos() {
        return gramos;
    }
}
```

```
class PesoPrueba {
    public static void main(String[] args) {
        Peso p1 = new Peso(10, "oz");     // 10 onzas
        Peso p2 = new Peso(10, "lb");     // 10 libras
        Peso p3 = new Peso(10, "kg");     // 10 kilogramos
        Peso p4 = new Peso(10, "gr");     // 10 gramos

        System.out.println("PROBANDO EL METODO getPeso():");
        System.out.println("Diez onzas son " + p1.getPeso() +  " kg");
        System.out.println("Diez libras son " + p2.getPeso() +  " kg");
        System.out.println("Diez kilogramos son " + p3.getPeso() +  " kg");
        System.out.println("Diez gramos son " + p4.getPeso() +  " kg");

        System.out.println("PROBANDO EL RESTO DE GETTERS:");
        System.out.println("Diez kg son " + p3.getOnzas() +  " oz");
        System.out.println("Diez kg son " + p3.getLibras() +  " lb");
        System.out.println("Diez kg son " + p3.getGramos() +  " gr");

    }
}
```

Ejercicio 2.5: Clase Distancia

```
class Distancia {

    public double millasAMetros(double millas) {
        double metros;
        metros = millas * 1852;
        return metros;
    }

    public double millasAKilometros(double millas) {
        double km;
        km = millas * 1.852;
        return km;
    }

}
```

```
class DistanciaPrueba {
  public static void main(String[] args) {
    // 1. Leer una cantidad de millas por teclado
    System.out.println("Introduce una cantidad de millas: ");
    double millas = Double.parseDouble(System.console().readLine());

    Distancia d = new Distancia();

    // 2. Convertir las millas a metros y guardarlo en una variable
    double metros = d.millasAMetros(millas);

    // 3. Convertir las millas a km y guardarlo en otra variable
    double km = d.millasAKilometros(millas);

    // 4. Mostrar los metros y los km
    System.out.println(m + " millas son " + metros + " metros");
    System.out.println(m + " millas son " + km + " km");
  }
}
```

Ejercicio 2.6: Restaurante

```
class Restaurante {

  private int huevos;        // Número de huevos
  private int chorizo;          // Gramos de chorizo

  // Constructor: inicializa los valores de huevos y chorizo
  Restaurante(int docenasDeHuevos, double kgDeChorizo) {
    // Guardaremos el nº total de huevos, no de docenas
    huevos = docenasDeHuevos * 12;
    // Guardaremos la cantidad de chorizo en gramos, no en Kg
    chorizo = (int) (kgDeChorizo * 1000);
  }

  // Incrementa el número de huevos
  void addHuevos(int num) {
    huevos = huevos + (num * 12);
  }

  // Incrementa la cantidad de gramos de chorizo. El método recibe la
  // cantidad expresada en kg, así que la multiplicamos por 1000.
  void addChorizo(double num) {
    chorizo = (int)(chorizo + (num * 1000));
  }

  // Calcula cuántos platos se pueden cocinar con las cantidades
  // actuales de huevos y chorizo.
```

```
int getNumPlatos() {
   // Calculamos nº platos posibles con los huevos actuales
   int n1 = huevos / 2;      // Cada plato necesita 2 huevos
   // Calculamos nº platos posibles con los chorizos actuales
   int n2 = chorizo / 200;  // Cada plato necesita 200 gr de chorizo
   // El nº máximo de platos que se pueden preparar
   // será el menor entre n1 y n2.
   if (n1 < n2) {
      return n1;
   }
   else {
      return n2;
   }
}

// Resta una cantidad al número de huevos y chorizos,
// como resultado de haber servido un plato
// (2 huevos menos y 200 gr de chorizo menos).
void sirvePlato() {
   huevos = huevos - 2;
   chorizo = chorizo - 200;
}

// Devuelve el número actual de huevos.
int getHuevos() {
   return huevos;
}

// Devuelve el número actual de kg de chorizo.
double getChorizo() {
   return ((double)chorizo / 1000);
}
}
```

```
class RestaurantePrueba {
   public static void main(String[] args) {
      // Creamos un restaurante de prueba
      // con 4 docenas de huevos y 10 kg de chorizo
      Restaurante rest = new Restaurante(4,10);

      System.out.println("\n\nPROBANDO LA CLASE restaurante\n\n");
      System.out.println("Estado inicial:");
      System.out.println("Huevos = " + rest.getHuevos());
      System.out.println("Chorizo = " + rest.getChorizo() + " kg");
      System.out.print("Número de platos que se pueden preparar = ");
      System.out.println(rest.getNumPlatos());

      rest.addHuevos(2);   // Añadimos dos docenas de huevos
      rest.addChorizo(9);  // Añadimos nueve kg de chorizo
```

```java
        System.out.println("Estado después de añadir huevos y chorizo:");
        System.out.println("Huevos = " + rest.getHuevos());
        System.out.println("Chorizo = " + rest.getChorizo() + " kg");
        System.out.print("Número de platos que se pueden preparar = ");
        System.out.println(rest.getNumPlatos());

        rest.sirvePlato();    // Servimos un plato
        System.out.println("Estado después de servir un plato:");
        System.out.println("Huevos = " + rest.getHuevos());
        System.out.println("Chorizo = " + rest.getChorizo() + " kg");
        System.out.print("Número de platos que se pueden preparar = ");
        System.out.println(rest.getNumPlatos());

        rest.sirvePlato();    // Servimos cinco platos
        rest.sirvePlato();
        rest.sirvePlato();
        rest.sirvePlato();
        rest.sirvePlato();
        System.out.println("Estado después de servir cinco platos más:");
        System.out.println("Huevos = " + rest.getHuevos());
        System.out.println("Chorizo = " + rest.getChorizo() + " kg");
        System.out.print("Número de platos que se pueden preparar = ");
        System.out.println(rest.getNumPlatos());
    }
}
```

CAPÍTULO 3: ESTRUCTURAS DE CONTROL Y LA **CALIDAD DEL SOFTWARE**

En este capítulo estudiaremos las estructuras de control que operan dentro de los métodos de los objetos, es decir, en los algoritmos que forman parte de nuestros programas. Es, pues, un capítulo clásico en los manuales de programación estructurada, solo que nosotros emplearemos las estructuras de control dentro de nuestras clases, de la forma en que lo hace la programación orientada a objetos.

Después de revisar todas las estructuras y ver algunos ejemplos de cada una de ellas, expondremos algunas reglas de estilo fundamentales para aumentar la legibilidad y profesionalidad de nuestro código fuente.

Hablaremos también del control de excepciones, tan importante en Java para lograr aplicaciones robustas y tolerantes a fallos, así como de la implicación del programador en el proceso de control de calidad del software.

1 La programación estructurada

El término programación estructurada se refiere a un conjunto de técnicas que han ido evolucionando desde los primeros trabajos del holandés E. Dijkstra. Pese a ser físico, Dijkstra fue uno de los más importantes científicos de la computación hasta su muerte en 2002. Una de sus frases más famosas es: "la pregunta de si un computador puede pensar no es más interesante que la pregunta de si un submarino puede nadar"

Estas técnicas de programación estructurada de Dijkstra aumentan la productividad del programador, reduciendo el tiempo requerido para escribir, verificar, depurar y mantener los programas, y por ese motivo han sido plenamente asimiladas por la programación orientada a objetos.

Allá por mayo de 1966, Böhm y Jacopini demostraron (en la revista "Communications of the ACM", vol.9, nº 5) que se puede escribir cualquier programa propio utilizando solo tres tipos de estructuras de control: la secuencial, la selectiva (o condicional) y la repetitiva. A esto se le llama **Teorema de la programación estructurada**, y define un programa propio como un programa que cumple tres características:

- Posee un sólo punto de inicio y un sólo punto de fin

- Existe al menos un camino que parte del inicio y llega hasta el fin pasando por todas las partes del programa

- No existen bucles infinitos

Realmente, el trabajo de Dijkstra basado en este teorema fue revolucionario, porque lo que venía a decir es que, para construir programas más potentes y en menos tiempo, lo que había que hacer era simplificar las herramientas que se utilizaban para hacerlos, en lugar de complicarlas más. Este regreso a la simplicidad, unido a las técnicas de ingeniería del software, acabó con la crisis del software de los años 70.

Por lo tanto, los programas estructurados deben limitarse a usar tres estructuras:

- Secuencial

- Selectiva (o condicional)

- Repetitiva

La programación orientada a objetos, como vimos en el capítulo 1, es una evolución de la programación estructurada clásica en la que los algoritmos y los datos se encapsulan en clases que más tarde se instancia en objetos que interactúan entre sí. Pero lo que hay dentro de esos algoritmos siguen siendo programas estructurados. Es decir, la POO es un superconjunto de la programación estructurada clásica, y por eso es pertinente que, en este punto, estudiemos esas estructuras detenidamente.

2 Estructura secuencial

La estructura secuencial es aquélla en la que una acción sigue a otra (en secuencia). Esta es la estructura algorítmica básica, en la que las instrucciones se ejecutan una tras otra, en el mismo orden en el que fueron escritas.

La estructura secuencial, por lo tanto, es la más simple de las tres estructuras permitidas. A continuación vemos su representación mediante diagrama de flujo y Java:

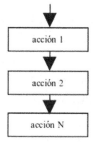

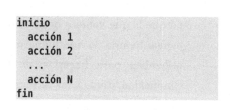

```
inicio
    acción 1
    acción 2
    ...
    acción N
fin
```

Ejemplo: Vamos a escribir un algoritmo completamente secuencial que calcule la suma de dos números, a y b.

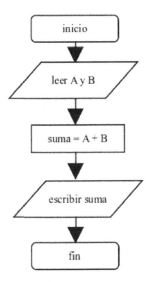

```
// Algoritmo suma
{
    int a, b, suma;
    a = Integer.parseInt(
        System.console().readLine());
    b = Integer.parseInt(
        System.console().readLine());
    suma = a + b;
    System.out.println(suma);
}
```

3 Estructuras selectivas (condicionales)

Los algoritmos que usan únicamente estructuras secuenciales están muy limitados y no tienen ninguna utilidad real. Esa utilidad aparece cuando existe la posibilidad de ejecutar una de entre varias secuencias de instrucciones dependiendo de alguna condición asociada a los datos del programa.

Las estructuras selectivas pueden ser de tres tipos:

*   simples

*   dobles

*   múltiples

3.1 Condicional simple

La estructura condicional simple se escribe así:

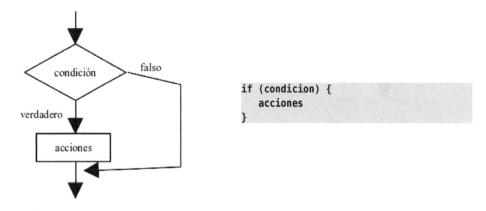

```
if (condicion) {
    acciones
}
```

La condición que aparece detrás de "if" es siempre una expresión lógica, es decir, una expresión cuyo resultado es "verdadero" o "falso". Si el resultado es verdadero, entonces se ejecutan las acciones situadas entre { y }. Si es falso, se saltan las acciones y se prosigue por la siguiente instrucción (lo que haya debajo de la llave de cierre)

Ejemplo: El siguiente código calcula el área y el perímetro de un rectángulo usando un condicional simple

```java
{
    double base, altura, área, perimetro;

    base = Integer.parseInt(System.console.readLine());
    altura = Integer.parseInt(System.console.readLine());
    if ((area > 0) && (altura > 0)) {
        area = base * altura;
        perimetro = 2 * base + 2 * altura;
        System.out.println("Area = " + area);
        System.out.println("Perimetro = " + perimetro);
    }
    if ((area <= 0) || (altura <= 0)) {
        System.out.println("Los datos son incorrectos");
    }
}
```

Observa que, en la primera instrucción condicional if ((área > 0) && (altura > 0)) se comprueba que los dos datos sean positivos; en caso de serlo, se procede al cálculo del área y el perímetro mediante las acciones situadas entre { y }. Más abajo hay otra condicional if ((área <= 0) || (altura <=0)) para el caso de que alguno de los datos sea negativo o cero: en esta ocasión, se imprime en la pantalla un mensaje de error.

3.2 Condicional doble

La forma doble de la instrucción condicional es:

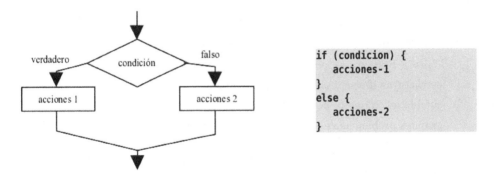

```
if (condicion) {
    acciones-1
}
else {
    acciones-2
}
```

En esta forma, la instruccción funciona del siguiente modo: si el resultado de la condición es verdadero, entonces se ejecutan las acciones de la primera parte, es decir, las acciones-1. Si es falso, se ejecutan las acciones de la parte "else", es decir, las acciones-2.

Ejemplo: Podemos reescribir nuestro algoritmo del rectángulo usando una alternativa doble:

```
{
    double base, altura, área, perimetro;

    base = Integer.parseInt(System.console.readLine());
    altura = Integer.parseInt(System.console.readLine());
    if ((area > 0) && (altura > 0)) {
        area = base * altura;
        perimetro = 2 * base + 2 * altura;
        System.out.println("Area = " + area);
        System.out.println("Perimetro = " + perimetro);
```

```
    }
    else {
        System.out.println("Los datos son incorrectos");
    }
}
```

Lo más interesante de este algoritmo es compararlo con el anterior, ya que hace exactamente lo mismo. ¡Siempre hay varias maneras de resolver el mismo problema! Pero esta solución es un poco más sencilla, al ahorrarse la segunda condición, que va implícita en el else.

3.3   Condicional múltiple

En algunas ocasiones nos encontraremos con selecciones en las que hay más de dos alternativas (es decir, en las que no basta con los valores "verdadero" y "falso"). Siempre es posible plasmar estas selecciones complejas usando varias estructuras if-else if-else if-else if... anidadas, es decir, unas dentro de otras, pero, cuando el número de alternativas es grande, esta solución puede plantear grandes problemas de escritura y legibilidad del algoritmo.

Sin embargo, hay que dejar clara una cosa: cualquier instrucción condicional múltiple puede ser sustituida por un conjunto de instrucciones condicionales simples y dobles totalmente equivalente.

La estructura condicional múltiple sirve, por tanto, para simplificar estos casos de condiciones con muchas alternativas. Su sintaxis general es:

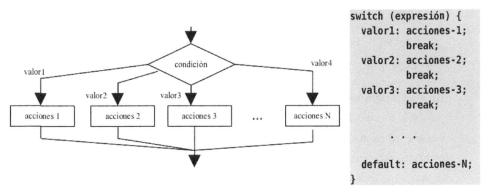

```
switch (expresión) {
    valor1: acciones-1;
            break;
    valor2: acciones-2;
            break;
    valor3: acciones-3;
            break;

    . . .

    default: acciones-N;
}
```

Su funcionamiento es el siguiente: se evalúa expresión, que en esta ocasión no tiene que ser de tipo lógico, sino que puede ser entero, carácter, etc. (sin embargo, no suele admitirse una expresión de tipo real por motivos en los que ahora no nos vamos a detener. Lo más habitual es que sea de tipo entero). El resultado de expresión se compara con cada uno de los valores valor1, valor2... valorN. Si coincide con alguno/de ellas, se ejecutan únicamente las acciones situadas a la derecha del valor coincidente (acciones-1, acciones-2... acciones-N). Si se diera el caso de que ningún valor fuera coincidente, entonces se ejecutan las acciones-default ubicadas al final de la estructura. Esta última parte de la estructura no es obligatorio que aparezca.

Ejemplo: Construyamos un algoritmo que escriba los nombres de los días de la semana en función del valor de una variable entera llamada "día". Su valor se introducirá por teclado. Los valores posibles de la variable "día" serán del 1 al 7: cualquier otro valor debe producir un error.

```
{
    int dia;
    dia = Integer.parseInt(System.console.readLine());
    switch(dia) {
        case 1: System.out.println("Lunes");
                break;
        case 2: System.out.println("Martes");
                break;
        case 3: System.out.println("Miércoles");
                break;
        case 4: System.out.println("Jueves");
                break;
        case 5: System.out.println("Viernes");
                break;
        case 6: System.out.println("Sábado");
                break;
```

```
    case 7: System.out.println("Domingo");
           break;
    default: System.out.println("Número incorrecto");
  }
}
```

En este programa, la variable día, una vez leída, se compara con los siete valores posibles. Si vale 1, se realizará la acción System.out.println('lunes'); si vale 2, se realiza System.out.println('martes'); y así sucesivamente. Por último, si no coincide con ninguno de los siete valores, se ejecuta la parte default. Es conveniente que pienses cómo se podría resolver el mismo problema sin recurrir a la alternativa múltiple, es decir, utilizando sólo alternativas simples y dobles.

4 Estructuras repetitivas (bucles)

Los ordenadores se diseñaron inicialmente para realizar tareas sencillas y repetitivas. El ser humano es de lo más torpe acometiendo tareas repetitivas: pronto le falla la concentración y comienza a tener descuidos. Los ordenadores programables, en cambio, pueden realizar la misma tarea muchas veces por segundo durante años y nunca se aburren (o, al menos, hasta hoy no se ha tenido constancia de ello)

La estructura repetitiva, por tanto, reside en la naturaleza misma de los ordenadores y consiste, simplemente, en repetir varias veces un conjunto de instrucciones. Las estructuras repetitivas también se llaman bucles, lazos, iteraciones o *loops*. Nosotros preferiremos la denominación "bucle".

Los bucles tienen que repetir un conjunto de instrucciones un número finito de veces. Si no, nos encontraremos con un bucle infinito y el algoritmo no funcionará. En rigor, ni siquiera será un algoritmo, ya que no cumplirá la condición de finitud.

El bucle infinito es un peligro que acecha constantemente a los programadores y nos toparemos con él muchas veces en el ejercicio de nuestra actividad. Para conseguir que el bucle se repita sólo un número finito de veces, tiene que existir una condición de salida del mismo, es decir, una situación en la que ya no sea necesario seguir repitiendo las instrucciones.

Por tanto, los bucles se componen, básicamente, de dos elementos:

* un cuerpo del bucle o conjunto de instrucciones que se ejecutan repetidamente

* una condición de salida para dejar de repetir las instrucciones y continuar con el resto del algoritmo

Dependiendo de dónde se coloque la condición de salida (al principio o al final del conjunto de instrucciones repetidas), y de la forma de realizarla, existen tres tipos de bucles, aunque hay que resaltar que, con el primer tipo, se puede programar cualquier estructura iterativa. Pero con los otros dos, a veces el programa resulta más claro y legible. Los tres tipos de bucle se denominan:

* Bucle "mientras... hacer": la condición de salida está al principio del bucle.

* Bucle "hacer... mientras": la condición de salida está al final del bucle.

* Bucle "para": la condición de salida está al principio y se realiza con un contador automático.

4.1   Bucle "mientras... hacer"

El bucle "mientras... hacer" o, simplemente, "mientras", es una estructura que se repite mientras una condición sea verdadera. La condición, en forma de expresión lógica, se escribe en la cabecera del bucle, y a continuación aparecen las acciones que se repiten (cuerpo del bucle):

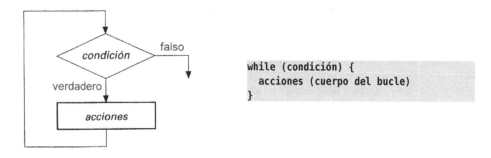

```
while (condición) {
    acciones (cuerpo del bucle)
}
```

Cuando se llega a una instrucción mientras, se evalúa la condición. Si es verdadera, se realizan las acciones y, al terminar el bloque de acciones, se regresa a la instrucción mientras (he aquí el bucle o lazo). Se vuelve a evaluar la condición y, si sigue siendo verdadera, vuelve a repetirse el bloque de acciones. Y así, sin parar, hasta que la condición se haga falsa.

Ejemplo: Escribir un algoritmo que muestre en la pantalla todos los números enteros entre 1 y 100.

```
{
    int cont = 0;
    while (cont < 100) {
        cont = cont + 1;
        System.out.println(cont);
    }
}
```

Aquí observamos el uso de un contador en la condición de salida de un bucle, un elemento muy común en estas estructuras. Observa la evolución del algoritmo:

- int cont = 0. Se declara y se le asigna el valor 0 a la variable cont (contador)

- while (cont <= 100). Condición de salida del bucle. Es verdadera porque cont vale 0, y por lo tanto es menor o igual que 100.

- cont = cont + 1. Se incrementa el valor de cont en una unidad. Como valía 0, ahora vale 1.

- println(cont). Se escribe por pantalla el valor de cont, que será 1.

Después, el flujo del programa regresa a la instrucción mientras, ya que estamos en un bucle, y se vuelve a evaluar la condición. Ahora cont vale 1, luego sigue siendo verdadera. Se repiten las instrucciones del bucle, y cont se incrementa de nuevo, pasando a valer 2. Luego valdrá 3, luego 4, y así sucesivamente.

La condición de salida del bucle hace que éste se repita mientras cont valga menos de 100. De este modo nos aseguramos de escribir todos los números hasta el 100.

Lo más problemático a la hora de diseñar un bucle es, por lo tanto, pensar bien su condición de salida, porque si la condición de salida nunca se hiciera falsa, caeríamos en un bucle infinito. Por lo tanto, la variable implicada en la condición de salida debe sufrir alguna modificación en el interior del bucle; si no, la condición siempre sería verdadera. En nuestro ejemplo, la variable cont se modifica en el interior del bucle: por eso llega un momento, después de 100 repeticiones, en el que la condición se hace falsa y el bucle termina.

4.2   Bucle "Hacer... mientras"

El bucle de tipo "Hacer... mientras" es muy similar al bucle "mientras", con la salvedad de que la condición de salida se evalúa al final del bucle, y no al principio, como a continuación veremos. Todo bucle "Hacer... mientras" puede escribirse como un bucle "mientras", pero al revés no siempre sucede.

La forma de la estructura "hacer... mientras" es la que sigue:

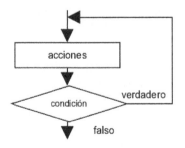

```
do {
    acciones (cuerpo del bucle)
}
while (condicion);
```

Cuando el ordenador encuentra un bucle de este tipo, ejecuta las acciones escritas entre { y } y, después, evalúa la condición, que debe ser de tipo lógico. Si el resultado es verdadero, se vuelven a repetir las acciones. Si el resultado es falso, se sale del bucle y se continúa ejecutando la siguiente instrucción.

Existe, pues, una diferencia fundamental con respecto al bucle "mientras": la condición se evalúa al final. Por lo tanto, las acciones del cuerpo de un bucle "hacer... mientras" se ejecutan al menos una vez, cuando en un bucle "mientras" es posible que no se ejecuten ninguna (si la condición de salida es falsa desde el principio)

Ejemplo: Diseñar un algoritmo que escriba todos los números enteros entre 1 y 100, pero esta vez utilizando un bucle "hacer... mientras" en lugar de un bucle "mientras"

```
{
  int cont = 0;
  do {
    cont = cont + 1;
    System.out.println(cont);
  }
  while (cont < 100);
}
```

Observa que el algoritmo es básicamente el mismo que en el ejemplo anterior, pero hemos cambiado el lugar de la condición de salida.

4.3   Bucle "para"

En muchas ocasiones se conoce de antemano el número de veces que se desean ejecutar las acciones del cuerpo del bucle. Cuando el número de repeticiones es fijo, lo más cómodo es usar un bucle "para", aunque sería perfectamente posible sustituirlo por uno "mientras".

La estructura "para" repite las acciones del bucle un número prefijado de veces e incrementa automáticamente una variable contador en cada repetición. Su forma general es:

```
for (inicialización; condición; incremento) {
   acciones
}
```

La inicialización consiste en la asignación del valor inicial a una variable contador (por ejemplo, cont). La primera vez que se ejecutan las acciones del cuerpo del bucle, la variable cont tendrá el valor especificado en la inicialización. En la siguiente repetición, la variable contador se incrementará según lo expresado en la sección incremento (por ejemplo, cont = cont + 1, o bien cont++), y así sucesivamente. El bucle se repetirá mientras que se cumpla la condición.

Ejemplo 1: Diseñar un algoritmo que escriba todos los números enteros entre 1 y 100, utilizando un bucle "para"

```
{
  int cont;
  for (cont = 1; cont <= 100; cont = cont + 1) {
     System.out.println(cont);
  }
}
```

De nuevo, lo más interesante es observar las diferencias de este algoritmo con los dos ejemplos anteriores. Advierte que ahora no es necesario asignar un valor inicial a la variable cont antes de entrar al bucle, ya que se hace en la misma declaración del bucle; y tampoco es necesario incrementar el valor de cont en el cuerpo del bucle (cont = cont + 1), ya que de eso se encarga el propio bucle "para". Por último, la condición de repetición (cont <= 100) se expresa también en la declaración del bucle.

Ejemplo 2: Diseñar un algoritmo que escriba todos los números enteros impares entre 1 y 100, utilizando un bucle "para"

```
{
  int cont;
  for (cont = 1; cont <= 100; cont = cont + 2) {
     System.out.println(cont);
```

```
    }
}
```

Este ejemplo, similar al anterior, sirve para ilustrar la gran flexibilidad del bucle "para" cuando se conocen bien los límites iniciales y finales del bucle. La variable cont se incrementará en 2 unidades en cada repetición del bucle, por lo que tomará los valores 1, 3, 5, 7, y así sucesivamente hasta 99.

4.4 Contadores, acumuladores, conmutadores

Asociadas a los bucles se encuentran a menudo algunas variables auxiliares. Como siempre se utilizan de la misma manera, las llamamos con un nombre propio (contador, acumulador, etc.), pero hay que dejar claro que no son más que variables comunes, aunque se usan de un modo especial.

4.4.1 Contadores

Un contador es una variable (casi siempre de tipo entero) cuyo valor se incrementa o decrementa en cada repetición de un bucle. Es habitual llamar a esta variable "cont" (de contador) o, con más frecuencia, "i" (de índice). A partir de ahora nosotros la llamaremos de este último modo.

El contador suele usarse de este modo:

1) Se inicializa antes de que comience el bucle. Es decir, se le da un valor inicial. Por ejemplo:

```
i = 5;
```

2) Se modifica dentro del cuerpo del bucle. Lo más habitual es que se incremente su valor en una unidad. Por ejemplo:

```
i = i + 1;
```

Esto quiere decir que el valor de la variable "i" se incrementa en una unidad y es asignado de nuevo a la variable contador. Es decir, si i valía 5 antes de esta instrucción, i valdrá 6 después.

Otra forma típica del contador es:

```
i = i - 1;
```

En este caso, la variable se decrementa en una unidad; si cont valía 5 antes de la instrucción, tendremos que cont valdrá 4 después de su ejecución.

El incremento o decremento no tiene por qué ser de una unidad. La cantidad que haya que incrementar o decrementar vendrá dada por la naturaleza del problema.

Ten en cuenta que en Java, y en todos los lenguajes herederos de C, existe la sintaxis alternativa i++ e i-- para representar estos incrementos y decrementos.

```
i++;    // Equivalente a i = i + 1
i--;    // Equivalente a i = i - 1
```

3) Se utiliza en la condición de salida del bucle. Normalmente, se compara con el valor máximo (o mínimo) que debe alcanzar el contador para dejar de repetir las instrucciones del bucle.

Ejemplo: Escribir un algoritmo que escriba la tabla de multiplicar hasta el 100 de un número N introducido por el usuario

```
{
    int i, n;
    n = Integer.parseInt(System.console().readLine());
    i = 1;
    while (i <= 10) {
        System.out.println(n * i);
        i++;
    }
}
```

El uso de contadores es casi omnipresente en bucles "mientras" y "repetir", aunque es posible crear bucles que funcionen sin contadores. Recuerda que siempre hay que asignar al contador un valor inicial para la primera ejecución del bucle (i = 1 en nuestro ejemplo) e ir incrementándolo (o decrementándolo, según el algoritmo) en cada repetición con una instrucción del tipo i = i + 1 o i++ en el cuerpo del bucle. De lo contrario habremos escrito un bucle infinito.

Por último, hay que prestar atención a la condición de salida, que debe estar asociada al valor del contador en la última repetición del bucle (en nuestro caso, 100). Mucho cuidado con el operador relacional (<, >, <=, >=, etc) que usemos, porque el bucle se puede ejecutar más o menos veces de lo previsto. Por cierto: suele ser buena idea evitar el operador "==" en las condiciones de salida de los bucles, sobre todo si estamos trabajando con números reales.

4.4.2 Acumuladores

Las variables acumuladoras tienen la misión de almacenar resultados sucesivos, es decir, de acumular resultados, de ahí su nombre.

Las variables acumuladores también debe ser inicializadas. Si llamamos "acum" a un acumulador, escribiremos antes de iniciar el bucle algo como esto:

```
acum = 0;
```

Por supuesto, el valor inicial puede cambiar, dependiendo de la naturaleza del problema. Más tarde, en el cuerpo del bucle, la forma en la que nos la solemos encontrar es:

```
acum = acum + n;
```

...siendo n otra variable. Si esta instrucción va seguida de otras:

```
acum = acum + m;
acum = acum + p;
```

...estaremos acumulando en la variable "acum" los valores de las variables n, m, p, etc, lo cual resulta a veces muy útil para resolver ciertos problemas repetitivos.

Ejemplo: Escribir un algoritmo que pida 10 números por el teclado y los sume, mostrando el resultado.

```
{
  int i, n, suma;
  suma = 0;
  for (i = 1; i <= 10; i++) {
    n = Integer.parseInt(System.console.readLine());
    suma = suma + n;
  }
  System.out.println(suma);
}
```

En este algoritmo, i es una variable contador típica de bucle. Se ha usado un bucle "para", que es lo más sencillo cuando conocemos previamente el número de repeticiones (10 en este caso). La variable n se usa para cada uno de los números introducidos por el teclado, y la variable suma es el acumulador, donde se van sumando los diferentes valores que toma n en cada repetición.

Observa como, al principio del algoritmo, se le asigna al acumulador el valor 0. Esta es una precaución importante que se debe tomar siempre porque el valor que tenga una variable que no haya sido usada antes es desconocido (no tiene por qué ser 0)

4.4.3 Conmutadores

Un conmutador (o interruptor) es una variable que sólo puede tomar dos valores. Pueden ser, por tanto, de tipo booleano, aunque también pueden usarse variables enteras o de tipo carácter.

La variable conmutador recibirá uno de los dos valores posibles antes de entrar en el bucle. Dentro del cuerpo del bucle, debe cambiarse ese valor bajo ciertas condiciones. Utilizando el conmutador en la condición de salida del bucle, puede controlarse el número de repeticiones.

Ejemplo: Escribir un algoritmo que sume todos los números positivos introducidos por el usuario a través del teclado. Para terminar de introducir números, el usuario tecleará un número negativo.

```
{
  int n, suma;
  boolean terminar;

  suma = 0;
  terminar = false;
  while (terminar == falso) {
      System.out.println("Introduce un número (negativo para terminar)");
      n = Integer.parseInt(System.console.readLine());
      if (n >= 0) {
          suma = suma + n;
      }
      else {
          terminar = true;
      }
  }
  System.out.println(suma);
}
```

Este algoritmo es una variación del ejemplo con acumuladores que vimos más atrás. Entonces el usuario introducía 10 números, y ahora puede ir introduciendo números indefinidamente, hasta que se canse. ¿Cómo indica al ordenador que ha terminado de introducir números? Simplemente, tecleando un número negativo.

El bucle se controla por medio de la variable "terminar": es el conmutador. Sólo puede tomar dos valores: "verdadero", cuando el bucle debe terminar, y "falso", cuando el bucle debe repetirse una vez más. Por lo tanto, "terminar" valdrá "falso" al principio, y sólo cambiará a "verdadero" cuando el usuario introduzca un número negativo.

A veces, el conmutador puede tomar más de dos valores. Entonces ya no se le debe llamar, estrictamente hablando, conmutador. Cuando la variable toma un determinado valor especial, el bucle termina. A ese "valor especial" se le suele denominar valor centinela.

Ejemplo: Escribir un algoritmo que sume todos los números positivos introducidos por el usuario a través del teclado. Para terminar de introducir números, el usuario teclear á un número negativo.

```
{
  int n, suma;

  suma = 0;
  terminar = false;
  do {
      System.out.println("Introduce un número (negativo para terminar)");
      n = Integer.parseInt(System.console.readLine());
      if (n >= 0) {
          suma = suma + n;
      }
  }
  while (n >= 0);
  System.out.println(suma);
}
```

En esta ocasión, las repeticiones se controlan con la variable n, de modo que el bucle termina cuando n < 0. Por lo tanto, n se utiliza para ir asignando valores al acumulador suma, y también para salir del bucle: es el valor centinela.

Observa que, en esta ocasión, ha sido más sencillo resolver el problema con un bucle "do... while" y un centinela que con un bucle "while" y un conmutador, porque nos ha quedado una solución más corta.

5 Instrucciones de salto

¡Aviso! ¡No haga esto en sus casas sin ayuda de un profesional! El uso inadecuado de estas técnicas puede acarrear el malfuncionamiento del sistema y la pérdida de miles de euros.

No es broma. Las instrucciones de salto están prohibidas. Todo aquel que las use injustificadamente debería ser colgado por los pulgares del palo mayor.

¿Que por qué existen entonces? Porque a veces, MUY POCAS VECES, son necesarias.

No daremos mucha información sobre ellas porque el objetivo es que las usemos lo menos posible.

5.1.1 break

La sentencia break sale abruptamente del bloque actual. No importa si estás en un if, en un switch o en un for. Sales afuera, rompiendo con ello la estructura del programa.

El único uso racional de esta instrucción es dentro de un switch. Cada case del switch debe terminar con un break o, de lo contrario, el switch se ejecutará desde el case actual hasta el final.

5.1.2 continue

La sentencia continue fuerza la finalización prematura de la iteración de un bucle. No se nos ocurre ninguna razón por la que debas usar una sentencia continue. Si te ves en la obligación de usarla, es que tu bucle está mal planteado, y punto.

5.1.3 return

Teóricamente, return debería ser la última instrucción de un método que devuelve algún valor. LA ÚLTIMA. No vale ponerlo en mitad del código, ni poner múltiples returns en cada una de las ramas de un if. Cada algoritmo debería tener un único punto de entrada y un único punto de salida.

La única excepción admisible a esta regla es que dentro del algoritmo ocurra algo tan, pero tan grave, que resulte imposible que continúe su ejecución con normalidad y tenga que terminar prematuramente. En tal caso, se aceptará un return a destiempo para devolver el control al objeto que llamó al método que ha fallado, siempre que el diseño normal (es decir, con un único return al final del método) sea mucho más complejo que la solución del return excepcional.

Hazte a la idea de que el return prematuro es una salida de emergencia solo para caso de incendio. No la usarías todos los días para salir del trabajo, ¿verdad?

6 Reglas de estilo

La escritura de un algoritmo debe ser siempre lo más clara posible, ya se esté escribiendo en Java, en ensamblador o en C. La razón es evidente: los programas pueden llegar a ser muy complejos, y si a su complejidad le añadimos una escritura sucia y desordenada, se volverán ininteligibles.

Recuerda que en todos los lenguajes, por bien organizados y estructurados que estén, es posible escribir código sucio e ilegible.

Esto es un aviso para navegantes: todos los programadores han experimentado la frustración que se siente al ir a revisar un algoritmo redactado pocos días antes y no entender ni una palabra de lo que uno mismo escribió. Multiplíquese esto por mil en el caso de revisión de algoritmos escritos por otras personas.

Por esta razón, y ya desde el principio, debemos acostumbrarnos a respetar ciertas reglas básicas de estilo. Cierto que cada programador puede luego desarrollar su estilo propio, y en las organizaciones (empresas) dedicadas al desarrollo de software tienen sus propias "normas de la casa" que hay que respetar cuando uno trabaja para ellos, pero todo esto siempre debe de estar dentro de un marco aceptado por la mayoría.

6.1   Partes de un algoritmo

Los algoritmos deberían tener siempre una estructura en tres partes:

```
1 - Cabecera
2 - Declaraciones
3 - Acciones
```

Algunos lenguajes, Java entre ellos, son lo bastante flexibles como para permitir saltarse a la torera esta estructura, pero es una buena costumbre respetarla siempre:

- La cabecera: contiene el nombre del método, sus parámetros de entrada y los tipos que devuelve. Esto es obligatorio en Java.

- Las declaraciones: contiene las declaraciones de variables y constantes que se usan en el algoritmo. En Java la declaración puede hacerse en cualquier sitio (siempre antes del primer uso de la variable).

- Las acciones: son el cuerpo en sí del algoritmo, es decir, las instrucciones.

6.2   Documentación

La documentación del programa comprende el conjunto de información interna y externa que facilita su posterior mantenimiento.

- La documentación externa la forman todos los documentos ajenos al programa: guías de instalación, guías de usuario, etc.

- La documentación interna es la que acompaña al programa. Nosotros sólo nos ocuparemos, por ahora, de esta documentación.

La forma más habitual de plasmar la documentación interna es por medio de comentarios significativos que acompañen a las instrucciones del algoritmo o programa. Los comentarios son líneas de texto insertadas entre las instrucciones, o bien al lado, que se ignoran durante la ejecución del programa y aclaran el funcionamiento del algoritmo a cualquier programador que pueda leerlo en el futuro.

Para que el ordenador sepa qué debe ignorar y qué debe ejecutar, los comentarios se escriben precedidos de determinados símbolos que la máquina interpreta como "principio de comentario" o "fin de comentario".

Los símbolos que marcan las zonas de comentario dependen del lenguaje de programación, como es lógico. Así, por ejemplo, en Pascal se escriben encerrados entre los símbolos (* y *):

(* Esto es un comentario en Pascal *)

El lenguaje Java, sin embargo, utiliza los símbolos /*   y */ para marcar los comentarios. También se puede emplear la doble barra (//) para comentarios que ocupen sólo una línea. Nosotros usaremos indistintamente estos dos métodos:

/* Esto es un comentario en Java. Puede ocupar varias líneas */

// Esto es un comentario de una sola línea en Java

6.2.1 javadoc

Bajo el auspicio primero de Sun Microsystems y ahora de Oracle, junto con el lenguaje Java se desarrolló una forma específica de redactar los comentarios del programa (documentación interna) de manera que más tarde, con el programa terminado, se pudiera generar documentación externa de forma automática. En concreto, javadoc está pensado para generar la documentación de la API.

La API (Application Program Interface = Interfaz de Programación de Aplicación) es el conjunto de métodos públicos que ofrece una biblioteca para ser usados por otro programa. Es decir, es una lista exhaustiva de todas las clases de una biblioteca con sus nombres, métodos, atributos, parámetros, tipos devueltos y tarea que realizan. Es una documentación imprescindible para que otros programadores puedan hacer uso de esa biblioteca, como comprobarás en tu práctica profesional.

Pues bien, si redactas los comentarios de tus clases y métodos según un determinado estándar, la documentación de tu API se podrá generar de forma totalmente automática. A este formato de comentarios se le denomina javadoc, porque es el nombre de la utilidad que genera la documentación de forma automática.

Javadoc se ha extendido de tal modo que es un estándar de facto en la industria, utilizándose en la actualidad en desarrollos llevados a cabo con otros muchos lenguajes de programación, no solo Java.

Para generar APIs con Javadoc han de usarse etiquetas (tags) precedidas por el carácter "@". Estas etiquetas deben escribirse al principio de cada clase, atributo o método mediante un comentario iniciado con /** y acabado con */. Tan sencillo como eso. Después, la aplicación javadoc las reconocerá y generará un documento HTML con la documentación de la API completa.

A continuación se muestran algunos de los tags más comunes (puedes ver una lista completa en http://oracle.com)

Tag	Descripción
@author	Nombre del desarrollador.
@deprecated	Indica que el método o clase es antigua y que no se recomienda su uso porque posiblemente desaparecerá en versiones posteriores.
@param	Definición de un parámetro de un método, es requerido para todos los parámetros del método.
@return	Informa de lo que devuelve el método, no se puede usar en constructores o métodos "void".
@see	Asocia con otro método o clase.
@throws	Excepción lanzada por el método
@version	Versión del método o de la clase

Ejemplo: Escribir un algoritmo que sume todos los números naturales de n hasta m, siendo n y m números recibidos como parámetros. Devuelve la suma si todo ha ido bien o -1 en caso de error.

```
/**
 * Suma todos los números naturales entre 1 y 1000
 * @version:  1.0
```

```
 * @author:   Jaime Tralleta
 * @param:    n int número inicial de la secuencia
 * @param:    m int número final de la secuencia
 * @return    int la suma si todo funciona bien, -1 en caso de fallo
*/
public int sumarNumeros() {

   int i;
   int suma;      // Variable acumulador
   if (n <= m) {  // Comprobamos los límites
      suma = 0;
      for (i = n; i <= m; i++) {
         suma = suma + i;
      }
   }
   else {         // Si n = m, tenemos un error
      suma = -1;  // En caso de error, devolveremos -1
   }
   return suma;
}
```

Este es un ejemplo de algoritmo comentado usando el estándar javadoc. Observa el comentario al principio del método. Además, en el interior del método, aparecen comentarios adicionales destinados a un futuro lector humano. Se han escrito a la derecha de las instrucciones. A efectos de ejecución, se ignora todo lo que haya escrito entre los símbolos /* y */ o a la derecha de los símbolos //, pero a efectos de documentación y mantenimiento, lo que haya escrito en los comentarios puede ser importantísimo.

(¿No te lo crees? Echa un vistazo aquí y verás qué risa: http://danielgarciagarcia.es/post/5475717423/los-mejores-comentarios-de-codigo-fuente)

Pero, ¡cuidado! Comentar un programa en exceso no sólo es tedioso para el programador, sino contraproducente, porque un exceso de documentación lo puede hacer más ilegible. Sólo hay que insertar comentarios en los puntos que se considere que necesitan una explicación. Ya decía Aristóteles que *la virtud está en el punto medio entre dos extremos viciosos*. Bien es cierto que el macedonio no tenía ni idea de programación, pero, ¿a que mola citar a los sabios de la antigüedad?

6.3   Estilo de escritura

A lo largo de esta unidad has podido ver diversos ejemplos de algoritmos. Si te
fijas en ellos, todos siguen ciertas convenciones en el uso de la tipografía, las
sangrías, los espacios, etc. Escribir los algoritmos cumpliendo estas reglas es una
sana costumbre.

6.3.1 Sangrías

Las instrucciones que aparezcan debajo de la llave de apertura deben tener una
sangría mayor que dicha instrucción. Ésta sangría se mantendrá hasta la
aparición de la llave de cierre correspondiente. Esto es particularmente
importante cumplirlo si existen varios bloques anidados. Asimismo, un algoritmo
es más fácil de leer si los comentarios tienen todos la misma sangría.

6.3.2 Llaves de apertura y cierre de bloques

Existen dos estilos de escritura de la llave de apertura: inmediatamente a la
derecha de la instrucción que genera el bloque, o debajo de la misma. Puedes ver
las diferencias en este ejemplo:

```
while (condicion) {
    // Este bucle tiene la llave de apertura a la derecha del while
}

while (condicion)
{
    // Este bucle tiene la llave de apertura debajo del while
}
```

En ambos casos, la llave de cierre debería ir alienada con la instrucción de
apertura del bloque y, en el primero, también con la llave de apertura.

Ningún estilo de apertura de bloques es mejor que el otro, y, si piensas un
minuto, encontrarás ventajas e inconvenientes a ambos. En general, lo más
importante no es el estilo que uses, sino que seas consistente, es decir, que
utilices siempre estilo de escritura.

En Java, por convenio, suele utilizarse más la llave de apertura en la misma
línea, es decir, el primero de los estilos del ejemplo anterior. En todos los códigos

de ejemplo que hemos puesto hasta ahora hemos intentado utilizar esa forma de abrir los bloques.

Las llaves de inicio y cierre pueden llegar a ser una pesadilla cuando los algoritmos crecen y existen muchos bloques anidado. Ya lo verás, ya. Así que más te vale ser organizado con ellas desde el principio.

Una aclaración al respecto: cuando un bloque de instrucciones sólo contiene una instrucción, podemos escribirla directamente, sin necesidad de encerrarla entre { y }. Esto suele redundar en una mayor facilidad de lectura.

Por supuesto, esta y las siguientes reglas solo son convenciones y, de hecho, puedes saltártelas. Pero no se considera ni elegante ni práctico, y te mirarán mal a cualquier sitio al que vayas. Sí que se permiten ciertas excepciones. Por ejemplo, en la sección catch de un bloque try-catch, si no vas a manejar la excepción de ningún modo especial, se considera admisible saltarse la regla de las llaves de apertura y cierre, como ves en el siguiente ejemplo. Eso sí: ¡no conviene abusar de estas licencias!

```java
try {
    ... sección try ...
}
catch (IOException e) { e.printStackTrace(); }    // Licencia poética
```

6.3.3 Tipografías

Los editores de texto usados por los programadores deben resaltar las palabras reservadas y distinguir los literales, cadenas, y otros elementos del lenguaje con colores diferentes. Esto aumenta enormemente la legibilidad. También pueden ayudarte con las aperturas y cierres de llaves resaltándote la pareja de una determinada llave, o permitiéndote ocultar o mostrar bloques enteros.

Si vas a escribir un algoritmo con un procesador de texto normal (por ejemplo, para presentarlo como parte de una documentación impresa), es conveniente que uses una fuente de tamaño fijo (el tipo Courier va bastante bien, aunque nosotros hemos usado en este libro Andale Mono, que nos gusta más).

6.3.4 ¡Sólo una instrucción por línea, por favor!

Una regla de estilo básica es utilizar solo una instrucción por línea. Por ejemplo:

```java
int salarioMinimo, salarioMaximo;     // ¡¡ Mal !!
```

```
int salarioMinimo,
    salarioMaximo;                      // Bien

int salarioMinimo;
int salarioMaximo;                      // También bien
```

Aquí tienes otro ejemplo:

```
for (i = 1; i < LIMITE; i++) {
    x = v[i] / z;  System.out.println(x);    // ¡¡ Mal !!
}

for (i = 1; i < LIMITE; i++) {
    x = v[i] / z;
    System.out.println(x);                   // Bien
}
```

Por supuesto, también aquí pueden hacerse excepciones y considerar admisible definir diversas variables, o incluso escribir varias instrucciones, en la misma línea. Pero solo cuando te parezca suficientemente justificado y no abuses de ello. Recuerda que pulsar la tecla Intro es gratis.

6.3.5 Espacios

Otro elemento que aumenta la legibilidad es espaciar suficientemente (pero no demasiado) los distintos elementos de cada instrucción. Por ejemplo, esta instrucción ya es bastante complicada y difícil de leer:

```
if (a > b) y (c > d * Math.sqrt(k) ) a = k + 5.7 * b
```

Pero se lee mucho mejor que esta otra, en la que se han suprimido los espacios (excepto los imprescindibles):

```
if (a>b)y(c>d*Math.sqrt(k))a=k+5.7*b
```

Al ordenador le dará igual si escribimos (a > b) o (a>b), pero a cualquier programador que deba leer nuestro código le resultará mucho más cómoda la primera forma.

Por la misma razón, también es conveniente dejar líneas en blanco entre determinadas instrucciones del algoritmo cuando se considere que mejora la legibilidad. Te lo recordamos de nuevo: sé generoso/a con el Intro.

6.3.6 Elección de los identificadores

A la hora de elegir identificadores de variables (o de constantes) es muy importante utilizar nombres que sean significativos, es decir, que den una idea de la información que almacena esa variable. Por ejemplo, si en un programa de nóminas vamos a guardar en una variable la edad de los empleados, es una buena ocurrencia llamar a esa variable "edad", pero no llamarla "X", "A" o "cosa".

Ahora bien, dentro de esta política de elegir identificadores significativos, es conveniente optar por aquellos que sean lo más cortos posible, siempre que sean descifrables. Así, un identificador llamado "edad_de_los_empleados" es engorroso de escribir y leer, sobre todo si aparece muchas veces en el algoritmo, cuando probablemente "edad_empl" proporciona la misma información. Sin embargo, si lo acortamos demasiado (por ejemplo "ed_em") llegará un momento en el quede claro lo que significa.

Toda esta idea de significación de los identificadores es extensible a los nombres de las clases, de los métodos y, en general, de todos los objetos relacionados con un programa.

Para construir los identificadores que consten de varias palabras, hay una divertida y en general absurda controversia entre los profesionales. Básicamente, hay dos formas de construir los identificadores:

- camelCase: si un identificador tiene varias palabras, la primera letra de cada palabra se escribe con mayúscula y el resto en minúscula. Por ejemplo: edadEmpleado, vidasRestantes, puntosCocheRojo, etc. Existe la variedad lowerCamelCase (el identificador empieza por minúscula, como en edadEmpleado) y la UpperCamelCase (como en EdadEmplead)

- snake_case: se separan las palabras con un signo de subrayado (de ahí lo de "snake", ¿lo pillas?). Por ejemplo: edad_empleado, vidas_restantes, puntos_coche_rojo, y así todo.

La gente se insulta en las redes sociales a cuenta de si es mejor uno u otro. En el fondo, todo es una cuestión de convenciones y no conviene dejarse llevar por el lado derecho del cerebro en estas cuestiones. Más importante que utilizar uno u otro estilo, es:

- Ser consistentes. Es decir, si usamos camelCase, usarlo SIEMPRE. Y si usamos snake_case, lo mismo.

- Respetar el estilo que usen en el sitio en el que vayamos a trabajar (si lo tienen) y, si no, sugerir la conveniencia de establecer uno.

- Por convenio, en la programación en Java suele preferirse:

- Usar UpperCamelCase en los identificadores de clase y de paquete.

- Usar MAYÚSCULAS para las constantes.

- Usar lowerCamelCase para el resto de identificadores.

Como esto es lo más extendido, será lo que hagamos a lo largo del libro, pero recuerda que se trata de una pura convención. Realmente, el lenguaje no obliga a usar uno u otro estilo de identificadores.

Por último, señalar que Java distingue entre mayúsculas y minúsculas, es decir, que para ellos no es lo mismo el identificador "edad" que "Edad" o "EDAD". Esto es común en casi todos los lenguajes, pero hay excepciones molestas.

7 Control de excepciones

El control de excepciones permite al programador evitar que el programa falle durante la ejecución de forma inesperada. Bueno, mejor dicho: no evita que el programa falle, pero sí que explote.

Nos explicamos. El manejo de excepciones consiste en prever y capturar los posibles errores de ejecución para redirigirlos a una rutina de código preprogramada, de manera que el programa pueda recuperarse del error. Se suele usar, por lo tanto, en lugares sensibles donde podría ocurrir un error de ejecución. Normalmente, en entradas de datos del usuario o en operaciones aritméticas con valores impredecibles.

El control de excepciones en Java se programa mediante un bloque try-catch, que tiene esta sintaxis:

```
try {
    <sentencias que pueden fallar>
}
catch (excepcion-1) {
    <control de la excepción 1>
}
catch (excepcion-1) {
    <control de la excepción 2>
}
...
finally {
    <control final>
}
```

La JVM intentará ejecutar las intrucciones del bloque try. En caso de que ocurra un error de ejecución, buscará si ese error (o "excepción", en jerga informática) está recogido en alguno de los bloques catch. En tal caso, ejecutará el bloque catch y luego seguirá ejecutando el programa como si tal cosa.

El bloque finally es opcional. Si existe, se ejecutará siempre, sea cual sea la excepción.

Ejemplo: Escribir un programa que divida un número a entre otro b y muestre el resultado.

```
class Test {
  public static void main(String[] args) {
    int a = 10, b = 0, c;
    c = a / b;
    System.out.println("Resultado: " + c);
  }
}
```

Si compilas esta clase verás que todo va bien, pero intenta ejecutarla y verás lo que pasa. Obtendrás lo que viene a llamarse vulgarmente un "pete", algo así como:

```
Exception in thread "main" java.lang.ArithmeticExcepcion: / by zero at
test.main (test.java:6)
```

¡Eso te pasa por intentar dividir entre 0! No queda muy bien que digamos que un programa profesional emita estos mensajes apocalípticos durante la ejecución.

Pues bien, para eso se usa el control de excepciones. Observa como aplicarlo al ejemplo anterior:

```
class Test {
  public static void main(String[] args) {
    int a = 10, b = 0, c;
    try {
      c = a / b;
    }
    catch (ArithmeticExcepcion e) {
      System.out.println("Error al hacer la división");
      c = 0;
    }
    System.out.println("Resultado: " + c);
  }
}
```

Ahora, si se produce una "ArithmeticException" al hacer la división, no salta la rutina por defecto de la JVM, sino que el error es redirigido a *nuestro* bloque catch, donde *nuestro* código toma las riendas de la situación y trata de redirigirla para que el programa pueda seguir ejecutándose y salir airoso del brete.

Seamos sinceros: no vas a usar el manejo de excepciones hasta mucho más adelante. Ahora tu principal preocupación es que los programas funcionen razonablemente. Pero debes conocer que existe esta posibilidad y estar preparado para explotarla cuando llegue el momento. Hay una salvedad a esta regla, y la explicamos en el siguiente apartado.

7.1   El manejo de excepciones y la entrada de datos por teclado

El lugar donde más frecuentemente te vas a encontrar un manejador de excepciones programado es, sin duda, en las entradas de datos al programa. La razón es sencilla: cuando un usuario (u otro sistema) puede introducir datos en nuestro programa, por definición estamos creando un "coladero" por donde pueden entrar toda clase de cosas desagradables: errores tipográficos (una letra cuando el programa esperaba un número, por ejemplo), código malicioso, cadenas vacías y vaya usted a saber qué.

Por eso, encontrarás la entrada de datos frecuentemente encerrada en un try-catch que la proteja. Observa el siguiente ejemplo. Se trata de una clase que pide dos números por teclado y los suma:

```java
public class Suma {
    public static void main (String [] args) {
        InputStreamReader isr = new InputStreamReader(System.in);
        BufferedReader br = new BufferedReader (isr);
        int s1, s2, suma;

        try {
            System.out.print("Sumando 1 : ");
            s1 = Integer.parseInt(br.readLine());
            System.out.print("Sumando 2 : ");
            s2 = Integer.parseInt(br.readLine());
        }
        catch (Exception e) {
            System.out.println("Se ha producido un error.
                    Asegúrese de haber introducido dos números");
            s1 = 0; s2 = 0;
            e.printStackTrace();
        }
        suma=s1+s2;
        System.out.println ("La suma es " + s1 + "+" + s2 +"="+ suma);
    }
}
```

Se ha encerrado toda la parte de entrada de datos en un bloque try. ¿Por qué? Porque las dos entradas de datos se tienen que convertir a números enteros (parseInt) antes de procesarlas como sumandos, ya que las entradas de datos siempre son cadenas de caracteres. Y es ese proceso de conversión el que puede fallar.

¿No te lo crees? Prueba a ejecutar el método anterior sin try-catch y, cuando el programa te pida un número, teclea una letra. El parseInt() se pegará un zurriagazo.

¿Que te parece muy raro que un usuario teclee un carácter cuando el programa le pide un número? Eso es porque aún no has tratado con muchos usuarios. Ley de Murphy de los departamentos de soporte: los usuarios siempre hacen lo que menos se espera de ellos y lo que resulta más dañino para el programa.

Como sabemos que la forma más probable de fallo de este código es la conversión a entero, podemos capturar ese error de ejecución y tratarlo con nuestro propio código, en lugar de dejar a la JVM que se encargue ello y emita esos mensajes de error tan poco recomendables para el usuario final.

Una última nota: observa como, en el bloque catch, hemos colocado una llamada al método printStackTrace(). Eso nos muestra información sobre la excepción, y puede ser muy útil a la hora de depurar el programa porque nos dirá exactamente qué excepción se ha producido, y así podremos contemplar nuevas excepciones que se nos hubieran escapado. Pero **en la versión definitiva del programa esa línea debería desaparecer** para evitar, de nuevo, mensajes de error incomprensibles al usuario final.

8 Pruebas

Cuando un programa ha sido escrito, aún queda mucho trabajo: hay que comprobar que funciona como debe. Las pruebas de un programa deberían incluir las siguientes comprobaciones:

- Verificar que el programa no tiene errores de ejecución.

- Verificar que el programa hace lo que se esperaba de él.

- Verificar que el programa es eficiente, es decir, que no tarda una barbaridad en hacer su tarea.

El objetivo es construir software de buena calidad. Pero, ¿qué demonios es un programa de "buena calidad"?

8.1   La calidad en el software

La calidad no es un concepto fácil de definir. Dice un aforismo que "sólo se nota la existencia de la calidad en un producto cuando está ausente"

Además, el concepto de calidad en el software es diferente que en otros productos industriales porque:

- El software se desarrolla, no se fabrica.

- El software no tiene existencia física: su calidad no depende del soporte.

- El software no se degrada con el uso: su calidad no depende de su resistencia.

- El software es muy complejo y la ingeniería del software es aún muy joven e inexperta: el software se entrega muchas veces con defectos conocidos o desconocidos.

- El software se suele hacer a medida.

- El software es más flexible que otros productos: puede cambiarse con más facilidad.

8.1.1 Factores de calidad

Como el concepto de calidad es escurridizo, se suele hablar de los factores que afectan a la calidad, y que son, entre otros:

- Facilidad de uso, prueba y mantenimiento.

- Eficiencia: que el sistema trabaje consumiendo la menor cantidad posible de recursos.

- Fiabilidad: que el sistema no falle al realizar sus funciones.

- Corrección: que el software haga lo que se espera de él.

- Flexibilidad: que sea fácil de modificar.

- Portabilidad: que sea fácil de migrar a otro entorno.

- Eficacia: que resuelva todos los problemas de la mejor forma posible.

Si el software cumple con estos requisitos, se supone que es de "buena calidad"

8.1.2 Estándares de calidad

Los estándares de calidad, como ISO 9001, establecen cómo debe funcionar la organización para asegurar un desarrollo de calidad:

- Realización de un plan de control de la calidad a lo largo de todo el proyecto.

- Normas que el personal debe cumplir al desarrollar su trabajo para asegurar la calidad.

- Actividades de revisión y auditorías periódicas.

- Informes de problemas.

- Controles sobre el análisis, el diseño, la codificación y la documentación

- Planes de control y prueba a lo largo de todo el desarrollo.

- Métricas de software para control del proyecto.

- Etc.

Pero, ojo, los estándares de calidad no aseguran que el producto desarrollado sea en efecto un producto de calidad, solo que habrá más posibilidades de que lo sea.

Una tercera parte independiente evaluará el trabajo de desarrollo de software. Es lo que se denomina una auditoría externa. Si el auditor establece que el equipo de desarrollo ha cumplido las recomendaciones de ISO o AENOR, la empresa quedará certificada y avalada como fabricante de "software de calidad"

Las normas de calidad de la ISO (International Organization for Standarization) surgieron en sectores de seguridad crítica: nuclear, militar, aeroespacial. Con el tiempo se han extendido a todos los sectores. En concreto, la serie ISO 9000 es aplicable a las empresas fabricantes de software. La norma actual es la ISO 9001:2000

Puedes encontrar más información en http://www.iso.ch/iso/en/iso9000-14000/index.htm

En cuanto a AENOR (Asociación Española de Normalización y Certificación), recomienda usar la ISO 9001:2000, o una versión más antigua, ISO 9001:1994, ligeramente modificada para el desarrollo de software. AENOR tiene publicaciones donde explica cómo aplicar las normas ISO de calidad para obtener la certificación y se encarga de certificar, mediante auditorías, a las empresas que cumplen la norma ISO.

8.2   La fase de pruebas

Puede que estés pensando: vale, pero a mí, como programador o programadora, ¿todo esto de la calidad que narices me importa?

He visto a muchos programadores principiantes que se contentan con entregar versiones de sus programas mal resueltas, ineficientes, poco escalables o ilegibles escudándose en el hecho de que funcionan. "Es una porquería, lo sé, pero funciona". Quizá cambiaron esa forma de trabajar con el transcurso de los años, pero no soy optimista al respecto. Creo que las personas tendemos a reproducir, en cada ámbito de nuestras vidas, la forma de trabajar que nos ha dado resultados en el pasado.

Por lo tanto, aspirar a escribir programas de buena calidad (siendo, como hemos visto, un concepto escurridizo) debería ser nuestro objetivo desde el primer momento. No importa si estás haciendo algo tan simple como una tabla de multiplicar o algo tan complejo como un juego de ajedrez inteligente. Deberías conocer las técnicas que, como programador, te van a facilitar la labor de crear programas de calidad.

Pues bien, el objetivo de la fase de pruebas es precisamente asegurar la calidad del software según los factores que hemos enumerado más arriba, y, ¡sorpresa!, el encargado de hacer esas pruebas, excepto en organizaciones muy grandes, suele ser el propio programador.

Las pruebas consisten en dos acciones complementarias:

- Verificación: comprobar que el sistema funciona y no produce errores de ejecución.

- Validación: comprobar que el sistema responde a las especificaciones de requisitos del cliente, es decir, que el programa hace lo que debe hacer.

La acciones y técnicas de la fase de pruebas se llevan a cabo en todas las etapas del desarrollo del software, no solo al final. El momento del desarrollo en el que nos encontremos condiciona el tipo de pruebas que podremos realizar, pero las pruebas siempre están realimentando (o deberían) el proceso de desarrollo.

8.3   Pruebas según la forma de realización

La idea es que, como programador, no te pongas a probar tu código a lo loco. Todos comprobamos de alguna forma que nuestro código funciona: ejecutamos nuestro programa, introducimos unos cuantos datos de entrada, y comprobamos que la salida es correcta o que, al menos, lo parece.

Pues no: eso no es suficiente.

Necesitamos algo más sistemático, algún mecanismo que nos asegure que hemos comprobado todas las posibilidades. Esos mecanismos son las pruebas de caja negra y de caja blanca:

- **De caja negra**: comprueban el funcionamiento de un componente software (por ejemplo, un módulo) a través de su interfaz, sin ocuparse de su funcionamiento interno.

- **De caja blanca**: comprueban el funcionamiento interno de un componente software.

8.3.1   Pruebas de caja negra

Cada componente (p. ej., un método, o una clase) se prueba sin "mirar" en su interior. Es decir, se comprueba si el componente realiza correctamente sus funciones enviándole juegos de datos diferentes y estudiando su reacción.

Los juegos de datos deben cubrir todos los casos posibles. Para ello, se aísla cada entrada del módulo y se establecen casos de prueba para:

- Datos válidos

- Datos no válidos

El módulo debe reaccionar adecuadamente a cada conjunto de datos.

Los conjuntos de datos similares se denominan **clases de equivalencia**. Por ejemplo, supón que estamos probando un método encargado de calcular la edad en años de una persona a partir de su fecha de nacimiento. El interfaz del método puede ser algo así:

```
int calcularEdad (int diaNac, int mesNac, int anoNac);
```

Para este método podemos establecer las siguientes clases de equivalencia y probar el módulo con datos pertenecientes a cada clase. Las clases de equivalencia pueden ser:

A) Clases de equivalencia válidas:

- DiaNac >= 1 y DiaNac <= 31

- MesNac >= 1 y MesNac <= 12

- AñoNac > 1900 y AñoNac <= [Año actual]

B) Clases de equivalencia inválidas:

- DiaNac < 1 o DiaNac > 31

- MesNac < 1 o MesNac > 12

- AñoNac < 1900 o AñoNac > [Año actual]

Si el módulo reacciona bien con datos de todas las clases, habrá superado la prueba de caja negra. Pero observa que no hay que probar TODOS los datos posibles: basta con hacer UNA prueba de cada clase de equivalencia. En este ejemplo bastaría con probar:

- Un día correcto (p. ej: 10) junto con un mes y un año correctos.

- Un día correcto, un mes correcto y un año incorrecto (p. ej: 2020)

- Un día correcto junto con un mes y un año incorrectos.

- Etc.

Es, pues, necesario elaborar previamente una cuidadosa batería de pruebas para que no se nos pase ninguna   posibilidad. Además, a veces no es nada fácil identificar todas las clases de equivalencia. Por ejemplo: si introducimos la fecha '30/02/1995' el módulo debería interpretarlo como un error, pero según nuestro diseño de pruebas esa fecha es correcta.

Además de hacer una prueba con cada clase de equivalencia, es recomendable añadir casos de prueba para:

- Valores límite (justo por encima y por debajo de los rangos válidos)

- Valores típicos de error (errores comunes que puedan cometer los usuarios)

- Valores imposibles (por ejemplo, introduciendo cadenas alfanuméricas donde se esperaban números enteros)

8.3.2 Pruebas de caja blanca

En las pruebas de caja blanca, cada componente (p. ej., un método) se prueba indagando en su lógica interna. Para ello se confeccionan baterías de prueba que hagan ejecutarse todos los posibles caminos al menos una vez.

Por ejemplo, si en un módulo tenemos un fragmento de algoritmo con esta forma:

```
if (a > 10) {
    acciones 1
}
else {
    acciones 2
}
```

... habrá que probarlo con los datos a > 10 y a <= 10 para que el flujo de ejecución discurra por los dos caminos posibles.

Para diseñar las baterías de pruebas de caja blanca hay que tener en cuenta, por tanto:

- Las condiciones o ramificaciones.

- Las condiciones múltiples.

- Los bucles (que se pueden ejecutar 0, 1 o varias veces)

- Las invocaciones a otros bloques de código.

8.4   Pruebas según el momento de realización

Según el momento en el que se realicen, las pruebas pueden ser:

- Unitarias: prueba de un componente individual aislado del resto del sistema.

- De integración: prueba de varios componentes individuales cooperando entre sí.

- De sistema: prueba de todos los componentes individuales ensamblados y cooperando entre sí.

- De carga: prueba de integración con un volumen de datos real.

- De aceptación: pruebas con la presencia del cliente para obtener su visto bueno.

8.4.1 Pruebas unitarias

En las pruebas unitarias, cada componente (método, clase, paquete, etc.) debe ser probado de manera individual y aislado del resto, diseñando para ese componente pruebas de caja negra y de caja blanca.

8.4.2 Pruebas de integración

Los componentes no trabajan en realidad aislados, sino que están acoplados: comparten información y se invocan unos a otros. Una vez probados individualmente, es necesario probar que los diferentes componentes funcionan bien cuando trabajan juntos.

Los fallos en estas pruebas suelen deberse a problemas en la comunicación entre clases.

Las pruebas de integración suelen hacerse poco a poco. Por ejemplo, primero se toman dos o tres clases ya probadas, y se les hace una prueba conjunta. Cuando la superan, se unen a otros dos o tres, y así sucesivamente.

Las baterías de pruebas de integración deben ser de caja negra y de caja blanca.

8.4.3 Pruebas de sistema

Cuando las pruebas de integración alcanzan a la totalidad del sistema, se denomina prueba de sistema.

Si el sistema es grande, puede hablarse de subsistemas, pero estas pruebas no dejan de ser otra cosa que pruebas de integración cada vez más grandes.

Las baterías de pruebas de sistema también serán de caja negra y de caja blanca.

8.4.4 Pruebas de carga

Las pruebas suelen hacerse con baterías de prueba irreales, diseñadas para probar el sistema en condiciones controladas.

Debe hacerse una prueba con un volumen de datos real para comprobar que el sistema reacciona correctamente. Por ejemplo, no es lo mismo manipular una tabla de una base de datos con 20 registros de prueba que una tabla real con 200.000 registros. Un programa que funcionaba estupendamente con 20 registros puede pegarse el batacazo padre con 200.000.

8.4.5 Pruebas de aceptación

Se realizan en el domicilio del cliente. No son "demos" ni prototipos, sino muestras del sistema funcionando en tiempo real.

Un tipo especial (y frecuente) de estas pruebas es la ejecución del sistema en paralelo con el viejo sistema al que va a sustituir.

8.5   ¿Cuándo se realizan las pruebas?:

La fase de pruebas debe estar presente a lo largo de todo el desarrollo, y no sólo cuando el programa está terminado.

Como criterios generales digamos que:

- Las pruebas unitarias se deben hacer al finalizar cada componente software (método, clase, paquete...)

- Las pruebas de integración se deben hacer cuando se disponga de varios componentes ya probados.

- Las pruebas de sistema se deben hacer al final del desarrollo, cuando se dispone de todo el sistema.

- Las pruebas de carga se deben hacer después de superar las pruebas de sistema.

- Las pruebas de aceptación se harán siempre después de las de carga.

Estrategia de arriba a abajo (top - down)

Consiste en comenzar las pruebas unitarias por las clases de alto nivel, más abstractos, que interactúan con el usuario o que controlan otras clases. Para probarlos, los componentes que están por debajo deben ser "simulados" mediante clases auxiliares vacías, que sólo se encargan de devolver las respuestas esperadas.

Estrategia de abajo a arriba (bottom - up)

Consiste en comenzar las pruebas unitarias por las clases de bajo nivel, que interaccionan con otros sistemas (como bases de datos). Este enfoque no suele necesitar de módulos auxiliares, y además permite trabajar en paralelo (diferentes personas pueden probar diferentes módulos al mismo tiempo)

Como contrapartida, es una estrategia más difícil de planificar y gestionar.

Estrategia combinada

Los componentes críticos se prueban en bottom – up, y el resto de top - down.

8.6   Versiones de prueba del software de propósito general

Nosotros casi siempre nos referimos a sistemas de gestión hechos a medida, pero en el software comercial de propósito general las pruebas son diferentes, existiendo versiones alfa y versiones beta de los productos antes de lanzarlos al mercado.

- Versión alfa: el producto aún es inestable, pero está completo. Se envía a un grupo reducido y escogido de usuarios para que lo prueben siguiendo ciertas pautas y comunicando los errores observados al equipo de desarrollo.

- Versión beta: el producto es más estable que en la versión alfa, pero no está completamente probado. Se ofrece a un conjunto amplio de usuarios para que lo prueben (a veces, al público en general). Los usuarios deben tener algún mecanismo para poder comunicar, si lo desean, las incidencias que observen. A veces, una versión beta permanece en el mercado durante años.

- Release candidate: versión del sistema terminada y probada, lista para su publicación salvo correcciones de última hora.

- Versión de disponibilidad general o versión dorada: producto en su versión final que está en proceso de lanzamiento inminente. A veces se denomina versión RTM (Release To Manufacturing)

8.7   Las pruebas en el software libre

Los sistemas de software libre son los distribuidos bajo licencia GPL o similar. Esta licencia permite usar, copiar, distribuir y modificar el código fuente libremente.

Librerar el código hace que cualquiera pueda participar en la mejora del software. Esa colaboración hace que el software evolucione muy deprisa y con menor coste.

¡Pero "libre" no significa "gratis"!

El software libre sólo se refiere a la forma de distribución del programa, no a su desarrollo: el desarrollo del software libre sigue el mismo proceso de ingeniería que el software propietario.

El Open source (código abierto) es un movimiento parecido al del software libre, pero basado en consideraciones técnicas en lugar de ideológicas. En la práctica, los dos movimientos se confunden. Las grandes compañías recelan del movimiento del software libre, por lo que apoyan principalmente el Open source. La diferencia entre los dos movimientos, por tanto, no es práctica, sino ideológica.

- Software libre: el software debe compartirse para fomentar la colaboración entre usuarios, la cohesión social, el acceso de todos a la tecnología y la compartición de conocimiento (que hace a los programas avanzar más deprisa con menos coste)

- Open source: sólo se quedan con la última parte.

El software libre y el open source tienen ciertas peculiaridades por la forma en que se distribuye este tipo de software:

- Las versiones beta son más abundantes que en el software propietario, y no suelen dirigirse a un público restringido, sino a todo el mundo.

- A menudo, se liberan versiones inestables (cuya estabilidad no ha sido bien comprobada)

- Las versiones estables suelen tener una cifra par en el segundo número de la versión. Por ejemplo: 4.6.18.8-0

- Las versiones inestables suelen tener una cifra impar en el segundo número de la versión. Ej. 4.7.18.8-0

8.8 Recomendaciones finales para la fase de pruebas

- Las pruebas deben ser realizadas por personas distintas a los diseñadores y programadores.

- Los casos de prueba pueden ser tan numerosos que deben diseñarse y documentarse cuidadosamente.

- La fase de pruebas debe extenderse a lo largo de todo el proceso de desarrollo y no solo al final.

- La posibilidad de encontrar errores en un determinado componente del programa es proporcional al número de errores ya encontrados en ese mismo componente.

- TODAS las fases de prueba encuentran errores. Si no los encontramos, no es que no existan, es que estamos haciendo mal las pruebas.

- La fase de pruebas nunca termina: no podemos asegurar que "éste era el último error que quedaba". Para dar por finalizada la fase de pruebas podemos usar dos criterios aproximados:

- Terminar cuando expire el tiempo asignado a las pruebas en la planificación del proyecto.

- Terminar cuando los casos de prueba que hemos diseñado ya no detecten más errores.

9 Hemos aprendido...

En este capítulo hemos aprendido a escribir algoritmos en lenguaje Java. Ahora conocemos las estructuras de control de la programación clásica (secuencia, selección e iteración), con lo cual podrías ponerte a programar en cualquier lenguaje de tercera generación (como C, Pascal o Cobol) sin demasiada dificultad.

Combinando todo lo que sabemos hasta ahora ya podemos construir programas razonablemente complejos que empiecen a resolver problemas de verdad. Verás que la relación de ejercicios propuestos y resueltos de este capítulo es mucho más larga que la de los anteriores, precisamente debido a esto.

También hemos visto cómo se capturan las excepciones en tiempo de ejecución en Java, algo muy importante, como no podía ser de otra manera, en un lenguaje obsesionado con la robustez de los programas.

Por último, hemos proporcionado algunas pautas para escribir nuestros programas con corrección y limpieza (lo que hemos llamado "reglas de estilo") y hemos introducido las ideas básicas acerca del control de calidad del software que cualquier programador debería conocer y que muchos, sin embargo, ignoran.

10 Ejercicios propuestos

AVISO: En este punto comienza la diversión. Si aún sigues con nosotros, enhorabuena.

Verás que esta relación de ejercicios es sustancialmente más larga que las anteriores. Vamos a estar por aquí un buen rato, así que ponte cómodo/a. Ahora tenemos los elementos suficientes en la mano como para empezar a escribir programas más complejos que empiecen a hacer cosas de verdad.

Los ejercicios están colocados en orden de dificultad creciente. Más o menos, porque hay excepciones. Esto quiere decir que, cuanto más avances, más difíciles serán... y mayor será la satisfacción de hacerlos funcionar.

En cada ejercicio, tendrás que desarrollar un programa Java completo. Eso incluye escribir al menos una clase con el método o métodos necesarios para resolver el problema, y al menos otra clase donde se encuentre el método main(). En algunos casos, puede que necesites desarrollar varias clases y crear varios objetos.

¡Importante! Debes organizar estos ejercicios en subdirectorios para no perderte cuando empieces a acumularlos.

En el siguiente apartado, como en los capítulos anteriores, mostraremos una solución de muchos de estos ejercicios (los que estén marcados con un asterisco). Ya sabes que también puedes descargarlos de:

http://ensegundapersona.es/programar-en-java

Ejercicio 3.1: Positivo y negativo (*)

Leer un número por teclado mediante un método, y decir si es positivo o negativo con otro método. La salida por consola puede ser algo así como: "el número X es positivo"

Ejercicio 3.2: Raíz cuadrada (*)

Calcular la raíz cuadrada de un número introducido por teclado. Hay que tener la precaución de comprobar que el número sea positivo.

Ejercicio 3.3: Restar (*)

Leídos dos números por teclado, llamémosles A y B, calcular y mostrar la resta del mayor menos el menor. Por ejemplo, si A = 8 y B = 3, el resultado debe ser A – B, es decir, 5. Pero si A = 4 y B = 7, el resultado debe ser B – A, es decir, 3.

Ejercicio 3.4: Año bisiesto (*)

Determinar si un año es bisiesto o no. Los años bisiestos son múltiplos de 4; utilícese el operador módulo. ¡Pero hay más excepciones! Los múltiplos de 100 no son bisiestos, aunque sean múltiplos de 4. Pero los múltiplos de 400 sí, aunque sean múltiplos de 100. Qué follón. La Tierra es muy maleducada al no ajustarse a los patrones de tiempo humanos.

Resumiendo: un año es bisiesto si es divisible entre 4, a menos que sea divisible entre 100. Sin embargo, si un año es divisible entre 100 y además es divisible entre 400, también resulta bisiesto.

Ahora, prográmalo, a ver qué sale.

Ejercicio 3.5: Parte decimal (*)

Averiguar si un número real introducido por teclado tiene o no parte fraccionaria (utilícese el método Math.round() que aparece descrito en el capítulo 1, o si no, búscalo en Internet)

Ejercicio 3.6: Números ordenados (*)

Leer tres números por teclado, X, Y y Z, y decidir si están ordenados de menor a mayor. Complétalo con otro método que nos diga si los números, además de estar ordenados, son consecutivos.

Ejercicio 3.7: Contar cifras (*)

Determinar el número de cifras de un número entero. El algoritmo debe funcionar para números de hasta 5 cifras, considerando los negativos. Por ejemplo, si se introduce el número 5342, la respuesta del programa debe ser 4. Si se introduce −250, la respuesta debe ser 3.

Para los quisquillosos: no, el 0 a la izquierda no cuenta.

Ejercicio 3.8: Mayor, menor, mediano (*)

Dados tres números enteros, A, B, C, determinar cuál es el mayor, cuál el menor y cuál el mediano. Y da gracias a que no lo hemos hecho con 4 variables. Prohibido usar arrays, suponiendo que sepas lo que son. Es un ejercicio de lógica, no de bucles.

Ejercicio 3.9: Pares (*)

Ahora sí empiezan los bucles. Escribe un programa que muestre todos los números pares entre A y B, siendo estos dos valores dos números introducidos por teclado. A debe ser menor que B, claro. En caso contrario, el programa debe avisarnos, pero con cariño.

Ejercicio 3.10: Impares (*)

Escribir todos los números impares entre dos números A y B introducidos por teclado. En esta ocasión, cualquier de ellos puede ser el mayor. Habrá que comprobar, entonces, cuál de los dos números, A o B es mayor, para empezar a escribir los impares desde uno o desde otro.

Ejercicio 3.11: Pares o nones (*)

Escribe un programa que pregunte al usuario si desea ver los números pares o impares y que, dependiendo de la respuesta, muestre en la pantalla los números pares o impares entre A y B. Cualquiera de ellos puede ser el mayor. Y sí, es un batiburrillo de los dos anteriores, así que intenta reutilizar todo el código que puedas. En programación eso no se considera plagio, salvo que te pillen.

Ejercicio 3.12: Dibujando con asteriscos (*)

Este ejercicio es un poco más complicado que los anteriores, pero también mucho más divertido.

Escribe una clase capaz de generar en la pantalla, mediante bucles, estos bonitos diseños. Añade alguno de tu propia cosecha, por favor.

(Por si queda alguna duda: el último se supone que es un árbol de navidad)

```
   *
  ***
 *****
*******


   *
  ***
 *****
*******
 *****
  ***
   *


   *
  * *
 *   *
*     *
 *   *
  * *
   *


   *
  ***
   *
  ***
 *****
*******


   *
  ***
 *****
 *******
 *********
***********
*************
    ***
    ***
    ***
    ***
```

Ejercicio 3.13: Tabla de multiplicar (*)

Vamos con un clásico de los cursos de introducción a la programación. El usuario teclea un número y el programa muestra la tabla de multiplicar de ese número. Pero que quede bonito, por favor, algo así como:

```
8 x 1 = 8
8 x 2 = 16
8 x 3 = 24
etc.
```

Ejercicio 3.14: Acumulador simple (*)

Calcular la suma de todos los números pares entre 1 y 1000. Es decir, 2 + 4 + 6 + ... + 998 + 1000. No preguntes en los foros de programación, seguro que puedes hacerlo por ti mismo.

Ejercicio 3.15: Acumulador interactivo (*)

Calcular el valor medio de una serie de valores enteros positivos introducidos por teclado. Para terminar de introducir valores, el usuario debe teclear un número negativo.

Ejercicio 3.16: Estadística básica (*)

Calcular el valor máximo de una serie de 10 números introducidos por teclado. Completa luego la clase para que también averigüe el valor mínimo, el medio, la desviación típica y la mediana. Si no sabes lo que es alguna de estas cosas, háztelo mirar. También puedes probar en internet.

(Importante: calcular cosas como la desviación típica sin utilizar arrays es una tarea propia de criaturas mitológicas, así que usaremos la solución de este ejercicio como excusa para introducir los arrays en un contexto con significado. Pero, antes, deberías haber pensado un rato en las posibles soluciones)

Ejercicio 3.17: Notas de clase (*)

El usuario de este programa será un profesor, que introducirá las notas de sus 30 alumnos de una en una. El algoritmo debe decirle cuántos suspensos y cuántos aprobados hay. Las notas pueden valer entre 1 y 10, y el programa no debe aceptar valores fuera de ese rango.

Ejercicio 3.18: Factorial (*)

Calcular el factorial de un número entero N. Recuerda que el factorial de un número es el producto de ese número por todos los enteros menores que él. Por ejemplo, el factorial de 5 (simbolizado 5!) se calcula como: 5! = 5 x 4 x 3 x 2 x 1.

Cuando funcione, prueba a calcular el factorial de un número muy grande, como 288399849! o algo parecido, y verás qué risa.

Ejercicio 3.19: Sucesión de Fibonacci (*)

La famosa sucesión de Fibonacci es una sucesión no convergente de números enteros que comienza así:

0, 1, 1, 2, 3, 5, 8, 13, 21, 34, ...

Cada número de la sucesión se calcula sumando los dos números anteriores (excepto los dos primeros, que son, por definición, 0 y 1).

Se da la curiosa circunstancia de que los números de la sucesión de Fibonacci aparecen con sorprendente precisión en muchas estructuras naturales, como los ángulos de crecimiento de las ramas de árboles cuando son iluminados verticalmente, la disposición de los pétalos de los girasoles o de las piñas en los pinos, la forma de las cochas de los caracoles, y cosas así. Si lo piensas, es un poco inquietante que un producto de la imaginación humana como son las matemáticas tenga una relación tan estrecha con la naturaleza. ¿O era al revés? Bueno, al diablo.

A lo que íbamos: escribe un programa que muestre en la pantalla los N primeros términos de la sucesión de Fibonacci, siendo N un número entero introducido por el usuario.

Ejercicio 3.20: Número de la suerte (*)

El número de la suerte o lucky number, por si hay alguien de Cuenca, es una tontuna de los numerólogos y otros charlatanes que se obtiene sumando todas las cifras de la fecha de nacimiento de un modo azaroso. Por ejemplo, como yo nací el

15 de octubre de 1974 (15-10-1974), se supone que mi número de la suerte es
15+10+1974 = 1999. Ahora sumo todas las cifras de 1999 así: 1+1+1+9 = 12.
Como aún tengo dos dígitos, vuelvo a sumarlos. 1 + 2 = 3.

Por lo tanto, 3 es mi número de la suerte. Si alguna vez me toca la lotería y llevo
un número acabado en 3, os aviso.

Escribe un programa que, dada una fecha de nacimiento, calcule el número de la
suerte de esa persona.

Ejercicio 3.21. Primo (*)

Determinar si un número N introducido por teclado es o no primo. Recuerda que
un número primo no es el hijo de mi tío, sino aquél que sólo es divisible por sí
mismo y por la unidad.

Ejercicio 3.22: Eratóstenes (*)

Generalizar el algoritmo anterior para averiguar todos los números primos que
existen entre 2 y 1000 (a este proceso se le conoce como criba de Eratóstenes, que
no es que tenga mayor importancia, pero sirve para ponerle un título interesante
a este ejercicio)

Ejercicio 3.23: Omirps (*)

Un omirp es una de esas cosas que nos hace dudar sobre la estabilidad mental de
los matemáticos. Se trata de un número primo que, al invertirlo, también da
como resultado un número primo. Por ejemplo, el número 7951 es primo y, si le
damos la vuelta, obtenemos 1597, que también es primo. Por lo tanto, 7951 es un
omirp.

Se trataría, pues, de introducir un número y que el programa determine si es un
omirp o no. O más difícil todavía (redoble de tambores): hacer un programa que
muestre la lista de omirps entre 0 y N, siendo N un número introducido por el
usuario.

(Este último programa, me consta, es el tipo de cosas que te pueden pedir hacer
en una entrevista de trabajo)

Ejercicio 3.24: Lotería primitiva (*)

Generar combinaciones al azar para la lotería primitiva (6 números entre 1 y 49). Debes utilizar el método Math.random() que vimos en el capítulo 1. Por ahora, no te preocupes porque los números puedan repetirse.

No hace falta que corras a la administración de loterías a jugar la primera combinación que te salga. Lo han probado muchas promociones de alumnos antes que tú y no nos consta que nadie haya conseguido salir de pobre.

Ejercicio 3.25: Quiniela

Generar combinaciones al azar para la quiniela (14 valores dentro del conjunto 1, X o 2, por si hay alguien de otro planeta que no sepa cómo se rellena una quiniela). El resultado debe ser algo así, pero generado al azar:

1 - X - X - 2 - 1 - 1 - 1 - 2 - 2 - X - 1 - X - X - 2

Ejercicio 3.26: Calculadora (*)

Diseñar un algoritmo que lea dos números, A y B, y un operador (mediante una variable de tipo carácter), y calcule el resultado de operar A y B con esa operación. Por ejemplo, si A = 5 y B = 2, y operación = "+", el resultado debe ser 7. El algoritmo debe seguir pidiendo números y operaciones indefinidamente, hasta que el usuario decida terminar (utiliza un valor centinela para ello)

Ejercicio 3.27: Juego del número secreto (*)

El ordenador elegirá un número al azar entre 1 y 100. El usuario irá introduciendo números por teclado, y el ordenador le irá dando pistas: "mi número es mayor" o "mi número es menor", hasta que el usuario acierte. Entonces el ordenador le felicitará y le comunicará el número de intentos que necesitó para acertar el número secreto, sin humillarlo en caso de que hayan sido más de cinco.

Ejercicio 3.28: Nóminas (*)

Escribe un método que calcule el dinero que debe cobrar un trabajador a la semana, pasándole como parámetros el número de horas semanales que ha trabajado y el precio que se le paga por cada hora. Si ha trabajado más de 40 horas, el salario de cada hora adicional es 1,5 veces el de las horas convencionales.

(Por si alguien no lo sabe, 40 horas es el número máximo de horas que se pueden trabajar semanalmente en España; el resto a partir de ahí se consideran "horas extraordinarias" y se deben pagar de forma generosa)

Escribe otros métodos que calculen además:

- El salario bruto mensual, sabiendo que todas las horas que excedan de 40 semanales se consideran horas extra. Las primeras 5 horas extra se cobran a 1,5 veces la tarifa normal, y las demás al doble de la tarifa normal.

- Los descuentos por impuestos: se le descontará un 10% si gana menos de 1000 € al mes, y un 15% si gana más de esa cantidad.

El salario neto, es decir, el dinero que cobrará después de descontar los impuestos

Ejercicio 3.29: Polígonos

Cuando se trabaja con polígonos regulares, conociendo su número de lados, la longitud de cada lado y la apotema, se puede calcular el área y el perímetro según estas expresiones:

- Área = nº lados x longitud del lado x apotema / 2

- Perímetro = nº de lados x longitud del lado

Escribe un programa que pregunte esos tres valores y calcule el área y el perímetro de cualquier polígono regular, y además escriba su denominación (triángulo, rectángulo, pentágono, hexágono, etc, hasta polígonos de 12 lados)

Ejercicio 3.30: Máquina expendedora (*)

Escribe un programa que simule el mecanismo de devolución de monedas de una máquina expendedora. El programa preguntará una cantidad el euros y luego calculará qué monedas debería devolver la máquina para completar esa cantidad. Por ejemplo, si la cantidad es 1,45 €, la respuesta del programa debe ser: una moneda de 1 €, dos de 20 céntimos y una de 5 céntimos.

Por favor, que no funcione como los cajeros de los párkings, que son capaces de devolverte cinco euros en modenas de céntimo.

Puedes elegir entre estos dos enfoques:

- Escribir un único método que se encargue del calcular todas las monedas que hacen falta.

- Escribir varios métodos, uno para cada tipo de moneda, y que cada uno se encargue de determinar cuántas monedas de ese tipo hacen falta para realizar la devolución.

Ejercicio 3.31: Predicción meteorológica

Escribe un programa para predecir el tiempo que va a hacer mañana a partir de varios datos atmosféricos suministrados por el usuario. Estos datos son:

- La presión atmosférica: puede ser alta, media o baja.

- La humedad relativa: también puede ser alta, media o baja

El programa se encargará de calcular la probabilidad de lluvia, la probabilidad de que haga sol y la probabilidad de que haga frio. Tiembla, Roberto Brasero. Nuestro cálculos superprecisos serán estos:

A) Para calcular la probabilidad de lluvia:

Presión	Humedad	Probabilidad de lluvia
Baja	Alta	Muy alta
Baja	Media	Alta
Baja	Baja	Media
Media	Media	Media
En cualquier otro caso		Baja

B) Para calcular la probabilidad de que haga sol:

Presión	Humedad	Probabilidad de que haga sol
Baja	Alta	Baja
Baja	Media	Media
Baja	Alta	Media

Media	Media	Media
En cualquier otro caso		Alta

C) Para calcular la probabilidad que haga frío:

Presión	Humedad	Probabilidad de que haga frío
Baja	Alta	Alta
Baja	Media	Alta
Media	Alta	Alta
Media	Media	Media
En cualquier otro caso		Baja

Ejercicio 3.32: Calculadora de edad (*)

Escribe un programa que pregunte al usuario su fecha de nacimiento y la fecha del día de hoy, y calcule la edad del usuario en años.

(No es tan fácil como parece)

Este programa se puede mejorar haciendo que calcule la edad en años, meses y días (¡incluso en horas, minutos y segundos!), pero es una labor por ahora solo apta para los/las más valientes.

Ejercicio 3.33: Contar días

Escribe un programa que calcule cuántos días han transcurrido desde el 1 de enero del año en curso hasta el día de hoy (incluido), y cuántos días faltan desde el día de mañana hasta el 31 de diciembre. Es necesario tener en cuenta la posibilidad de que el año sea bisiesto. Recuerda que ya hiciste una clase que determinaba si un año era o no bisiesto.

Ejercicio 3.34: TPV ultramegasimplificada

Escribe un programa que puedan utilizar en una tienda para calcular el descuento de los artículos. En esta tienda aplican un descuento del 15% en todos los artículos vendidos a los mayores de 65 años, y de un 10% a los menores de 25.

El programa debe preguntar, para hacer cada venta, el precio del artículo que se vende y la fecha de nacimiento del cliente. Entonces calculará la edad del mismo y, a partir de ella, determinará el descuento que se debe aplicar al artículo.

El proceso se repetirá hasta que se introduzca un precio de artículo negativo.

Para calcular la edad de los clientes puedes retuilizar la clase que escribiste en el ejercicio anterior (he aquí una de las ventajas de la OOP: el código se puede reutilizar fácilmente).

Ejercicio 3.35: Número a letra

Escribe un programa que lea un número de hasta 5 cifras por teclado y lo escriba en forma de letra. Por ejemplo, si se introduce el número 1980, la salida del programa debe ser "mil novecientos ochenta". Utiliza una función para cada posición del número (unidades, decenas, centenas, etc)

Diseña una batería de casos de prueba basada en clases de equivalencia, como se describe en el capítulo, y luego flipa al descubrir la cantidad de errores que tiene tu código.

Ejercicio 3.36: Atracción gravitatoria

La atracción gravitatoria de la Tierra imprime una aceleración a todos los cuerpos de 9,8 m/s2 (aproximadamente) a nivel del mar, como recordarás de tus clases de física (risas). Sin embargo, ese valor decrece con la altitud, de manera que, por ejemplo, en lo alto del Everest la aceleración gravitatoria es un poco menor (y, por lo tanto, los cuerpos pesan un poco menos)

La gravedad a una altura h puede calcularse según la expresión:

$$g = 9,8 \cdot \frac{R^2}{(R+h)^2}$$

...donde R es el radio de la Tierra (aproximadamente, 6.370.000 metros)

Escribe un programa que muestre por pantalla una tabla en la que aparezca la disminución de la gravedad con la altura en intervalos de 100 kilómetros, hasta alcanzar una altura especificada por el usuario. Por ejemplo, si la altura que introduce el usuario es 400 kilómetros, la salida del programa debe ser más o menos así:

Altitud (km)	Gravedad (m/s2)
------------	---------------
0	9,80
100	9,50
200	9,21
300	8,94
400	8,68

Ejercicio 3.37: Contar cifras

Escribe un programa que pida por teclado un número entero y determine cuántas de sus cifras son pares y cuántas impares. Por ejemplo, si el número tecleado es 78 532, la salida del programa debe ser:

Ese número tiene 3 cifras impares y 2 cifras pares

Ejercicio 3.38: Conjetura de Goldbach

La Conjetura de Goldbach, originada durante la correspondencia entre los matemáticos Christian Goldbach y Leonhard Euler en el siglo XVIII, afirma lo siguiente:

"Todo número par mayor que 4 puede escribirse como la suma de dos números primos impares no necesariamente distintos"

Por ejemplo, el número 20 puede escribirse como la suma de dos primos: 13 + 7. Otro ejemplo: el número 8 puede escribirse como 5 + 3. Y otro ejemplo más: el número 14 puede escribirse como 7 + 7

Este hecho es sólo una conjetura, es decir, no está demostrado que se cumpla para todos los números pares mayores que 4, aunque hasta ahora no se ha encontrado ninguno que no lo cumpla. Es uno de los problemas abiertos más antiguos de la historia de las matemáticas.

Escribe un programa que pida un número N por teclado (N debe ser par y mayor que 4) y compruebe si cumple la conjetura de Goldbach, mostrando los dos números primos que, sumados, dan N.

Ejercicio 3.39: Ruleta

Escribe un programa que permita jugar a la ruleta con el ordenador. Supondremos que la ruleta tiene 20 números rojos y 20 negros. El jugador, que tendrá una suma de dinero inicial, apostará una cantidad (siempre menor que el dinero que le quede) a un número y un color. La ruleta, que puedes simular con el método Math.random(), la manejará el ordenador y comunicará al jugador el resultado. Si acierta, multiplicará por 10 el dinero apostado. Si falla, lo perderá. El proceso se repetirá hasta que el jugador decida abandonar el juego, o bien se quede sin dinero.

Abstenerse ludópatas.

Ejercicio 3.40: Dados

Escribe un programa para jugar a los dados con el ordenador. Las reglas del juego son las siguientes:

- El jugador humano dispondrá de una cantidad inicial de dinero que se introducirá por teclado.

- El jugador apostará una cantidad de dinero (siempre igual o menor del que le queda)

- Después, se tirarán tres dados (lo cual se puede simular con el método Math.random())

- Si en los tres dados sale la misma cantidad, el dinero apostado por el jugador: a) se multiplica por 5 si en los dados ha salido un 6; b) se multiplica por 3 si sale cualquier otra cantidad; c) si solo en dos dados de los tres sale la misma cantidad, el dinero apostado se multiplica por 2

- En cualquier otro caso, el dinero apostado se pierde

- El proceso se repite hasta que el jugador se queda sin dinero o hasta que decide dejar de jugar.

Ejercicio 3.41: Juego de memoria

Reglas del juego:

El juego comenzará preguntando el nivel de dificultad, que puede ser fácil, medio o difícil.

El ordenador elegirá al azar una serie de números. La serie consistirá al principio en un solo número. Luego serán dos números, luego tres, luego cuatro... y así hasta diez. Los números de la serie solo pueden ser tres: 1, 2 y 3.

El ordenador mostrará su serie de números durante un tiempo en la pantalla. Ese tiempo será tanto menor cuanto más alto sea el nivel de dificultad.

Después, la serie se borrará y el jugador debe demostrar su memoria y sus reflejos repitiéndola. Más tarde esto no te hará ninguna gracia, cuando tengas que ponerte a averiguar como se hace eso de borrar la consola. Qué fácil es decirlo.

Si el jugador acierta en todos los números de la serie, el ordenador pasará a su siguiente serie (que tendrá un número más). Si el jugador falla, el juego termina.

Si el jugador es capaz de repetir con éxito todas las series (desde la que solo tiene un número hasta la que tiene 10), el jugador gana.

Ejercicio 3.42: Las Tres en Raya

Vamos a hacer una versión del popular juego de las Tres en Raya para jugar contra el ordenador. No será un juego con inteligencia artificial como el de la WOPR (si no sabes qué es la WOPR, bueno, ¿para qué sirve wikipedia?), pero te permitirá pasar un buen rato programando, que es de lo que se trata.

El juego se desarrolla en un tablero de 3 x 3 casillas en el que los jugadores van disponiendo sus fichas tratando de formar una línea vertical, horizontal o diagonal.

Las fichas del jugador humano tendrán forma de círculos (O), y las del ordenador, forma de aspa (X)

Al principio, el tablero está en blanco. Comenzará jugando uno de los dos jugadores, elegido aleatoriamente. El jugador que comienza colocará una ficha en el tablero. Después, será el turno del otro jugador. El proceso se repite hasta que uno de los dos consigue colocar tres fichas formando una línea, o hasta que ya no es posible colocar más fichas (situación de "tablas")

Ejercicio 3.43: Tragaperras

Vamos a escribir ahora un programa que simule el funcionamiento de una máquina tragaperras. No es que yo tenga ningún problema con los juegos de azar, ¿eh?, es solo que son simples y adecuados para simular con un ordenador en el momento en el que nos encontramos. Además, puedo dejarlos cuando quiera.

El programa debe tener el siguiente comportamiento:

a) Preguntará al usuario con cuánto dinero inicial desea jugar (en euros). Esta cantidad no puede ser menor que 1 euro ni mayor que 50.

b) Cada jugada costará 0,50 euros, que se descontarán automáticamente del saldo que el jugador tenga en cada momento.

c) Cada jugada consiste en una combinación de tres frutas elegidas al azar entre estas seis: Manzana, Naranja, Fresa, Cereza, Limón, Sandía.

d) El jugador no gana nada si las tres frutas que salen son distintas.

e) En cambio, si varias frutas coinciden, el jugador gana un premio, que pasa a incrementar su saldo. El premio será:

- Si dos frutas cualesquiera son iguales: dos cerezas, 3 euros; dos sandías, 2 euros; cualquier otra fruta, 1 euro.

- Si las tres frutas son iguales: tres cerezas, 30 euros; tres sandías, 20 euros; tres fresas, 10 euros; cualquier otra fruta, 5 euros.

f) Después de cada jugada, la máquina comunicará al jugador la combinación que ha salido y le dirá si ha ganado algún premio.

g) Después de eso, la máquina le dirá al jugador cuál es su saldo actual y le preguntará si desea seguir jugando. Si el jugador se queda sin dinero, el juego terminará automáticamente sin preguntar nada.

Este es un ejemplo de ejecución del programa:

```
*** BIENVENIDO AL JUEGO DE LA TRAGAPERRAS ***
¿Con cuánto dinero desea empezar (de 1 a 50 euros) ? 60
Cantidad incorrecta
¿Con cuánto dinero desea empezar (de 1 a 50 euros) ? 20
COMIENZA EL JUEGO...
La combinación de esta jugada es: NARANJA - CEREZA - SANDÍA
```

```
Lo siento, no ha obtenido ningún premio
Su saldo actual es de 19,5 euros.
¿Desea jugar otra vez (S/N) ? S
La combinación de esta jugada es: SANDÍA - SANDÍA - LIMÓN
¡Enhorabuena! Ha ganado 20 euros.
Su saldo actual es de 39,5 euros.
¿Desea jugar otra vez (S/N) ? N
¡Hasta la próxima!
```

Ejercicio 3.44: Juego de Nim (simplificado)

El Nim es un juego clásico de estrategia que se supone originario de Oriente. Sus reglas, en nuestra versión ligeramente modificada, son las siguientes:

a) Se tienen tres montones de palillos, cada uno de los cuales contiene, al principio del juego, entre 3 y 6 palillos. El número inicial de palillos en cada montón lo determinará el ordenador al azar y puede variar de una partida a otra, pero siempre habrá un mínimo de 3 y un máximo de 6.

b) El jugador humano elige un montón y quita de él 1 ó 2 palillos.

c) Después, el ordenador hace lo mismo: elige un montón y quita 1 ó 2 palillos.

d) Los pasos b) y c) se repiten hasta que sólo queda un palillo en total. El jugador que deba retirar ese último palillo, pierde.

Para que quede más claro, mostramos un ejemplo de funcionamiento del programa. Las líneas precedidas de ">" se supone que son introducidas por el usuario. El resto son la salida producida por el programa. Asegúrate de entender bien lo que tiene que hacer el programa antes de empezar a pensar en cómo vas a programarlo.

```
Bienvenido al Juego de Nim.

El contenido actual de los montones es:
Montón 1: 5 palillos
Montón 2: 3 palillos
Montón 3: 4 palillos

¿De qué montón quieres quitar palillos (1, 2 ó 3) ?
> 1
¿Cuántos palillos quieres quitar del montón 1 ?
> 2

Es mi turno...
Elijo el montón 2
```

```
Quito 2 palillos

El contenido de los montones es:
Montón 1: 3 palillos
Montón 2: 1 palillo
Montón 3: 4 palillos

¿De qué montón quieres quitar palillos (1, 2 ó 3) ?
> 1
¿Cuántos palillos quieres quitar del montón 1 ?
> 3
Error: el número de palillos que puedes quitar es 1 ó 2
¿Cuántos palillos quieres quitar del montón 1?
> 2

Es mi turno...
Elijo el montón 2
Quito 1 palillo

El contenido de los montones es:
Montón 1: 1 palillo
Montón 2: 0 palillos
Montón 3: 4 palillos

¿De qué montón quieres quitar palillos (1, 2 ó 3) ?
> 2
Error: ese montón ya no tiene palillos
¿De qué montón quieres quitar palillos (1, 2 ó 3) ?
> 1
¿Cuántos palillos quieres quitar del montón 1 ?
> 2
Error: en ese montón sólo queda 1 palillo
¿Cuántos palillos quieres quitar del montón 1?
> 1

Es mi turno...
...etc...
```

Este es, con diferencia, el programa más complejo que hemos creado hasta ahora, así que te vamos a dar algunas pistas de cómo podrías estructurarlo. Pero, ¡ojo!, solo son sugerencias. Puedes hacerlo de otro modo si lo prefieres.

Seguramente sea buena idea disponer de estos métodos:

- Método crearMontones(): se encarga de crear los 3 montones, asignándole a cada uno de ellos una cantidad aleatoria de palillos (entre 3 y 6).

- Método elegirMontón(): dependiendo del parámetro "turno", se encargará de pedir al usuario que elija un montón, o bien de lograr que el ordenador elija un motón al azar. Después, llama al método comprobarMontón() para ver si el montón elegido es correcto. Si es así, devuelve el montón elegido. Si no, mostrará un mensaje de error ("Error: ese montón ya no tiene palillos") y volverá a pedir que se elija un montón.

- Método comprobaMontón(): mira si el motón elegido tiene algún palillo; si es así, devuelve correcto = verdadero; si no, devuelve correcto = falso

- Método elegirPalillos(): dependiendo del valor de "turno", le pide al usuario que elija el número de palillos que quiere retirar, o bien hace que el ordenador lo elija al azar. Ese número debe ser 1 ó 2. Luego llama a comprobarPalillos(), que decide si el número de palillos elegido es correcto. Si es así, se devuelve el número de palillos elegidos. Si no, se muestra un mensaje de error ("Error: ese montón no tiene tantos palillos") y se vuelve a pedir que se introduzca un número de palillos.

- Método comprobarPalillos(): si el número de palillos elegido es igual o menor que los que quedán en el montón, devuelve correcto = verdadero; si no, devuelve correcto = falso.

- Método comprobarFinJuego(): mira si, entre todos los montones, sólo queda por retirar un palillo. Si es así, el juego debe acabar y el ganador es el jugador que posee el turno actualmente.

Además, necesitarás un método que se encargue, como es lógico, de invocar a todos los demás en el orden adecuado, de restar de cada montón los palillos que se hayan retirado, y de controlar cuándo debe finalizar el juego.

Te lo mostramos en un diagrama:

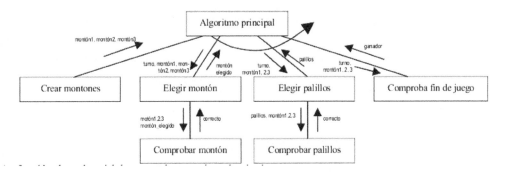

Escribe primero los métodos de más bajo nivel (comprobar_montón y comprobar_palillos). Luego continúa por los de nivel superior y, por último, escribe el algoritmo principal.

11 Ejercicios resueltos

Vamos a presentar a continuación algunas posibles soluciones para muchos de los ejercicios propuestos en este capítulo. Ten en cuenta que son solo eso: posibles soluciones. Puede ser que tú hayas encontrado otras igualmente válidas, y esto es tanto más probable cuanto más complejo sea el problema.

Como en los capítulos anteriores, nuestra recomendación es que primero intentes resolver tú los ejercicios (no es necesario que los hagas todos: basta con que intentes los que más atractivos te resulten), y que solo después de haberlo intentado, tanto si lo has conseguido como si no, acudas a consultar la solución para compararla con tu propuesta.

Si te resulta más cómodo tener el código fuente en archivos de texto individuales, puedes descargar todos los ejercicios resueltos de:

http://ensegundapersona.es/programar-en-java

Una última aclaración importante: en muchos ejercicios encontrarás más de una clase en el código fuente. Recuerda que, en Java, eso significa que cada clase

debe de guardarse en un archivo diferente con extensión .java y cuyo nombre sea
el mismo que el de la clase, y que la aplicación debe empezar a ejecutarse por la
clase que contenga el método main(). Daremos por supuesto, a partir de ahora,
que ya conoces este detalle de memoria y no lo mencionaremos más.

Ejercicio 3.1: Positivo y negativo

```java
public class PositivoNegativo {

    public static void main(String[] args) {
        int n;
        System.out.print("Escriba un número entero: ");
        n = Integer.parseInt(System.console().readLine());

        if (n > 0) {
            System.out.println("El número " + n + " es POSITIVO");
        }
        if (n < 0) {
            System.out.println("El número " + n + " es NEGATIVO");
        } else {
            System.out.println("El número " + n + " es CERO");
        }
    }
}
```

```java
class PositivoNegativoPrueba {

    public static void main(String[] args) {
        PositivoNegativo posneg = new PositivoNegativo();
        int n = posneg.leerPorTeclado();
        posneg.comprobarNumero(n);
    }
}
```

Ejercicio 3.2: Raíz cuadrada

```java
public class RaizCuadrada {

    public double calcularRaizCuadrada(double n) {
        if (n >= 0) {
            return Math.sqrt(n);
        } else {
            return -1;
        }
    }
}
```

```
}
```

```
public class RaizCuadradaPrueba {

    public static void main(String[] args) {
        RaizCuadrada rc = new RaizCuadrada();
        System.out.println("Introduzca un número:");
        double n = Double.parseDouble(System.console().readLine());
        double raiz = rc.calcularRaizCuadrada(n);
        System.out.println("La raiz de " + n + " es " + raiz);
    }

}
```

Ejercicio 3.3: Resta

```
public class Resta {

    // Calcula la resta a y b
    // (verifica antes cual es el menor para hacer a-b o b-a)
    public int calcularResta(int a, int b) {
        int resta = 0;
        if (a > b) {
            resta = a - b;
        } else {
            resta = b - a;
        }
        return resta;
    }

}
```

```
class RestaPrueba {

    public static void main(String[] args) {
        int n1, n2;
        System.out.println("Escriba dos números enteros: ");
        n1 = Integer.parseInt(System.console().readLine());
        n2 = Integer.parseInt(System.console().readLine());

        Resta resta = new Resta();
        int r = resta.calcularResta(n1, n2);
        System.out.println("El resultado es: " + r);
    }

}
```

Ejercicio 3.4: Año bisiesto

```java
public class Bisiesto {

    // Devuelve true si el año a es bisiesto
    // VERSION 1
    public boolean esBisiesto(int a) {

        boolean bisiesto = false;

        if (a % 4 == 0) {
            bisiesto = true;
        }
        if (a % 100 == 0) {
            bisiesto = false;
        }
        if (a % 400 == 0) {
            bisiesto = true;
        }

        return bisiesto;
    }

    // Devuelve true si el año a es bisiesto
    // VERSION 2
    public boolean esBisiesto(int a) {

        boolean bisiesto = false;

        if (a % 400 == 0) {
            if (a % 100 == 0) {
                bisiesto = false;
            } else {
                bisiesto = true;
            }
        } else {
            if (a % 4 == 0) {
                bisiesto = true;
            } else {
                bisiesto = false;
            }
        }

        return bisiesto;
    }

    // Devuelve true si el año a es bisiesto
    // VERSION 3 (compacta)
    public boolean esBisiesto(int a) {
```

```
        boolean bisiesto = (((a % 400 == 0) || (a % 100 != 0)) && (a % 4 ==
0));
        return bisiesto;
    }

}
```

```
class BisiestoPrueba {

    public static void main(String[] args) {
        int n;
        System.out.print("Escriba un año: ");
        n = Integer.parseInt(System.console().readLine());

        Bisiesto bis = new Bisiesto();
        if (bis.esBisiesto(n)) {
            System.out.println("El año " + n + " SI es bisiesto");
        } else {
            System.out.println("El año " + n + " NO es bisiesto");
        }
    }

}
```

Ejercicio 3.5: Parte decimal

```
public class ParteDecimal {

    private double numero;

    public void setNumero(double n) {
        numero = n;
    }

    public double getNumero() {
        return numero;
    }

    // Devuelve true si el numero tiene parte decimal
    public boolean tieneDecimales() {

        boolean decimales;

        if (numero == Math.Round(numero)) {
            decimales = false;
        } else {
            decimales = true;
```

```
        }

        return decimales;
    }
}
```

```
class ParteDecimalPrueba {

    public static void main(String[] args) {
        int n;

        System.out.print("Escriba un numero: ");
        n = Integer.parseInt(System.console().readLine());

        ParteDecimal pd = new ParteDecimal();
        pd.setNumero(n);
        if (pd.tieneDecimales()) {
            System.out.println("El numero " + pd.getNumero()
                    + " tiene decimales");
        } else {
            System.out.println("El numero " + pd.getNumero()
                    + " NO tiene decimales");
        }
    }
}
```

Ejercicio 3.6: Números ordenados

```
class NumerosOrdenados {

    private int x, y, z;

    // Constructor sin parámetros. Asigna valor 0 a x, y, z
    NumerosOrdenados() {
        x = 0;
        y = 0;
        z = 0;
    }

    // Constructor parametrizado para establecer valor de x, y, z
    NumerosOrdenados(int a, int b, int c) {
        x = a;
        y = b;
        z = c;
    }

    // Asigna valores a los tres números
    public void setNumeros(int a, int b, int c) {
```

```
        x = a;
        y = b;
        z = c;
    }

    // Devuelve true si los números están ordenados
    // de menor a mayor, false en otro caso.
    boolean estanOrdenados() {
        boolean result;
        if ((x < y) && (y < z)) {
            result = true;
        } else {
            result = false;
        }
        return result;
    }

    // Devuelve true si los números son consecutivos,
    // false en otro caso
    boolean sonConsecutivos() {
        boolean result;
        if ((x == (y - 1)) && (y == (z - 1))) {
            result = true;
        } else {
            result = false;
        }
        return result;
    }

}
```

```
class NumerosOrdenadosPrueba {

    public static void main(String[] args) {
        int a, b, c;

        System.out.println("Por favor, introduzca tres números:");

        System.out.print("  Primer número: ");
        a = Integer.parseInt(System.console().readLine());

        System.out.print("  Segundo número: ");
        b = Integer.parseInt(System.console().readLine());

        System.out.print("  Tercer número: ");
        c = Integer.parseInt(System.console().readLine());

        NumerosOrdenados num = new NumerosOrdenados(a, b, c);
```

```
        if (num.estanOrdenados()) {
            System.out.println("Los números están ordenados");
        } else {
            System.out.println("Los números NO están ordenados");
        }

        if (num.sonConsecutivos()) {
            System.out.println("Los números son consecutivos");
        } else {
            System.out.println("Los números NO son consecutivos");
        }
    }
}
```

Ejercicio 3.7: Contar cifras

```
public class CuentaCifras {

    // SOLUCIÓN 1:
    // Encadenamiento de ifs
    public int calculaNumCifras(int n) {

        int numCifras = 0;

        n = (int) (Math.abs(n));

        if (n >= 0 && n <= 9) {
            numCifras = 1;
        }
        if (n >= 10 && n <= 99) {
            numCifras = 2;
        }
        if (n >= 100 && n <= 999) {
            numCifras = 3;
        }
        if (n >= 1000 && n <= 9999) {
            numCifras = 4;
        }
        if (n >= 10000 && n <= 99999) {
            numCifras = 5;
        }

        return numCifras;
    }

    // SOLUCIÓN 2:
    // Divisiones sucesivas
    public int calculaNumCifras(int n) {
```

```
        int numCifras = 1;

        if (numero / 10 != 0) {
            numCifras = 2;
        }
        if (numero / 100 != 0) {
            numCifras = 3;
        }
        if (numero / 1000 != 0) {
            numCifras = 4;
        }
        if (numero / 10000 != 0) {
            numCifras = 5;
        }

        return numCifras;
    }

    // SOLUCIÓN 3:
    // Bucle para divisiones sucesivas entre 10
    public int calculaNumCifras(int n) {

        int numCifras = 0;

        do {
            n = n / 10;
            numCifras++;
        } while (n != 0);

        return numCifras;
    }

    // SOLUCIÓN 4:
    // Convertir el número a String
    public int calculaNumCifras(int n) {
        String str = new String((int) (Math.abs(n)));
        return str.length();
    }
}


class CuentaCifrasPrueba {

    public static void main(String[] args) {
        int n;

        System.out.print("Escriba un numero (0-99999): ");
        n = Integer.parseInt(System.console().readLine());

        CuentaCifras cf = new CuentaCifras();
```

```
        System.out.println("El número " + n + " tiene "
                + cf.calculaNumCifras(n) + " cifras");
    }
}
```

Ejercicio 3.8: Mayor, menor, mediano

```
class MayorMenorMediano {

    private int x, y, z;

    // Constructor sin parámetros. Asigna valor 0 a x, y, z
    MayorMenorMediano() {
        x = 0;
        y = 0;
        z = 0;
    }

    // Constructor parametrizado para establecer valor de x, y, z
    MayorMenorMediano(int a, int b, int c) {
        x = a;
        y = b;
        z = c;
    }

    // Asigna valores a los tres números
    public void setNumeros(int a, int b, int c) {
        x = a;
        y = b;
        z = c;
    }

    // Devuelve el menor de los tres números
    public int getMenor() {
        int menor = 0;
        if ((x <= y) && (x <= z)) {
            menor = x;
        }
        if ((y <= x) && (y <= z)) {
            menor = y;
        }
        if ((z <= x) && (z <= y)) {
            menor = z;
        }
        return menor;
    }

    // Devuelve el mediano de los tres números
    public void getMediano() {
```

```java
        int mediano = 0;

        if (((x >= y) && (x <= z)) || ((x >= z) && (x <= y))) {
            mediano = x;
        }
        else if (((y >= x)&&(y <= z)) || ((y >= z)&&(y <= x))) {
            mediano = y;
        }
        else if (((z >= x)&&(z <= y)) || ((z >= y)&&(z <= x))) {
            mediano = z;
        }

        return mediano;
    }

    // Devuelve el mayor de los tres números
    public int getMayor() {
        int mayor = 0;
        if ((x >= y) && (x >= z)) {
            mayor = x;
        }
        if ((y >= x) && (y >= z)) {
            mayor = y;
        }
        if ((z >= x) && (z >= y)) {
            mayor = z;
        }
        return mayor;
    }
}
```

```java
class MayorMenorMedianoPrueba {

    public static void main(String[] args) {
        int a, b, c;

        System.out.println("Por favor, introduzca tres números:");

        System.out.print("  Primer número: ");
        a = Integer.parseInt(System.console().readLine());

        System.out.print("  Segundo número: ");
        b = Integer.parseInt(System.console().readLine());

        System.out.print("  Tercer número: ");
        c = Integer.parseInt(System.console().readLine());

        MayorMenorMediano numeros =
                        new MayorMenorMediano(a, b, c);
```

```
        System.out.println("El menor es: " + numeros.getMenor());
        System.out.println("El mediano es:" +
                            numeros.getMediano());
        System.out.println("El mayor es: " + numeros.getMayor());
    }
}
```

Ejercicio 3.9: Pares

```java
public class Pares {

    // Lee un número por teclado y lo devuelve
    public static int leerNumero() {
        int n;
        System.out.print("Escriba un número entero: ");
        n = Integer.parseInt(System.console().readLine());
        return n;
    }

    // Muestra por la consola los números pares entre a y b
    public static void mostrarPares(int a, int b) {
        int i;

        // Determinamos si el número inicial es a o b
        if (a < b) {
            inicio = a;
            fin = b;
        }
        else {
          inicio = b;
          fin = a;
        }

        // Si el número inicial es impar, le sumamos 1
        // (así empezaremos por el par más cercano)
        if (inicio % 2 != 0) {
            inicio++;
        }

        // Por fin, recorremos los pares con un bucle
        i = inicio;
        while (i <= final) {
            System.out.println(i);
            i = i + 2;
        }
    }
}
```

```
class ParesPrueba {

    public static void main(String[] args) {
        Pares pares = new Pares();
        int n1 = pares.leerNumero();
        int n2 = pares.leerNumero();
        pares.mostrarPares(n1, n2);
    }
}
```

Ejercicio 3.10: Impares

```
public class Impares {

    // Lee un número por teclado y lo devuelve
    public int leerNumero() {
        int n;
        System.out.print("Escriba un número entero: ");
        n = Integer.parseInt(System.console().readLine());
        return n;
    }

    // Muestra por la consola los números impares entre a y b
    public void mostrarImpares(int a, int b) {
        int i;

        // Reutilizamos la clase MayorMenorMediano para averiguar
        // si el inicio es a o es b
        MayorMenorMediano mmm = new MayorMenorMediano(a, b, b);
        int inicio = getMenor(a, b);
        int fin = getMayor(a, b);

        // Si inicio es un par, le sumamos uno
        if (inicio % 2 == 0) {
            i = inicio + 1;
        } else {
            i = inicio;
        }

        // Mostramos los impares a partir de i
        while (i <= fin) {
            System.out.println(i);
            i = i + 2;
        }
    }

}
```

```
class ImparesPrueba {

    public static void main(String[] args) {
        Impares impares = new Impares();
        int n1 = impares.leerNumero();
        int n2 = impares.leerNumero();
        impares.mostrarImpares(n1, n2);
    }

}
```

Ejercicio 3.11: Pares y nones

```
public class ParesYNones {

    // Muestra por la consola los números pares o impares a y b
    public void mostrar(int a, int b, String paresOImpares) {

        if (paresOImpares.equals("pares")) {
            Pares p = new Pares();
            p.mostrarPares(a, b);
        }
        if (paresOImpares.equals("impares")) {
            Pares p = new Impares();
            p.mostrarImpares(a, b);
        }
    }
}
```

Ejercicio 3.12: Dibujando con asteriscos

```
/**
 * Dibuja patrones con asteriscos utilizando bucles
 * (comenzamos con los comentarios en formato javadoc)
 */
public class Asteriscos {

    /**
     * Dibuja con asteriscos un patrón con forma de triángulo
     *
     * @param offset Sangría izquierda del triángulo
     * @param altura Altura del triángulo (en líneas de texto)
     */
    public void dibujaTriangulo(int offset, int altura) {

        int numAsteriscos = 1;
        int numEspacios = offset + (altura - 1);
```

```
        for (int i = 1; i <= altura; i++) {
            escribeCaracteres(' ', numEspacios);
            escribeCaracteres('*', numAsteriscos);
            System.out.println();
            numEspacios--;
            numAsteriscos = numAsteriscos + 2;
        }
    }

    /**
     * Dibuja con asteriscos un triángulo invertido
     *
     * @param offset Sangría izquierda del triángulo
     * @param altura Altura del triángulo (en líneas de texto)
     */
    public void dibujaTrianguloInvertido(int offset, int altura) {

        int numEspacios = offset;
        int numAsteriscos = altura * 2 - 1;

        for (int i = 0; i < altura; i++) {
            escribeCaracteres(' ', numEspacios);
            escribeCaracteres('*', numAsteriscos);
            System.out.println();
            numEspacios++;
            numAsteriscos = numAsteriscos - 2;
        }
    }

    /**
     * Dibuja con asteriscos un patrón con forma de rectángulo
     *
     * @param offset Sangria izquieda del rectángulo
     * @param anchura Anchura del rectángulo (en líneas de texto)
     * @param altura Altura del rectángulo (en líneas de texto)
     */
    public void dibujaRectangulo(int off, int ancho, int alto) {
        for (int i = 0; i < alto; i++) {
            escribeCaracteres(' ', off);
            escribeCaracteres('*', ancho);
            System.out.println();
        }
    }

    /**
     * Dibuja con asteriscos un triángulo hueco
     *
     * @param offset Sangria izquierda del triángulo
     * @param altura Altura del triángulo (en líneas de texto)
     */
```

```java
public void dibujaTrianguloHueco(int offset, int altura) {

    int numEspacios = offset + altura;
    int numEspaciosInternos = 1;

    // Dibuja la punta superior
    escribeCaracteres(' ', numEspacios);
    System.out.println("*");
    numEspacios--;

    // Dibuja el resto del triángulo (menos la punta)
    for (int i = 0; i < altura; i++) {
        // Dibuja los espacios a la izquierda
        escribeCaracteres(' ', numEspacios);
        // Escribe el asterisco izquierdo
        System.out.print("*");
        // Dibuja los espacios interiores del rombo
        escribeCaracteres(' ', numEspaciosInternos);
        // Escribe el asterisco derecho y el salto de línea
        System.out.println("*");
        // Actualiza los contadores
        numEspacios--;
        numEspaciosInternos = numEspaciosInternos + 2;
    }
}

/**
 * Dibuja con asteriscos un triángulo hueco invertido
 *
 * @param offset Sangría izquierda del triángulo
 * @param altura Altura del triángulo (en líneas de texto)
 */
public void dibujaTrianguloHuecoInvertido
                                (int offset, int altura) {

    // Dibuja el triángulo (menos la punta)
    int numEspacios = offset;
    int numEspaciosInternos = altura * 2 - 1;

    for (int i = 0; i < altura; i++) {
        // Dibuja los espacios a la izquierda
        escribeCaracteres(' ', numEspacios);
        // Escribe el asterisco izquierdo
        System.out.print("*");
        // Dibuja los espacios interiores del rombo
        escribeCaracteres(' ', numEspaciosInternos);
        // Escribe el asterisco derecho y el salto de línea
        System.out.println("*");
        // Actualiza los contadores
        numEspacios = numEspacios + 1;
```

```
                numEspaciosInternos = numEspaciosInternos - 2;
        }

        // Dibuja la punta inferior
        escribeCaracteres(' ', numEspacios);
        System.out.println("*");
    }

    /**
     * Dibuja con asteriscos un patrón con forma de rombo relleno
     *
     * @param offset Desplazamiento izquierdo (sangría) del rombo
     * @param altura Altura del rombo (en líneas de texto)
     */
    public void dibujaRombo(int offset, int altura) {

        // Primero dibujamos el triángulo superior
        dibujaTriangulo(offset, altura / 2 + 1);

        // Y ahora dibujamos el triángulo inferior
        dibujaTrianguloInvertido(offset + 1, altura / 2);
    }

    /**
     * Dibuja con asteriscos un patrón con forma de rombo hueco
     *
     * @param offset Desplazamiento izquierdo (sangría) del rombo
     * @param altura Altura del rombo (en líneas de texto)
     */
    public void dibujaRomboHueco(int offset, int altura) {

        // Primero dibujamos el triángulo superior
        dibujaTrianguloHueco(offset, altura / 2 + 1);

        // Y ahora dibujamos el triángulo inferior
        dibujaTrianguloHuecoInvertido(offset + 1, altura / 2);
    }

    /**
     * Escribe un carácter repetido varias veces
     *
     * @param caracter El carácter que va a imprimirse
     * @param repeticiones El número de veces que el carácter debe imprimirse
     */
    public void escribeCaracteres(char caracter, int repetic) {
        for (int i = 0; i < repetic; i++) {
            System.out.print(caracter);
        }
    }
}
```

```
class AsteriscosPrueba {

    public static void main(String[] args) {
        Asteriscos a = new Asteriscos();

        // Este trozo de código dibuja los patrones
        /// pedidos en el ejercicio
        System.out.println("Un triángulo:");
        a.dibujaTriangulo(2, 5);

        System.out.println("\n\nUn rombo relleno:");
        a.dibujaTriangulo(2, 5);
        a.dibujaTrianguloInvertido(3, 4);

        System.out.println("\n\nOtro rombo relleno:");
        a.dibujaRombo(2, 10);

        System.out.println("\n\nUn rombo hueco:");
        a.dibujaTrianguloHueco(2, 5);
        a.dibujaTrianguloHuecoInvertido(3, 4);

        System.out.println("\n\nOtro rombo hueco:");
        a.dibujaRomboHueco(2, 10);

        System.out.println("\n\nUn árbol de Navidad:");
        a.dibujaTriangulo(5, 2);
        a.dibujaTriangulo(3, 4);
        a.dibujaTriangulo(0, 7);
        a.dibujaRectangulo(5, 3, 7);
        System.out.println("\n\n");

        // De regalo: el dibujo de una iglesia
        a.dibujaRectangulo(29,1,4);
        a.dibujaRectangulo(25,10,1);
        a.dibujaRectangulo(29,1,4);
        a.dibujaTriangulo(10,20);
        a.dibujaRectangulo(10,40,20);
    }

}
```

Ejercicio 3.13: Tabla de multiplicar

```
public class TablaMultiplicar {

    private int n;

    public void setNumero(int num) {
```

```
        n = num;
    }

    public int getNumero() {
        return n;
    }

    public void showTable() {
        for (int i = 1; i <= 10; i++) {
            System.out.println(n + " x " + i + " = " + n * i);
        }
    }
}
```

```
class TablaMultiplicarPrueba {

    public static void main(String[] args) {
        int n;
        System.out.print("Escriba un número entero: ");
        n = Integer.parseInt(System.console().readLine());

        TablaMultiplicar tabla = new TablaMultiplicar();
        tabla.setNumero(n);

        System.out.println("Tabla de multiplicar del número " +
                            tabla.getNumero());
        tabla.showTable();
    }
}
```

Ejercicio 3.14: Acumulador simple

```
public class AcumuladorSimple {

    public int calcularSuma() {
        int suma = 0;

        for (int i = 2; i <= 1000; i = i + 2) {
            suma = suma + i;
        }
        return suma;
    }
}
```

```
class AcumuladorSimplePrueba {

    public static void main(String[] args) {
```

```
        AcumuladorSimple acum = new AcumuladorSimple();
        int suma = acum.calcularSuma();
        System.out.println("La suma es: " + suma);
    }
}
```

Ejercicio 3.15: Acumulador interactivo

```java
public class AcumuladorInteractivo {

    int suma = 0;
    int numValores = 0;

    public void anadirNumero(int n) {
        suma = suma + n;
        numValores++;
    }

    public int getSuma() {
        return suma;
    }

    public double getMedia() {
        return (double) suma / numValores;
    }
}
```

```java
class AcumuladorInteractivoPrueba {

    public static void main(String[] args) {
        AcumuladorInteractivo acum = new AcumuladorInteractivo();
        int n;

        do {
            System.out.print("Introduzca un número");
            System.out.print(" (negativo para terminar): ");
            n = Integer.parseInt(System.console().readLine());
            if (n >= 0) {
                acum.anadirNumero(n);
            }
        } while (n >= 0);

        System.out.println("La suma es: " + acum.getSuma());
        System.out.println("La media es: " + acum.getMedia());
    }
}
```

Ejercicio 3.16: Estadística básica

```java
/* Nota: en este ejercicio se introducen los arrays, que no se
   estudian con detalle hasta el capítulo 4. Sin embargo, es
   buena idea que te vayas familiarizando con ellos.

   Para apreciar bien lo útiles que son los arrays sería una
   buena idea que, antes, intentes resolverlo con variables
   simples. No es imposible, pero se le acerca. */

import java.util.Arrays;

public class EstadisticaBasica {

    private int suma = 0;
    private int max = -999999;
    private int min = 999999;
    private int[] n;
    private int numValores = 0;

    public EstadisticaBasicaV2() {
        // Creamos un array de 10 números enteros
        n = new int[10];
    }

    public void addNumero(int num) {
        suma = suma + num;          // Calcula la suma (acumulador)
        if (num > max) {
            max = num; // Calcula el mínimo
        }
        if (num < min) {
            min = num; // Calcula el máximo
        }
        n[numValores] = num;    // Almacena el número en el array n
        numValores++;
    }

    public int getMaximo() {
        return max;
    }

    public int getMinimo() {
        return min;
    }

    public double getMedia() {
        return (double) suma / 10;
    }

    public double getDesviacion() {
```

```
        double desv, media;

        // Gracias que tenemos todos los valores almacenados
        // en el array n, podemos calcular
        // la desviación fácilmente.
        media = getMedia();
        desv = 0;

        for (i = 0; i < 10; i++) {
            desv = desv + Math.pow(n[i] - media, 2);
        }

        desv = desv / 10;
        desv = Math.sqrt(desv);

        return desv;
    }

    public double getMediana() {

        Arrays.sort(n);  // Ordena el array

        // Calculamos la mediana (la media entre
        // el quinto y el sexto números de la serie).
        // Gracias al array n es muy fácil:
        // basta con acceder a n[4] (quinto) y n[5] (sexto)
        return ((double) (n[4] + n[5])) / 2;
    }

}
```

```
class EstadisticaBasicaPrueba {

    public static void main(String[] args) {
        int n, i;
        EstadisticaBasica est = new EstadisticaBasica();

        System.out.println("Introduzca 10 números enteros: ");
        for (i = 1; i <= 10; i++) {
            System.out.print("Número " + i + ": ");
            n = Integer.parseInt(System.console().readLine());
            est.addNumero(n);
        }
        System.out.println("Máximo:   " + est.getMaximo());
        System.out.println("Mínimo:   " + est.getMinimo());
        System.out.println("Media:    " + est.getMedia());
        System.out.println("Mediana:  " + est.getMediana());
```

```
            System.out.println("Desviación: " + est.getDesviacion());
    }
}
```

Ejercicio 3.17: Notas de clase

```java
public class NotasClase {

    private int numSuspensos = 0;
    private int numAprobados = 0;

    public void addNota(int n) {
        if (n >= 5) {
            numAprobados++;
        } else {
            numSuspensos++;
        }
    }

    public int getNumSuspensos() {
        return numSuspensos;
    }

    public int getNumAprobados() {
        return numAprobados;
    }

}
```

```java
class NotasClasePrueba {

    public static void main(String[] args) {
        int i, n;
        NotasClase notas = new NotasClase();

        for (i = 1; i <= 4; i++) {
            System.out.println("Introduzca una calificación: ");
            do {
                n = Integer.parseInt(System.console().readLine());
                if ((n < 0) || (n > 10)) {
                    System.out.println("Solo números de 0 a 10!:");
                }
            } while ((n < 0) || (n > 10));
            notas.addNota(n);
        }
        System.out.println("Número de suspensos: " +
                            notas.getNumSuspensos());
        System.out.println("Número de aprobados: " +
```

```
                                         notas.getNumAprobados());
   }
}
```

Ejercicio 3.18: Factorial

```java
public class Factorial {

    public long calcularFactorial(long i) {

        long f = 0;

        if (i == 0) {  // El factorial de 0 es 1 (caso particular)
            f = 1;
        } else {        // Para el resto
            // Si es negativo, le quitamos el signo
            i = (long) Math.abs(i);
            f = i;
            while (i != 1) {
                i--;
                f = f * i;
            }
        }
        return f ;
    }
}
```

```java
public class FactorialPrueba {

    public static void main(String[] args) {

        Factorial f = new Factorial();
        System.out.println("Introduce un número:");
        long n = Long.parseLong(System.console().readLine());
        System.out.println(n + "! = " + f.calcularFactorial(n));
    }
}
```

Ejercicio 3.19: Sucesión de Fibonacci

```java
public class Fibonacci {

    int numElementos;

    Fibonacci(int n) {
        numElementos = n;
```

```
    }

    public long[] calcularFibonacci() {
        long a = 0;
        long b = 1;
        long[] sucesion = new long[numElementos];

        sucesion[0] = a;
        sucesion[1] = b;

        for (int i = 2; i < numElementos; i++) {
            sucesion[i] = a + b;
            a = b;
            b = sucesion[i];
        }
        return sucesion;
    }
}
```

```
public class FibonacciPrueba {

    public static void main(String[] args) {

        System.out.print("Introduzca un número: ");
        int num = Integer.parseInt(System.console().readLine());

        while (num <= 1) {
            System.out.println("¡Sólo números mayores que 1!");
            System.out.print("Inténtelo de nuevo: ");
            num = Integer.parseInt(System.console().readLine());
        }
        Fibonacci fib = new Fibonacci(num);

        long[] sucesion;
        sucesion = fib.calcularFibonacci();

        for (int i = 0; i < num; i++) {
            System.out.print(sucesion[i] + " ");
        }
        System.out.println();
    }
}
```

Ejercicio 3.20: Número de la suerte

```
public class NumeroSuerte {

    int suma;
```

```java
public NumeroSuerte(int d, int m, int a) {
    suma = d + m + a;
}

private int sumaCifras(int n) {
    int cifra = 0, acum = 0;

    do {
        cifra = n % 10;
        acum = acum + cifra;
        n = n / 10;
    } while ((n != 0));

    return n;
}

public int getNumeroSuerte() {

    int acum = sumaCifras(suma);

    if (acum > 10) {
        acum = sumaCifras(acum);
    }

    return acum;
}

}
```

```java
class NumeroSuertePrueba {

    public static void main(String[] args) {
        System.out.println("Introduce una fecha:");
        int d, m, a;
        System.out.println("Dia");
        d = Integer.parseInt(System.console().readLine());
        System.out.println("Mes");
        m = Integer.parseInt(System.console().readLine());
        System.out.println("Año");
        a = Integer.parseInt(System.console().readLine());
        NumeroSuerte nSuerte = new NumeroSuerte(d, m, a);
        System.out.print(nSuerte.getNumeroSuerte());
    }

}
```

Ejercicios 3.21, 3.22 y 3.23: Primo, Eratóstenes y Omirps

```java
public class Primos {

    // Devuelve true si el número n es primo
    // y false en caso contrario.
    public boolean esPrimo(int n) {
        boolean primo;
        int numDivisores;

        numDivisores = calculaNumDivisores(n);

        if (numDivisores > 2) {
            primo = false;
        } else {
            primo = true;
        }

        return primo;
    }

    // Devuelve true si el número n es omirp
    // y false en caso contrario
    public boolean esOmirp(int n) {

        int inverso = invertir(n);
        boolean omirp;

        if ((esPrimo(n)) && (esPrimo(inverso))) {
            omirp = true;
        } else {
            omirp = false;
        }

        return omirp;
        // NOTA: Podemos resumir todo el código anterior así:
        // return ((esPrimo(n)) && (esPrimo(inverso)));
    }

    // Devuelve los primeros n números primos
    // (criba de Eratóstenes).
    public int[] listaPrimos(int n) {

        int cont = 0; // Número de primos encontrados hasta ahora
        int i = 1;
        int[] primos = new int[n];

        while (cont < n) {
            if (esPrimo(i)) {
                primos[cont] = i;
```

```
                cont++;
            }
            i++;
        }
        return primos;

    }

    // Devuelve los primeros n números omirps
    public int[] listaOmirps(int n) {

        int cont = 0; // Número de omirps encontrados hasta ahora
        int i = 1;
        int[] omirps = new int[n];

        while (cont < n) {
            if (esOmirp(i)) {
                omirps[cont] = i;
                cont++;
            }
            i++;
        }
        return omirps;

    }

    // Invierte el número n (p. ej., si n = 18, devuelve 81)
    private int invertir(int n) {

        int numDigitos = contarDigitos(n);
        int[] digitos = new int[numDigitos];
        int inv = 0;

        // Creamos un array de enteros que contiene
        // los dígitos de n.
        for (int i = 0; i < numDigitos; i++) {
            digitos[i] = (n / (int) Math.pow(10, i)) % 10;
        }

        // Construimos el número invertido a partir del array
        for (int i = 0; i < numDigitos; i++) {
            inv = inv + digitos[i] * (int) Math.pow(10, (numDigitos - i - 1));
        }

        return inv;

        /* Código alternativo: También se puede resolverse así,
           mediante conversión del número a String:
         en String, así:
         String str = String(n);
```

```java
            String inverso = str.reverse();
            int nInvertido = Integer.parseInt(inverso);
            return nInvertido;
            */
    }


    // Devuelve el número de digitos del número n
    // (p. ej. si n = 378, devuelve 3)
    private int contarDigitos(int n) {
        int cont = 0;
        while (n >= 1) {
            cont++;
            n = n / 10;
        }
        return cont;
    }


    // Devuelve el número de divisores de un número entero
    private int calculaNumDivisores(int n) {

        int numDivisores = 0;

        n = (int) Math.abs(n);
        for (int i = 1; i <= n; i++) {
            if (n % i == 0) {
                numDivisores++;
            }
        }
        return numDivisores;
    }
}
```

```java
class PrimosPrueba {

    public static void main(String[] args) {

        Primos p = new Primos();

        System.out.println("NÚMEROS PRIMOS");
        System.out.println("Introduce un número entero: ");
        int n = Integer.parseInt(System.console().readLine());

        // Este código para prueba la lista de omirps
        int[] omirps = p.listaOmirps(n);

        for (int i = 0; i < n; i++) {
            System.out.println(omirps[i]);
```

```
    }

    // Este código prueba el método esOmirp()
    if (p.esOmirp(n))
        System.out.println("El número " + n + " es omirp");
    else
        System.out.println("El número " + n + " no es omirp");


    // Este código prueba la lista de primos
    int[] primos = p.listaPrimos(n);

    for (int i = 0; i < n; i++) {
        System.out.println(primos[i]);
    }

    // Este código prueba el método esPrimo()
    if (p.esPrimo(n))
        System.out.println("El número " + n + " es primo");
     else
        System.out.println("El número " + n + " no es primo");
    }

}
```

Ejercicio 3.24: Lotería primitiva

```java
public class LoteriaPrimitiva {

    // Solución 1: genera una combinación apoyándose
    // en el método auxiliar esta(), que decide si un número
    // ya está en la combinación generada hasta ahora.
    public static int[] generaCombinacion() {
        int[] combinacion = new int[6];
        int i, j;

        // Inicializamos el array a 0
        for (i = 0; i < 6; i++) {
            combinacion[i] = 0;
        }

        // Generamos la combinación
        for (i = 0; i < 6; i++) {
            // Sacamos un número al azar hasta que demos con uno
            // que no esté ya en la combinacion
            do {
                num = (Math.random() * 49) + 1;
            } while (esta(num, combinacion));
            combinacion[i] = num;
```

```
        }

        return combinacion;
    }

    // Devuelve true si el número num está en el array comb
    private static boolean esta(int num, int[] comb) {
        boolean encontrado = false;

        for (int i = 0; i < 6; i++) {
            if (num == comb[i]) {
                encontrado = true;
            }
        }

        return encontrado;
    }

    // SOLUCIÓN ALTERNATIVA
    // Este es otro generador de combinaciones de primitiva.
    // No utiliza ningún otro método, sino que se encarga de todo:
    // de generar los números aleatorios (bucle i)
    // y de comprobar que no estén repetidos (bucle j).
    public int[] generaCombinacion() {
        int[] v = new int[6];
        int i = 0;
        while (i < 6) {
            int n = ((int) (Math.random() * 49) + 1);
            j = 0;
            while (j < i) {
                if (n == v[j]) {
                    n = ((int) (Math.random() * 49) + 1);
                    j = 0;
                } else {
                    j++;
                }
            }
            v[i] = n;
            i++;
        }
        return v;
    }

}


class LoteriaPrimitivaPrueba {

    public static void main(String[] args) {
```

```
        LoteriaPrimitiva loto = new LoteriaPrimitiva();
        int[] combinacion = new int[];

        combinacion = loto.generaCombinacion();

        System.out.println("Combinación aleatoria para la lotería
primitiva:");
        for (i = 1; i < 6; i++) {
            System.out.println(combinacion[i]);
        }
    }
}
```

Ejercicio 3.26: Calculadora

```
class Calculadora {

    public static double suma(double n1, double n2) {
        double r = n1 + n2;
        return r;
    }

    public static double resta(double n1, double n2) {
        double r = n1 - n2;
        return r;
    }

    public static double divide(double n1, double n2) {
        double r = 0;
        if (n2 == 0) {
            System.out.println("Error de división por cero");
        } else {
            r = n1 / n2;
        }
        return r;
    }

    public static double multiplica(double n1, double n2) {
        double r = n1 * n2;
        return r;
    }

}
```

Ejercicio 3.27: Juego del número secreto

```
class NumSecreto {

    private int num;
```

```
// Elige el número secreto al azar entre 1 y 100
public void eligeNumSecreto() {
    num = (int) ((Math.random() * 100) + 1);
}


// Compara un número n con el número secreto
// Devuelve -1 si n es menor que el número secreto
// Devuelve +1 si n es mayor
// Devuelve 0 si son iguales
public int comparaNum(int n) {
    int resultado;
    if (n < num) {
        resultado = -1;
    } else if (n > num) {
        resultado = 1;
    } else {
        resultado = 0;
    }

    return resultado;
}

}
```

```
class NumSecretoJuego {

    public static void main(String[] args) {
        System.out.println("Bienvenid@ al juego!");
        System.out.println("Trata de adivinar mi número (entre 1 y 100)");

        NumSecreto secreto = new NumSecreto();
        int n = 0;
        int intentos = 1;

        secreto.eligeNumSecreto();

        n = Integer.parseInt(System.console().readLine());

        do {
            n = Integer.parseInt(System.console().readLine());
            intentos++;
            if (secreto.comparaNum(n) == -1) {
                System.out.println("Mi número es MAYOR");
            }
            if (secreto.comparaNum(n) == 1) {
                System.out.println("Mi número es MENOR");
            }
        } while (secreto.comparaNum(n) != 0);
```

```
        System.out.println("Enhorabuena, ¡HAS ACERTADO!");
        System.out.println("Has necesitado " + intentos + " intentos");
    }
}
```

Ejercicio 3.28: Nóminas.

```java
class Nominas {

    double numHorasSemanales = 0;
    double salarioHora = 0;

    public Nominas(double numHoras, double salario) {
        numHorasSemanales = numHoras;
        salarioHora = salario;
    }

    public double salarioSemanal() {
        double salarioSemanal;

        if (numHorasSemanales > 45) {
            salarioSemanal = (40 * salarioHora) +
                             (5 * salarioHora * 1.5) +
                             ((numHorasSemanales - 45) *
                                 salarioHora * 2);
        } else if (numHorasSemanales > 40) {
            salarioSemanal = (40 * salarioHora) +
                             ((numHorasSemanales - 40) *
                                 salarioHora * 1.5);
        } else {
            salarioSemanal = numHorasSemanales * salarioHora;
        }

        return salarioSemanal;
    }

    public double salarioBrutoMensual() {
        return salarioSemanal() * 4;
    }

    public double salarioNetoMensual() {
        return salarioBrutoMensual() - descuentos();
    }

    public double descuentos() {
        double descuentos;

        if (salarioBrutoMensual() <= 1000) {
            descuentos = salarioBrutoMensual() * 0.1;
```

```
            } else {
                descuentos = salarioBrutoMensual() * 0.15;
            }

            return descuentos;
        }
}
```

```
class NominasPrueba {

    public static void main(String[] args) {

        double numH, sal;

        System.out.println("Introduzca nº horas trabajadas:");
        numH = Double.parseDouble(System.console().readLine());
        System.out.println("Introduzca salario por hora:");
        sal = Double.parseDouble(System.console().readLine());

        Nominas nominas = new Nominas(numH, sal);

        System.out.println("Salario bruto semanal:    " +
                            nominas.salarioSemanal());
        System.out.println("Salario bruto mensual:    " +
                            nominas.salarioBrutoMensual());
        System.out.println("Descuentos por impuestos: " +
                            nominas.descuentos());
        System.out.println("Salario neto mensual:     " +
                            nominas.salarioNetoMensual());
    }
}
```

Ejercicio 3.30: Máquina expendedora

```
class MaquinaExpendedora {

    public int[] calcularMonedasDevueltas(double cantidad) {

        int[] devolucion = new int[10];
        double[] valores = {0.01, 0.02, 0.05, 0.1, 0.2, 0.5,
                            1, 2, 5, 10};
        int i = 9;

        for (i = 9; i >= 0; i--) {
            devolucion[i] = (int) (cantidad / valores[i]);
            cantidad = cantidad - (devolucion[i] * valores[i]);
            i--;
        }
```

```
        return devolucion;

    }
}
```

```
class MaquinaExpendedoraPrueba {

    public static void main(String[] args) {
        MaquinaExpendedora m = new MaquinaExpendedora();
        int[] devolucion = m.calcularMonedasDevueltas(14.45);

        for (int i = 9; i >= 0; i--) {
            System.out.println(devolucion[i]);
        }

    }
}
```

Ejercicio 3.32: Calculadora de edad

```
public class CalculadoraEdad {

    int contadord = 0;
    int hora = 0;
    int conta = 0;

    // Devuelve la edad en años de una persona
    public int ano(int anoNac, int anoAct, int mesNac, int mesAct, int diaNac,
int diaAct) {
        int edadAnos = anoAct - anoNac;
        if (mesNac > mesAct) {
            edadAnos--;
        }
        if ((mesNac == mesAct) && (diaNac > diaAct)) {
            edadAnos--;
        }
        return edadAnos;
    }

    // Devuelve la edad en meses de una persona
    public int mes(int anoNac, int anoAct, int mesNac,
                   int mesAct, int diaNac, int diaAct) {
        int edadAnos = ano(anoNac, anoAct, mesNac,
                           mesAct, diaNac, diaAct);
        int edadMeses = edadAnos * 12;
        int meses = 0;
```

```
    // Calculamos el números de meses transcurrido desde
    // el último cumpleaños.

    if (mesNac < mesAct) {
        // El cumpleaños ya ha ocurrido en el año actual
        meses = mesAct - mesNac;
    }
    if (mesNac > mesAct) {
        // Aún no ha cumplido los años en el año actual
        meses = (12 - mesNac) + mesAct;
    }

    // Ajustamos el pico de meses mirando si ya
    // ha llegado el "cumplemeses" o no.
    if (diaNac > diaAct) {
        // Aún no ha llegado el "cumplemeses",
        // así que quitamos un mes
        meses--;
    }
    edadMeses = edadMeses + meses;
    return edadMeses;
}

// Devuelve la edad en días de una persona
public int dia(int anoNac, int anoAct, int mesNac,
               int mesAct, int diaNac, int diaAct) {

    int[] mesr = {0, 31, 28, 31, 30, 31, 30, 31, 31, 30, 31, 30, 31};
    int quitar = 0;
    int edadDias = 0;

    for (int i = anoNac; i <= anoAct; i++) {
        if (esBisiesto(i) == true) {
            edadDias = edadDias + 366;
        }
        if (esBisiesto(i) == false) {
            edadDias = edadDias + 365;
        }
    }

    // Para saber los dias del año en el que naciste
    for (int i = 1; i < mesNac; i++) {
        quitar = quitar + mesr[i];
        if (esBisiesto(anoNac) && (i == 2)) {
            quitar++;
        }
    }
    quitar = quitar + diaNac;

    // Para saber los dias del año actual
```

```
        for (int i = 12; i > mesAct; i--) {
            quitar = quitar + mesr[i];
            if (esBisiesto(anoAct) && (i == 2)) {
                quitar++;
            }
        }
        quitar = quitar + (mesr[mesAct] - diaAct);

        edadDias = edadDias - quitar;
        return edadDias;
    }


    // Devuelve la edad en horas de una persona
    public int hora(int anoNac, int anoAct, int mesNac,
                    int mesAct, int diaNac, int diaAct) {
        int h = dia(anoNac, anoAct, mesNac, mesAct, diaNac, diaAct) * 24;
        return h;
    }


    // Devuelve la edad en minutos de una persona
    public int minuto(int anoNac, int anoAct, int mesNac,
                    int mesAct, int diaNac, int diaAct) {
        int m = hora(anoNac,anoAct,mesNac,mesAct,diaNac,diaAct) * 60;
        return m;
    }


    // Devuelve la edad en segundos de una persona
    public int segundo(int anoNac, int anoAct, int mesNac,
                    int mesAct, int diaNac, int diaAct) {
        int s = minuto(anoNac, anoAct,mesNac, mesAct,diaNac,diaAct)*60;
        return s;
    }


    // Determina si un año es bisiesto o no
    // Devuelve true si el año a es bisiesto y
    // false en caso contrario.
    public boolean esBisiesto(int a) {

        boolean bisiesto = false;

        if (a % 4 == 0) {
            bisiesto = true;
        }
        if (a % 100 == 0) {
            bisiesto = false;
        }
        if (a % 400 == 0) {
            bisiesto = true;
        }
```

```
        return bisiesto;
    }
}


import java.util.Calendar;

public class CalculadoraEdadPrueba {

    public static void main(String[] args) {
        CalculadoraEdad c = new CalculadoraEdad();
        Calendar ahora = Calendar.getInstance();
        int diaA = ahora.get(Calendar.DAY_OF_MONTH);
        int mesA = ahora.get(Calendar.MONTH) + 1;
        int anoA = ahora.get(Calendar.YEAR);
        System.out.println("Fecha actual: "+diaA+"/"+mesA+"/"+anoA);

        System.out.println("Introduce tu dia de nacimiento");
        int diaN = Integer.parseInt(System.console().readLine());
        System.out.println("Introduce tu mes de nacimiento");
        int mesN = Integer.parseInt(System.console().readLine());
        System.out.println("Introduce tu año de nacimiento");
        int anoN = Integer.parseInt(System.console().readLine());

        System.out.println("Tu edad en años: ");
        System.out.println(c.ano(anoN,anoA,mesN,mesA,diaN,diaA));
        System.out.println("Tu edad en meses: ");
        System.out.println(c.mes(anoN,anoA,mesN,mesA,diaN,diaA));
        System.out.println("Tu edad en días: ");
        System.out.println(c.dia(anoN,anoA,mesN,mesA,diaN,diaA));
        System.out.println("Tu edad en horas: ");
        System.out.println(c.hora(anoN,anoA,mesN,mesA,diaN,diaA));
        System.out.println("Tu edad en minutos: ");
        System.out.println(c.minuto(anoN,anoA,mesN,mesA,diaN,diaA));
        System.out.println("Tu edad en segundos: ");
        System.out.println(c.segundo(anoN,anoA,mesN,mesA,diaN,diaA));
    }
}
```

CAPÍTULO 4: MÁS SOBRE OBJETOS

¿Sigues con nosotros? Enhorabuena. Aprender a programar es difícil (¿lo habíamos dicho ya?) y requiere constancia y compromiso, así que muchos de los que empezaron este libro nunca llegarán hasta este punto. Por eso te hemos felicitado por seguir aquí.

Ya hemos plantado los cimientos: sabemos construir pequeños programas con un par de clases funcionando en modo amo-esclavo (o cliente-servidor) y sabemos escribir el código de los métodos de esas clases para que hagan lo que necesitamos utilizando las viejas herramientas de la programación estructurada (recuerda que la programación orientada a objetos es una evolución de la programación estructurada clásica).

Con esto ya se pueden hacer muchas cosas, pero aún no puedes crear programas realmente grandes y complejos. Para eso, necesitamos algo más que un par de clases en modo cliente-servidor: necesitamos un diseño de clases más complejo e incorporar algunos otros detalles a nuestros objetos para recoger en ellos parte de la complejidad del mundo real que pretendemos modelar en los programas informáticos.

No te voy a engañar: crear un diseño de clases para una aplicación compleja es algo que está, ahora mismo, más allá de tu capacidad, y lo estará durante mucho tiempo. Esa tarea corresponde a unos profesionales llamados analistas, no a los programadores. Muchos analistas fueron programadores antes de convertirse en analistas, pero son necesarios años de experiencia antes de poder dar el salto. Por emplear una analogía que todos entenderemos: el analista es el arquitecto y el programador es el albañil. Un albañil, por bueno que sea en su muy respetable oficio, no puede convertirse de la noche a la mañana en arquitecto. ¡Bastante difícil es ser un buen albañil!

De modo que no podemos crear diseños complejos con cientos de clases interactuando de manera armoniosa entre sí sin estudiar antes arquitectura (es decir, ingeniería del software) y sin acumular muchas horas de vuelo. Pero entre los programas que usan solo dos clases en modo cliente-servidor y los programas que usan cientos de clases interactuando armoniosamente, hay muchos escalones intermedios a los que el programador-albañil sí puede llegar. Digamos que un albañil no puede diseñar un gran rascacielos o un conjunto residencial, pero sí la casa de aperos del pueblo o incluso una vivienda unifamiliar sencillita.

Ese es el propósito de este capítulo: proporcionarte las herramientas para dar ese paso que te permita construir aplicaciones más complejas, que utilicen varias clases interrelacionadas de manera razonable y que empiecen a exprimir la potencia del paradigma de orientación a objetos.

Empezaremos el capítulo aprendiendo a crear nuestros propios paquetes de clases en Java. Después daremos algunas pautas básicas de diseño de clases y hablaremos de los niveles de acceso (*public*, *protected*, *private*), de los objetos *this* y *super* y de la clase *Object*.

Nos detendremos después en las diferencias entre atributos y métodos de clase y de instancia, y cuándo conviene usar uno u otro, y profundizaremos en los constructores y los destructores.

Luego hablaremos de los interfaces y los wrappers, así como de las clases y métodos abstractos, y trataremos con bastante profundidad las posibilidades del polimorfismo en Java. Y, por supuesto, no nos olvidaremos de la herencia, una de las peculiaridades más destacadas de los lenguajes orientados a objeto.

Será un capítulo más teórico que el anterior, aunque mostraremos muchos ejemplos y propondremos un montón de ejercicios. Estás a punto de adentrarte en algunos de los vericuetos más arcanos del paradigma de orientación a objetos.

Abróchate el cinturón, que partimos.

1 Paquetes

1.1 Los paquetes de Java

Los paquetes, como vimos en el capítulo 2, son agrupaciones de clases.

El JDK de Java proporciona todos los paquetes estándar para hacer gran diversidad de tareas (entrada/salida, manejo de ficheros o bases de datos, creación de interfaces gráficos, etc) y, además, podemos usar paquetes de terceras partes o desarrollar los nuestros propios.

Lo lógico es que las clases de un paquete tengan alguna clase de relación. Por ejemplo, en el paquete estándar java.io están todas las clases relativas a la entrada/salida de datos.

Recordemos ahora algunas cosas importantes que ya dijimos sobre los paquetes:

- Un paquete es un conjunto de clases relacionadas entre si.

- Un paquete puede contener subpaquetes.

- La estructura de paquetes del JDK es jerárquica.

- Para usar una clase de un paquete, tenemos dos modos:

    ○ Utilizar la ruta entera, como java.io.File, cada vez que nos tengamos que referir a la clase File.

    ○ Importar el paquete con import java.io.File. A partir de entonces, podemos referirnos a la clase File directamente, sin anteponer toda la ruta.

- Cuando nos referimos a una clase de un paquete (salvo que se haya importado el paquete) hay que especificar el paquete (y subpaquete si es necesario) al que pertenece. Por ejemplo: java.io es un paquete, y java.io.File es una clase de ese paquete.

- Los paquetes permiten reducir los conflictos con los nombres puesto que dos clases que se llaman igual, si pertenecen a paquetes distintos, no deberían de dar problemas.

- Los paquetes permiten proteger ciertas clases no públicas al acceso desde fuera del mismo. Esto lo veremos en detalle más adelante, al hablar de visibilidad.

1.2   Cómo crear un paquete

Vamos a ver cómo se crea un paquete mediante un ejemplo muy simple. La idea es reunir en un paquete dos clases y llamarlas desde otro programa para comprobar que todo funciona.

Paso 1. Crear un subdirectorio dentro del directorio de trabajo

Lo llamaremos, por ejemplo, "geometría". Dentro de este subdirectorio crearemos otros, destinados a los subpaquetes de nuestro paquete. Vamos a crear ahora uno llamado "triángulo".

Por lo tanto, dentro de tu directorio de trabajo, tienes que crear un subdirectorio "geometría", y, dentro de éste, otro llamado "triángulo". *Es necesario respetar esta estructura de directorios para que los paquetes funcionen correctamente.*

Paso 2. Escribir el código de las clases

En el directorio geometría/triángulo, vamos a crear las clases Equilátero e Isósceles.

El código de Equilatero.java puede ser, por ejemplo, así:

```
package geometria.triangulo;

import java.io.*;

public class Equilatero {
  public void saludo() {
    System.out.println("Hola, soy un triángulo equilátero");
  }
}
```

Podemos hacer algo parecido en el archivo Isosceles.java:

```
package geometria.triangulo;

import java.io.*;

public class Isosceles {
  public void saludo() {
    System.out.println("Hola, soy un triángulo isósceles");
  }
```

```
}
```

Observa que la primera línea de ambos archivos señala que estas clases pertenecen al paquete geometria.triangulo.

Para hacer uso de las clases de este paquete desde una tercera clase que no pertenece a él, bastará con escribir algo como esto:

```
import geometria.triangulo.*;

public class PruebaPaquete {
    public static void main(String[] args) {
        Equilatero e = new Equilatero();
        Isosceles i = new Isosceles();
        e.saludo();
        i.saludo();
    }
}
```

Fíjate en cómo se importa el paquete (el asterisco al final indica "importar TODAS las clases del paquete geometria.triangulo) y cómo, a partir de entonces, puede usarse cualquier clase del paquete, como son Equilatero e Isosceles.

El código de esta clase (PruebaPaquete) debe estar situado en el directorio de trabajo, no en los subdirectorios del paquete.

Paso 3. Compilar y probar el paquete

Una vez creado el código fuente necesario, lo compilaremos, como siempre, con javac o con nuestro IDE preferido. Obviamente, la forma de proceder será distinta en cada caso.

Como siempre, te recomendamos que hagas la compilación directamente con javac desde la línea de comandos las primeras veces: es la forma más lenta, pero también la que te proporciona mayor control sobre lo que ocurre y la que te permite comprender bien la forma en la que trabaja el compilador de java.

Para compilar las clases de un paquete desde la consola de texto, debes situarte en el directorio de trabajo (NO en el directorio del paquete, sino más arriba, en el directorio padre). Una vez allí, puedes compilar las clases con:

```
$ javac geometria/triangulo/Equilatero.java
$ javac geometria/triangulo/Isosceles.java
```

(no olvides cambiar la barra "/" por "\" en sistemas Windows)

Si algo falla, asegúrate de tener bien definida la variable CLASSPATH, que debe apuntar al directorio donde se encuentra el paquete o, como alternativa, utiliza la opción -cp de la línea de comandos al ejecutar el programa con el comando java. Todo esto se explicó en el capítulo 2, de modo que es un buen momento para revisarlo si no sabes de qué estamos hablando.

Si vas a compilar el paquete con un IDE, la forma de hacerlo dependerá, lógicamente, del IDE que utilices. Por ejemplo, en Netbeans puedes iniciar un nuevo proyecto. Puede ser "Java Library" si quieres crear solo los paquetes (sin aplicación ejecutable), o una aplicación Java convencional. Luego, al añadir archivos fuente, eliges la opción "Java package". Netbeans se encargará de crear los directorios correspondientes en el lugar correcto, y de indicar el "package" adecuado en el código fuente de cualquier clase que crees dentro del paquete. También se encargará de compilarlo y ejecutarlo todo como es debido.

Aunque estos detalles pueden cambiar, el procedimiento básico será el mismo con cualquier otro IDE.

2 Las clases en OOP: divide y vencerás

Las clases son las estructuras que permiten a los programadores hacer razonablemente efectiva la aspiración más deseada de los primeros programadores de los años 50: divide y vencerás.

Divide and Conquer, o DAC, consiste en dividir un problema complejo en subproblemas, y tratar cada subproblema del mismo modo, es decir, dividiéndolo a su vez en subproblemas. Así sucesivamente hasta que obtengamos problemas lo bastante sencillos como para escribir programas que los resuelvan. Si lo piensas un poco, es exactamente así como actuamos en el mundo real cuando un problema supera nuestra capacidad de resolución de una sola vez.

Sí, ya lo sé: sigues sin entender ni papa. Sigue leyendo un poco más y verás como se hace la luz.

2.1 Fregonas eléctricas

Imagina a un empresario autónomo que un día tiene la feliz idea de fabricar y vender, digamos, fregonas eléctricas. En realidad son fregonas normales a las que acopla un pequeño motor eléctrico en el garaje de su casa donde ha montado un taller artesanal.

El invento tiene éxito. Después de varios meses anunciándose por las redes sociales y otros barrios de internet, consigue vender unas cuantas unidades y ganar algo de dinero. Decide diversificar su negocio y empieza a fabricar escobas eléctricas, recogedores eléctricos, llaves eléctricas que abren solas las cerraduras y toda clase de artilugios absurdos electrificados.

Pronto el tipo no da a basto con los pedidos y tiene que contratar a varios ayudantes. El taller montado en su garaje se queda pequeño y se trasladan a una nave en un polígono industrial de los que adornan con su arquitectura de vanguardia las afueras de nuestras ciudades. La empresa crece, pasa de tres a trescientos trabajadores, hay un departamento de personal, otro de compras, otro de marketing y otro de I+D. El tipo que inventó todo esto ahora viste traje y corbata y trabaja en un despacho en la última planta de un edificio de oficinas elegante en el centro de la ciudad, aunque de vez en cuando le gusta seguir pasando por el taller a ver cómo lo hacen los chicos.

Llegados a este punto, es imposible que nuestro inventor tenga una idea completa de lo que pasa en su empresa. Son trescientos empleados, varios departamentos, tal vez varios talleres repartidos por el mundo (probablemente entre China y Bangladesh). El departamento comercial no sabe exactamente lo que ocurre dentro del departamento de I+D, ni el de I+D lo que ocurre en el de personal, aunque tengan reuniones periódicas.

Saben lo que cada departamento hace, pero no cómo lo hace.

Ni necesitan saberlo. *Y aquí está el meollo del asunto.*

Cuando algo se vuelve muy complejo, como esta empresa ficticia que fabricaba fregonas eléctricas, el cerebro humano se ve desbordado. La única forma de abordar estos problemas es dividiéndolos en partes (los departamentos) que se encarguen de resolver un trocito del problema (unos calculan las nóminas y buscan a nuevos trabajadores, otros investigan sobre nuevos productos, otros buscan formas de comprar materias primas más baratas y de mejor calidad...). Y cada parte no sabe exactamente cómo lo hacen los demás, ni les importa. Bastantes problemas tienen ellos con lo suyo.

Cada departamento, además, puede ser tan complejo que se tenga que subdividir. Por ejemplo, el departamento de personal puede dividirse en una sección de nóminas, que se encargue de pagar los salarios a los trabajadores y ajustar cuentas con Hacienda y la Seguridad Social, y otra de selección de personal, para buscar a nuevos candidatos a trabajadores. Ambas secciones, aunque trabajan juntas, están solo parcialmente relacionadas, y las personas que trabajan en una pueden tener una idea muy reducida de cómo funciona la otra. La cuestión es que las otras partes funcionan, y con eso basta. Todos cooperan para que la empresa en su conjunto funcione, como los engranajes de un reloj.

Bien, así lo intentan hacer también los programas orientados a objetos. Toma un problema muy complicado y no intentes resolverlo todo de golpe, por favor. Coge tu programa (la empresa fabricante de fregonas) y divídelo en clases (los departamentos), cada una de las cuales haga algunas de las cosas que se necesitan para la solución (fabricar fregonas y otros artilugios eléctricos). Y si esas clases son aún muy complejas, subdivídelas. No temas hacer cuantas subdivisiones necesites.

Las clases colaborarán entre ellas, desde luego. Se enviarán datos, resultados, informes, qué sé yo. Pero ninguna sabrá exactamente cómo funcionan las otras por dentro, ni les hará ninguna falta. Cada una hará su trabajo y producirá sus resultados, y todo ello se fundirá de algún modo para obtener la solución final. Probablemente otra clase (el dueño de la empresa, o el consejo de administración) se encargará de ello.

Existen infinidad de arquitecturas válidas para conseguir el mismo resultado. Pudiera existir un departamento comercial o estar unido al de compras. El departamento de personal podría dividirse en dos departamentos independientes en lugar de tener dos subsecciones. Puede existir un administrador único o un consejo de administración. Todas esas soluciones podrían funcionar y, en general, no es fácil decidir cuál es la solución óptima, si es que la hay.

Es posible que nuestra empresa necesite varios ejemplares de algún departamento. Por ejemplo, puedes tener un taller en China, otro en India y otro en Albacete. No importa. Diseña cómo debería ser un taller de fregonas eléctricas y luego cree tantos como necesite. Los planos del taller son las clases, y cada taller concreto es un objeto.

Las clases, como los talleres, tienen una serie de características que los describen: su ubicación, su tamaño, el número de trabajadores, y cosas así. *Esos son los atributos.* Y una serie de cosas que son capaces de hacer como respuesta a las peticiones de otras clases: fabricar mil fregonas más para el mercado asiático, por ejemplo. *Estos son los métodos.*

Así funciona la programación orientada a objetos. Acuérdate de las fregonas eléctricas, por favor, cuando estés diseñando tu próximo programa.

2.2   Pautas para el diseño de clases

Ya hemos estirado suficientemente nuestro ejemplo de las fregonas eléctricas. Volvamos al mundo real y digamos, más formalmente, que, en la programación orientada a objetos, las clases permiten a los programadores abstraer el problema a resolver, descomponiéndolo en partes más simples que ocultan los datos y la manera en la que estos se manejan para llegar a sus soluciones parciales.

Las clases suelen proporcionar métodos para acceder a parte de su información interna. Son los llamados *setters* y *getters*. Por ejemplo, si una clase tiene un atributo llamado "cantidad", y éste debe poder consultarse o modificarse desde otras clases, no es conveniente que ese atributo sea público, sino que la clase debe proporcionar un método getCantidad() y otro setCantidad() para acceder al mismo.

```
class Ejemplo {
   private int cantidad;

   public int getCantidad() {
      return cantidad;
   }

   public void setCantidad(int c) {
```

```
    cantidad = c;
  }
}
```

A parte de los getters y los setters, decidir qué clases son necesarias para resolver un problema, y qué métodos y atributos han de tener, no es tarea fácil. Esta es la labor que realizan los analistas de aplicaciones (los arquitectos) a los que nos referíamos en la introducción del capítulo.

Con las aplicaciones de tamaño pequeño o moderado, como las que puedes aspirar a desarrollar en las próximas semanas o meses, la labor de análisis y diseño se simplifica mucho, pero, aún así, verás que hay veces en las que no resulta trivial decidir qué clases necesita determinado programa. Por ese motivo, vamos a dar ahora una serie de pautas generales para identificar las clases de un sistema. Pero solo son eso, pautas. En modo alguno pueden aplicarse irreflexivamente a todos los sistemas, y el número de excepciones es infinito.

- Estudia bien la especificación de requisitos (el enunciado el problema, si se trata de un ejercicio). Las clases candidatas estarán nombradas en la especificación con sustantivos, tales como "estudiante", "profesor" o "asignatura".

- Los métodos suelen expresarse con verbos. Son las cosas que el sistema "hace" y, por lo tanto, se expresan como acciones. Por ejemplo, si la especificación dice que "el estudiante se matricula de una asignatura", probablemente la clase Estudiante debe tener un método matricular(). ¿O encajará mejor en la clase Asignatura? Estas son las preguntas que se hace continuamente el analista.

- Los atributos serán también, generalmente, sustantivos, pero sin entidad propia. Es decir, estarán siempre asociados a algo (su clase). El teléfono o la fecha de nacimiento de un estudiante no son clases, sino atributos de la clase Estudiante.

Este es un buen punto de partida. Para profundizar en esto, necesitarás estudiar ingeniería del software o forjarte una carrera profesional de muchos años y aprender de los que ya saben.

2.3   Niveles de acceso a los miembros de una clase

En Java huy varios niveles de acceso a los miembros de una clase, es decir, a los atributos y métodos de una clase:

- **Público** (*public*). Se puede acceder a ese miembro desde cualquier otra clase de la aplicación.

- **Privado** (*private*). No se puede acceder a ese miembro desde ninguna otra clase.

- **Protegido** (*protected*). No se puede acceder a ese miembro desde ninguna otra clase, excepto las que pertenezcan al mismo paquete y las subclases, que sí podrán.

- **No especificado**. Si no especificas el nivel de acceso, solo podrán acceder al miembro de la clase las clases del mismo paquete, pero no las subclases.

En este ejemplo, puedes observar cómo los atributos se declaran privados a la clase, mientras que el método getNombre() es público para que pueda ser usado desde otras clases:

```
class Persona {
   private nombre, edad;
   public getNombre() {
      return nombre;
   }
}
```

Cada vez que se declara un miembro de clase (atributo o método), hay que indicar su nivel de acceso (private, public, protected). Como hemos visto, no especificar el nivel de acceso también es una forma de hacerlo.

El conjunto de miembros de una clase declarados como públicos y protegidos constituyen su **interfaz**, es decir, es la parte de muestran al resto de la aplicación. Cualquier modificación interna de la clase no debería afectar nunca a su interfaz, de manera que el funcionamiento del resto de la aplicación no se vea alterado porque tengamos que alterar una línea de código de una de las clases.

2.4 Niveles de acceso a una clase

También se puede controlar el nivel de acceso a una clase, declarando como pública o como privada la totalidad de la misma.

En el primer caso (clase pública) cualquier otra clase puede usarla, por ejemplo, para instanciar objetos.

```
// Clase pública
public class unaClase {
    ...
}
```

En el segundo, solo podrán usarla otras clases de su propio paquete:

```
// Clase privada al paquete
class unaClase {
    ...
}
```

Observa que no hemos usado la palabra "private" delante de class para declarar la clase privada. Las clases declaradas como "private class" son aún más privadas. Tanto, que solo pueden acceder a ellas las clases a las que pertenecen. Hablaremos de este galimatías más adelante, en el apartado dedicado a las clases anidadas.

2.5 Los objetos this y super

La palabra *this* es una palabra reservada de Java. Esto quiere decir que no puedes usarla como identificador de variable, constante, método o clase.

Y es una palabra reservada porque el objeto *this* hace referencia al propio objeto que está ejecutando el código. Es decir, si tenemos una clase naveEspacial e instanciamos cinco objetos de esa clase, tendremos en nuestro programa cinco naves espaciales, cada una con sus atributos y sus métodos. Pues bien, referirnos a *this* dentro del código de la clase es referirnos al objeto concreto, a una de las cinco naves espaciales.

El objeto this se puede emplear para acceder a los atributos y a los métodos del propio objeto, pero casi siempre se omite para ahorrar código. En cambio, algunas veces es necesario usarlo para evitar ambigüedades.

En el siguiente ejemplo verás como usamos *this* una vez sin obligación, solo porque somos así de chulos, y otra vez para resolver una de esas ambigüedades.

```
class NaveEspacial {
    private int vidas;

    public int getVidas() {
        return this.vidas;  // Podíamos haber escrito return vidas
    }

    public int setVidas(int vidas) {
        // Aquí usamos this para distinguir el parámetro "vidas"
        // del atributo "vidas".
        this.vidas = vidas;
    }
}
```

El objeto *super* es parecido a *this*, pero no se refiere al objeto actual, sino a la superclase o clase madre del objeto. Veremos más sobre superclases, clases madre y herencia más adelante en este capítulo.

2.6 La clase Object

La clase Object es la raíz de la jerarquía de clases de Java.

Esto quiere decir que cualquier otra clase creada en Java siempre es una subclase de Object de algún modo. Y, por lo tanto, heredará los atributos y métodos de Object. Hablaremos más sobre herencia enseguida, pero es un concepto simple: cuando una clase es la hija de otra, hereda los atributos y métodos de su madre, como en la vida misma. Es decir, dispone de ellos sin necesidad de volver a escribirlos.

Pues bien, la clase Object, la madre de todas las clases de Java, dispone de varios métodos genéricos muy útiles y los pasa como herencia a todas sus subclases. *Es decir, a cualquier otra clase, incluyendo las tuyas.* Esos métodos son:

clone(): para clonar o hacer una copia de un objeto.

El método clone() hace lo que se llama una *copia superficial*, es decir, hace que los dos objetos, el original y el clonado, referencien a la misma zona de memoria. Así, los cambios en el estado del objeto clonado afectarán al original. Si deseamos un clonado completo, con zonas de memoria diferenciadas (lo que se llama un *copia en profundidad*), debemos sobreescribir el método clone(). La sobreescritura consiste en desechar el método clone() heredado para establecer uno propio mejor adaptado a la clase que estamos definiendo.

```
nave1 = new NaveEspacial();
nave2 = (NaveEspacial) n1.clone();
```

equals(): para comparar dos objetos

El método equals() hace una comparación superficial, es decir, mira si los dos objetos comparten la misma zona de memoria. Para hacer una comparación en profundidad, mirando el estado del objeto, es necesario sobreescribir el método equals(). Es, por lo tanto, un caso parecido al de clone()

```
nave1 = new NaveEspacial();
nave2 = (NaveEspacial) n1.clone();
if (nave1.equals(nave2))
   System.out.println("nave1 y nave2 son iguales según equals()");
```

toString(): devuelve el nombre de la clase

En el caso del objeto nave1 del ejemplo anterior, la llamada a nave1.toString() nos devolverá algo parecido a NaveEspacial@263ac5. Se trata del nombre de la clase y de la dirección de memoria (expresada en hexadecimal) donde el objeto está alojado.

En muchas ocasiones, es necesario sobreescribir el método toString() para que proporcione información algo más útil.

finalize(): para borrar un objeto.

Permite borrar definitivamente el objeto y liberar los recursos que ocupaba (generalmente, memoria). Es invocado automáticamente por el recolector de basura de la JVM y nosotros no tenemos que hacer nada con él. Véase el apartado sobre destructores más adelante en este capítulo para más información.

2.7   ¿De clase o de instancia?

2.7.1   Atributos de clase y variables globales

En Java no existen las variables globales, ese invento demoníaco con el que nos tientan algunos lenguajes de programación prometiéndonos resolver los problemas de forma fácil y cómoda y que acaban siendo como el bloque de hormigón que los gángsters de las películas ataban al pie de sus víctimas antes de darles una zambullida en las aguas heladas del lago Michigan.

Una variable global, por si alguien tiene curiosidad, es una variable disponible en todo el código de la aplicación. Como cualquiera puede modificar su valor, bastará con que la aplicación crezca lo suficiente para que alguien, antes o después, cometa un error y le asigne un valor incorrecto. Esto siempre sucede: es una certeza casi matemática. Y sucede porque los programadores somos humanos y, como tales, falibles. Y, como la variable es global y, por lo tanto, omnipresente, de pronto todo el programa se desmoronará ante nuestras narices.

Ahora, programador pringado, ponte a buscar el error. Tienes un millón de líneas de código y esa puñetera variable puede haber sido modificada de forma incorrecta en cualquiera de ellas. Multiplica este problema por N, siendo N el número de variables globales de tu programa, y luego deja caer tu cabeza inerme sobre el teclado.

Este es el motivo por el que las variables globales no deberían ser usadas nunca, jamás, bajo ninguna circunstancia. Aunque a veces parezcan una solución fácil solo lo son a corto plazo y al final te estallarán en la cara. Y todo, repito, todo lo que hagas con variables globales también lo puedes hacer sin ellas. Así que no hay más que hablar. Fin de la historia.

En Java no existen variables globales. Java es un lenguaje serio. Lo más parecido que encontrarás son los **atributos de clase** o atributos static, que de los dos modos pueden llamarse. Estos funcionan de la siguiente manera: lo declaras como static, y luego instancias un objeto de esa clase. El atributo static se crea, junto con todos los demás, y se quedan guardaditos dentro de la variable. Luego creas otro objeto de la misma clase, y viene lo raro: el atributo declarado como static no se crea, sino que se comparte con el objeto que ya existe. El resto de atributos y métodos sí se crean y se asignan al nuevo objeto, pero el static no, ése es compartido por todos los objetos de la misma clase.

¡Aviso de peligro! Los atributos static se parecen tanto, pero tanto, tanto, a las variables globales, que deberías tener una muy buena excusa para utilizarlos.

Los atributos normales, es decir, los no static, se denominan **atributos de instancia.**

Ahí va un ejemplo:

```java
public class NaveEspacial {
    private static int naves = 0;    // Atributo de clase
    private int vidas = 0;           // Atributo de instancia
    ...
    NaveEspacial() {
        naves++;
        vidas++;
    }
    public getNaves() { return naves; }
    public getVidas() { return vidas; }
}
```

El atributo naves es static. Se trata de un contador de objetos, es decir, nos va a llevar la cuenta de cuántos objetos naveEspacial hemos creado. Se incrementará en uno cada vez que se cree una nave (ver constructor), y, como es compartido por todas las naves, irá acumulando el número de objetos creados.

El atributo vidas, en cambio, es normal. Se le llama atributo de instancia. Aunque también se incrementa en el constructor, será un atributo recién creado con el objeto y, por lo tanto, siempre valdrá 0.

Por lo tanto, si hacemos esto:

```java
naveEspacial nave1 = new NaveEspacial();
System.out.println("Nave 1: naves = " + nave1.getNaves() + ", vidas = " +
nave1.getVidas());

naveEspacial nave2 = new NaveEspacial();
System.out.println("Nave 2: naves = " + nave2.getNaves() + ", vidas = " +
nave2.getVidas());
```

...deberíamos obtener por pantalla esto:

```
Nave1: naves = 1, vidas = 1
```

`Nave2: naves = 2, vidas = 1`

2.7.2 Métodos de clase

Del mismo modo que existen los atributos de clase y los atributos de instancia, nos encontraremos con los **métodos de clase** (métodos static) y los **métodos de instancia**.

Los métodos de instancia son los normales, los que hemos estado usando hasta ahora. Los métodos de clase o métodos static son compartidos por toda la clase, es decir, existen aunque no se haya instanciado ningún objeto de la clase.

Los métodos static tienen dos limitaciones bastante lógicas si piensas que pueden ejecutarse sin haber instanciado ningún objeto:

* No pueden acceder a this

* No pueden acceder a los miembros de instancia (es decir, solo pueden acceder a otros miembros static)

No hace falta que te pongamos ejemplos de métodos static en clases como naveEspacial o miNumero, porque ya has usado muchos, a lo mejor sin darte cuenta.

El caso más claro es main(), más conocido como "public static void main()", ¿o no te sale ya esa retahíla de forma automática? Tal vez la primera vez que lo escribiste te preguntaste qué demonios significaba. Ahora lo sabes: public, porque puede invocarse desde cualquier sitio (el IDE, la consola del sistema operativo...), void porque no devuelve valor alguno, y static porque puede ejecutarse sin instanciar un objeto de la clase que lo contiene. ¿Quién iba a instanciar el objeto, si el programa empieza precisamente por aquí?

Otros ejemplos son los métodos de la clase Math (técnicamente hablando, java.lang.Math). Habrás escrito a menudo Math.random(), y algunas veces menos Math.round() o Math.pow(). Pero Math no es un objeto, sino una clase. Puedes invocar los métodos random() o round() a través del nombre de la clase porque son métodos estáticos, y eso evita que tengas que crear un objeto de la clase Math antes de poder usarlos.

Como habrás deducido de todos estos ejemplos, para invocar un método estático no usaremos un objeto, sino el propio nombre de la clase seguido del nombre del método (como en Math.random())

Puede que te estés preguntando: ¿cuáles son mejores? ¿Los métodos de clase o los métodos de instancia? La respuesta es: ninguno es mejor que otro. Cada uno es para lo que es.

Los métodos de instancia son los más comunes. Son propios de cada objeto y acceden a las variables (atributos) del objeto, manipulándolas y alterando el objeto de forma controlada.

Los métodos de clase no pueden hacer eso, porque no pueden acceder a las variables del objeto (solo a las static, es decir, a las variables de clase, si las hay). Entonces, ¿para qué sirven? Muy sencillo: para aquellas clases que no tienen estado, es decir, que no tienen variables. En esas clases, no tiene sentido instanciar objetos porque todos van a ser idénticos unos a otros, al no tener estado interno.

Math es un ejemplo de clase de ese tipo: no guarda absolutamente nada en sus variables internas (de hecho, no las tiene). Se trata solo de una colección de métodos para hacer cálculos matemáticos. Los métodos reciben en sus parámetros todo lo necesario para realizar el cálculo, y devuelven el resultado. Fin de la historia. No hay que guardar nada en las variables del objeto. Por lo tanto, no construiremos objetos de tipo Math: todo se hará con métodos de clase (static).

Recuérdalo la próxima vez que te sorprendas diseñando una clase que no tenga variables. Probablemente los métodos de esa clase deberían ser static.

2.8 ¿Por valor o por referencia?

El paso de parámetros, o comunicación de datos del algoritmo invocante al método invocado, puede hacerse mediante dos métodos:

- Paso de parámetros por valor, que es la forma más sencilla pero no permite al método devolver resultados en los parámetros.

- Paso de parámetros por referencia, que es más complejo pero permite a los métodos devolver resultados en los parámetros.

Veamos cada método detenidamente.

2.8.1 Paso de parámetros por valor

Los métodos, como sabes, pueden tener una serie de parámetros en su declaración. Estos parámetros se denominan **parámetros formales**.

Por ejemplo, un método de una clase llamada miNumero que calcula la potencia de un número elevado a otro podría declararse como:

```
public static double potencia(double base, double exponente) {
    return Math.pow(base, exponente);
}
```

En esta declaración de método, base y exponente son los parámetros formales.

Cuando el método es invocado, se le pasan entre paréntesis los valores de los parámetros. A éstos se les denomina **parámetros actuales**; por ejemplo:

```
double a = 5.8;
double b = 3.0;
double c = miNumero.potencia(a,b);
```

En esta invocación del método potencia(), los parámetros actuales son a y b, es decir, 5.8 y 3.0

Al invocar un método, los parámetros actuales son asignados a los parámetros formales en el mismo orden en el que fueron escritos. Dentro del método, los parámetros se utilizan como variables convencionales. Así, en el ejemplo anterior, dentro del método potencia(), el parámetro base es, a todos los efectos, como una variable a la que se hubiera asignado el valor 5.8, mientras que exponente es como una variable a la que se hubiera asignado el valor 3.0

Cuando el subalgoritmo termina de ejecutarse, sus parámetros formales base y exponente dejan de existir, igual que las variables locales del método, y se devuelve el resultado, que se asigna, en nuestro ejemplo, a la variable c.

2.8.2 Paso de parámetros por referencia

En el paso de parámetros por referencia se produce **una ligadura entre el parámetro actual y el parámetro formal**, de modo que si el parámetro formal se modifica dentro del método, el parámetro actual, propio del método invocador, también será modificado.

En Java, el paso por referencia no existe. ¡Que quede claro! No te creas lo que dicen por ahí en webs de programación e incluso en algunos libros sesudos. En Java los argumentos se pasan por valor siempre. Peeeeeeero cuando el argumento es un objeto en lugar de un tipo primitivo, lo que se pasa por valor es su referencia, es decir, la posición que ocupa en memoria y, por lo tanto, podemos acceder a las tripas del objeto y modificar su contenido desde el método.

Como si lo hubiéramos pasado por referencia, vamos.

Míralo en este ejemplo:

```java
class Persona {
    private String nombre;

    public String getNombre() {
        return nombre;
    }

    public void setNombre(String nombre) {
        this.nombre = nombre;
    }
}
```

```java
public class Test {
    public static void main(String[] args) {
        Persona p = new Persona(); // Creamos un objeto Persona
        p.setNombre("Diego");       // Le asignamos un nombre
        System.out.println("El nombre es:" + p.getNombre());
        cambiarNombre(p);           // Este método recibe el objeto p y le
                                    // cambia el nombre
        System.out.println("El nombre es:" + p.getNombre());
    }

    private static void cambiarNombre(Persona p) {
        p = new Persona();
        p.setNombre("Santiago");
        System.out.println("El nombre es:" + p.getNombre());
    }
}
```

```
}
```

La salida por pantalla de este programa será:

```
El nombre es: Diego
El nombre es: Santiago
El nombre es: Diego
```

Esto ocurre porque en cambiarNombre() se ha creado un nuevo objeto persona y se ha asignado a p. Pero la variable p de main() no se ve afectada por esto, como sí se vería si estuviera pasada por referencia. Por lo tanto, el paso de parámetros en Java, incluso de objetos complejos, es por valor.

Si cambiamos el código del método cambiarNombre() y lo dejamos así:

```
private static void cambiarNombre(Persona p) {
    p.setNombre("Santiago");
    System.out.println("El nombre es:" + p.getNombre());
}
```

Tendremos una salida diferente:

```
El nombre es: Diego
El nombre es: Santiago
El nombre es: Santiago
```

Ahora el paso como parámetro del objeto p ha funcionado como si estuviese pasado por referencia, es decir, los cambios que se han hecho en el objeto dentro del método se han reflejado en el objeto original del método main(), ya que cambiarNombre() ha estado actuando sobre la misma región de memoria que main()

Resumiendo: el paso de parámetros en Java es siempre por valor pero al pasar objetos complejos se envía la dirección de memoria del mismo, por lo que, en la práctica, funciona como si fuera paso por referencia y los objetos pueden modificarse en el método que los recibe. Así que *parece* un paso de parámetros por referencia, y este es el motivo por el que muchos dicen que, en Java, los tipos primitivos se pasan por valor y los objetos y tipos complejos se pasan por referencia.

2.8.3 Diferencias entre los métodos de paso de parámetros

El paso por valor es unidireccional, es decir, sólo permite transmitir datos del algoritmo principal al método a través de los argumentos. El método, más adelante, podrá devolver datos a través de return, pero eso ya no tiene nada que ver con el paso de los parámetros.

El paso por referencia es bidireccional, es decir, permite que el algoritmo principal y el método intercambien información a través de los parámetros. Hay que tener mucho cuidado con esto porque aumenta el acoplamiento de los métodos. Es decir, si sucede algo incorrecto en uno, puede acabar afectando al funcionamiento del otro.

3 Constructores y destructores

3.1 Constructores

Ya conoces los constructores: esos métodos que se llaman igual que la clase y que se ejecutan automáticamente al crear un objeto de esa clase, y que suelen usarse para asignar un valor inicial al estado de la misma (es decir, a sus variables miembro)

Ahora vamos a citar en algunas peculiaridades adicionales de los constructores:

*   No pueden ser static. No tendría sentido, puesto que los métodos static se ejecutan sin crear objeto alguno, y el constructor se ejecuta precisamente al crear un objeto de la clase. Tampoco pueden ser abstract, final, native o synchronized, que son palabrejas que aún no conoces pero que ya irán llegando. En resumen, el constructor no puede llevar ningún modificador.

*   Suelen ser public. Si son private, no se podrán crear objetos desde fuera de la clase, lo cual no tiene mucho sentido. Si son protected, solo se podrán crear objetos de la clase desde otras clases del mismo paquete.

*   Si no se define uno, Java ejecutará el constructor por defecto, que está heredado de la clase Object y asigna valores por defecto a las variables

miembro. Estos valores son 0 en caso de atributos numéricos, carácter NUL para los caracteres, cadenas vacías para los Strings y valor Null (nulo) para el resto de objetos.

- Pueden sobrecargarse. Esto ya lo hemos experimentado: un constructor puede parametrizarse y otro no. O pueden parametrizarse de distinta manera, inicializando el objeto de modo distinto según cada caso.

3.2   Asignación de objetos

Cuando se asigna un objeto a otro, lo que Java hace realmente es asignar las direcciones de memoria.

Ten siempre presente que un objeto, como cualquier otra variable, es en realidad una referencia a una cierta dirección de memoria donde se almacena la información de esa variable.

Si una variable x es, digamos, un entero de 32 bits, ocupará 4 bytes en la memoria. El sistema le asigna una posición, por ejemplo la 567c8 (no nos hemos vuelto tarumbas, sino que las direcciones de memoria se expresan con número hexadecimales), y reserva los cuatro bytes siguientes a partir de esa posición para uso y disfrute de esa variable. Así que x ocupará las posiciones 567c8, 567c9, 567ca y 567cb.

En esos 4 bytes caben exactamente los 32 bits de la variable x, por lo que podemos decir que, en realidad, "variable x" es una forma resumida y conveniente de decir "posiciones de memoria   567c8, 567c9, 567ca y 567cb". ¡Para un programador sería un follón tener que referirse de este último modo a las variables!

Cuando asignamos la variable x a otra variable entera, llamémosla y, lo que Java hace es consultar el valor almacenado en las posiciones de memoria 567c8 y siguientes, y lo copia en las posiciones de la variable y, que serán otras diferentes. Lo que ocurre, por lo tanto, es que se asigna el valor de x a la variable y.

Pero con los objetos es distinto. Como sucedía con el paso de parámetros, **cuando se asigna un objeto a otro no se copian sus valores, sino que se asigna la dirección de memoria de un objeto al otro.**

Así, imagina un objeto p de tipo Persona. Este objeto no ocupará solo 32 bits, sino mucho más (tiene que almacenar todas sus variables miembro - atributos - y todo su código - métodos -). Supongamos que ocupa 200 bytes, por decir algo, y que el sistema le asigna la dirección 10037. Esto significa que el objeto p ocupará la dirección 10037 de memoria y las 199 siguientes, es decir, de la 10037 a la 100ff.

Ahora imagina otro objeto de tipo persona llamado p2, y que hacemos lo siguiente:

```
p2 = p;
```

Lo que ocurre tras esta asignación no es que los atributos de p se copien uno a uno en p2, sino que la dirección de p se copia en p2. Así que no importa cual fuera la dirección de p2 antes de la asignación, ni los valores de sus atributos. Todo eso se pierde en el limbo de la memoria. Ahora p2 apuntará al mismo lugar que p, la dirección 10037, y, por lo tanto, a todos los efectos, será igual que p. Los cambios en p2 se reflejarán en p, y viceversa, porque en realidad son el mismo objeto.

Resumiendo:

- En las asignaciones de tipos simples (primitivos), se copia el valor de una variable en la otra.

- En las asignaciones de objetos, se copia la referencia (dirección de memoria) de un objeto en el otro.

Obsérvalo con este ejemplo:

```java
class Persona {
    private String nombre;

    public String getNombre() {
        return nombre;
    }

    public void setNombre(String nombre) {
        this.nombre = nombre;
    }
}
```

```
public class Test {
    public static void main(String[] args) {
        Persona p1 = new Persona();
        Persona p2 = new Persona();

        p1.setNombre("Diego");
        p2.setNombre("Santiago");

        System.out.println("El nombre de p1 es:" + p1.getNombre());
        System.out.println("El nombre de p2 es:" + p2.getNombre());

        p2 = p1;

        System.out.println("Después de hacer p2 = p1:");
        System.out.println("El nombre de p1 es:" + p1.getNombre());
        System.out.println("El nombre de p2 es:" + p2.getNombre());

        p2.setNombre("Ana");
        System.out.println("Después cambiar el nombre de p2:");
        System.out.println("El nombre de p1 es:" + p1.getNombre());
        System.out.println("El nombre de p2 es:" + p2.getNombre());
    }
}
```

La salida por pantalla de este programa será:

```
El nombre de p1 es: Diego
El nombre de p2 es: Santiago
Después de hacer p2 = p1:
El nombre de p1 es: Diego
El nombre de p2 es: Diego
Después de cambiar el nombre de p2:
El nombre de p1 es: Ana
El nombre de p2 es: Ana
```

Al asignar p2 = p1 hemos igualado sus posiciones de memoria, y cualquier cambio en uno implica un cambio en el otro. Desde ese momento, en realidad los dos objetos han pasado a ser el mismo.

3.3   Constructor copia

Pero esta sección iba sobre constructores y destructores, ¿no? ¿Qué tiene que ver la asignación de objetos con los constructores?

Bien, a veces es posible que, al hacer p2 = p1 y cosas por el estilo, quieras que, en realidad, los valores de p1 se copien en p2, y no que los dos objetos pasen a ser el mismo, ¿verdad? Vamos, que se comporten igual que las variables simples.

Para estos casos se utiliza un constructor especial llamado **constructor copia**. Se trata de un constructor que copia los valores de un objeto en otro del mismo tipo. Por lo tanto, el constructor recibirá como parámetro una variable del tipo de su propia clase.

Vamos a añadir un constructor copia a nuestra clase Persona:

```
class Persona {
    private String nombre;

    public Persona (Persona p) {    // Constructor copia
        this.nombre = p.getNombre();
    }

    public String getNombre() {
        return nombre;
    }

    public void setNombre(String nombre) {
        this.nombre = nombre;
    }
}
```

Mira bien el código el constructor. Recibe como parámetro otra persona, y obtiene el valor de sus atributos (solo uno, porque nuestra clase solo tiene uno, pero podrían ser más) para asignarlos a sus propios atributos.

No es difícil imaginarse cómo podríamos ahora copiar los datos de una persona el otro sin el molesto efecto secundario de que los dos objetos terminaran siendo el mismo:

```
public class Test {
    public static void main(String[] args) {
        Persona p1 = new Persona();
        Persona p2 = new Persona(p1);  // Aquí usamos el constructor copia

        System.out.println("El nombre de p1 es:" + p1.getNombre());
        System.out.println("El nombre de p2 es:" + p2.getNombre());

        p2.setNombre("Ana");
        System.out.println("Después cambiar el nombre de p2:");
        System.out.println("El nombre de p1 es:" + p1.getNombre());
```

```
        System.out.println("El nombre de p2 es:" + p2.getNombre());
    }
}
```

La salida ahora demuestra que los objetos p1 y p2 siguen siendo independientes a pesar de que al principio compartan los valores de sus atributos:

```
El nombre de p1 es: Diego
El nombre de p2 es: Diego
Después de cambiar el nombre de p2:
El nombre de p1 es: Diego
El nombre de p2 es: Ana
```

3.4   Inicializadores static

Para acabar de complicar la cosa, están los **inicializadores**.

Los inicializadores no son constructores. No se ejecutan al crear un objeto de la clase, sino que se ejecutan una y solo una vez, en la primera ocasión en la que se utiliza la clase.

Los inicializadores static tienen varias limitaciones:

- No pueden devolver ningún valor.

- No tienen nombre. No pueden ser invocados.

- Pueden usar bloques try-catch

- Pueden existir varios, pero siempre se ejecutarán en el orden en el que estén escritos.

- Solo pueden inicializar variables static de la clase o invocar métodos static.

¿Y para qué demonios sirve esto? Bueno, es habitual que quieras dar un valor inicial a los atributos static de una clase, ¿no? Con los tipos primitivos eso no es un problema: se le asigna un valor junto a la declaración y listo. Pero con los objetos complejos puede ser más complicado, más que nada porque la asignación puede fallar en tiempo de ejecución. Por eso, es recomendable asignar esos objetos dentro de inicializadores para poder gestionar los errores con bloques try-catch.

Por lo demás, vamos a ser sinceros: no es algo que te vayas a hinchar de usar por ahora. Pero están relacionados con los contructores, y éste era el sitio para hablar de ellos, y eso es lo que hemos hecho.

¿Que aún así quieres ver el aspecto que tiene un inicializador estático? Vale. Aquí lo tienes:

```
class Ejemplo {

    static int a;
    int b;

    public Ejemplo() {
        b = a * 2;
        System.out.println("Valor de a: " + a + ". Valor de b: " + b);
    }


    // Este es el inicializador static. Se ejecutará antes de cualquier
    // instanciación de la clase Ejemplo y, por tanto, antes que el
    // constructor.
    static {
        a = 1;
    }
}
```

3.5 Destructores

En Java no existen los destructores. Fin de la sección.

Bueno, expliquémoslo un poco. Los destructores son comunes en otros lenguajes orientados a objetos, en particular en C++. Se encargan de liberar los recursos que el objeto está ocupando antes de que éste deje de existir (por ejemplo, cerrar un archivo abierto, o una conexión con una base de datos, un una zona de memoria reservada). Son invocados automáticamente cuando la variable del objeto va a dejar de existir.

Los destructores, en C++, dejan bajo la responsabilidad del programador la liberación de recursos y los programadores, como todas las personas, a veces somos muy irresponsables.

En Java existe un mecanismo automático, el recolector de basura (*garbage collector* o simplemente "gc") que se encargar de ir liberando los recursos que ocupaban los objetos que ya no existen, así que, en principio, no hay ninguna necesidad de programar métodos destructores.

Existe un "pseudodestructor" en Java. Es el método finalize() que mencionamos más arriba. Si en tu clase colocas un método finalize(), Java lo invocará cuando el recolector de basura se ponga en marcha. El recolector es un proceso automático y, realmente, el programador no tienen ni idea de cuándo va actuar, aunque hay una forma de provocarlo:

```
// Forzar la ejecución del recolector de basura
System.runFinalization();
System.gc();
```

Esto forzará la ejecución de nuestro destructor finalize(), donde se cerrarán ficheros y todo el rollo. Pero, señoras y señores, seamos serios. ¿Qué clase de programador haría nunca algo así? Un programador medianamente organizado cierra un fichero cuando ha terminado de leer en él, o una conexión a la base de datos cuando ha dejado de usarla, y no coloca tales cosas en un finalizador para invocarlo indirectamente a través del recolector de basura.

Así que rectificamos nuestra afirmación inicial: en Java existen los destructores, pero como si no existieran.

4 Interfaces y clases abstractas

Son parecidos pero no son iguales: dos métodos para modelar el mundo con sutiles diferencias. Estamos hablando de herramientas muy específicas para los trabajos más finos y delicados.

4.1   Interfaces

Un interfaz es una clase sin código, es decir, una clase con sus atributos y las definiciones de sus métodos, pero sin código dentro de estos.

Por ejemplo:

```
public interface FiguraGeometrica {
    public double area();
    public double perimetro();
}
```

Un interfaz por sí mismo no sirve para nada. Su utilidad es servir de molde para formar otras clases que sí implementarán el código. Por ejemplo, estas dos:

```
public class Rectangulo implements FiguraGeometrica {
    private double base, altura;
    public Rectangulo (double b, double h) {
        base = b;
        altura = h;
    }
    public double area() {
        return base*altura;
    }
    public double perimetro() {
        return 2*(base+altura);
    }
}
```

```
public class Circulo implements FiguraGeometrica
{
    private double radio;
    public Circulo (double r) {
        radio = r;
    }
    public double area() {
        return 3.14 * radio * radio;
    }
    public double perimetro() {
        return 2 * 3.14 * radio;
    }
}
```

Si lo observas un momento, verás que las clases rectángulo y círculo *implementan* los dos métodos del interfaz, area() y perimetro(), y cada una lo hace de un modo distinto. Podríamos añadir muchas otras clases que usarían el mismo interfaz y lo implementarían de diferentes maneras.

Cualquier persona un poco escéptica, y el escepticismo es una cualidad muy necesaria, oiga, se preguntaría en este punto: ¿y esto para qué demonios sirve?

Es una buena pregunta, y tiene una buena respuesta: sirve para forzar que todas las clases similares obedezcan a un interfaz común. Muchas veces hemos dicho que, para que la OOP funcione, las clases deben comportarse como cajas negras cuyo funcionamiento interno sea desconocido para el resto, que solo acceden a ellas a través de su interfaz. Su interfaz. Ahí lo tienes.

El interfaz no debe cambiar una vez establecido, aunque la clase se reforme por dentro de los pies a la cabeza. Es como cuando tiran uno de esos edificios antiguos en el centro de la ciudad y solo dejan en pie la fachada: las tripas del edificio cambian por completo, pero lo que se ve desde la calle permanece invariable. Los interfaces ayudan a ello: obligan a todas las clases rectángulo, círculo y cualesquiera que haya del mismo tipo a estar cortadas por el mismo patrón, y a no cambiarlo caprichosamente.

4.2   Clases y métodos abstractos y finales

4.2.1 Clases y métodos abstractos

Las clases abstractas son clases genéricas. Esto quiere decir que no pueden instanciarse, es decir, no pueden crearse objetos de esa clase. Se usan únicamente para crear clases derivadas a partir de ellas.

Por ejemplo, Vehículo puede ser una clase abstracta en una jerarquía de clases. De ella pueden derivar clases más concretas como Motocicleta, Furgoneta o Camión, y de estas últimas sí que se instanciarán los objetos. Pero no tiene sentido crear objetos de tipo Vehículo, puesto que faltarán detalles importantes en su implementación debido, precisamente, a que es una clase genérica.

Las clases abstractas se usan, por lo tanto, para representar correctamente jerarquías entre objetos del mundo real, y permiten reutilizar gran cantidad de código de forma comprensible.

Las características de una clase abstracta son:

- No puede instanciarse.

- Puede tener métodos abstractos y no abstractos.

  - Los métodos no abstractos son heredados por las clases hijas como en cualquier otra herencia. Estas pueden o no redefinirlos.

  - Los métodos abstractos deben ser implementados forzosamente por las clases hijas, a menos que sean también clases abstractas y los sigan declarando como abstractos.

- Si una clase tiene algún método abstracto, entonces la clase también tiene que ser abstracta.

- Los métodos abstractos no pueden ser static.

La declaración de una clase o un método abstractos se hace anteponiendo el modificador abstract a la misma. Por ejemplo:

```java
public abstract class Vehiculo {
    private int peso;
    public void setPeso(int p) { peso = p; }      // Método convencional
    public abstract int getVelocidadMaxima();     // Método abstracto.
                                                  // No se implementa aquí.
}
```

4.2.2 Objetos, clases y métodos finales

Un objeto final hace que sea imposible que otro objeto tenga la misma referencia. Por ejemplo, si compilamos este código obtendremos un error en la tercera línea:

```java
final Persona p1 = new Persona();
Persona p2;
p2 = p1;
```

Recuerda que hemos usado la palabra final aplicada a variables de tipos primitivos para declararlas como constantes. Más o menos así:

```java
final int PI = 3.141592;
```

Esto hace que la variable PI no pueda volver a asignarse a lo largo de su vida en el programa.

Pues bien, con los objetos finales ocurre algo parecido pero de forma aún más estricta, puesto que ni siquiera pueden ser asignados a otros objetos. Esto ocurre para impedir que el objeto original (p1 en el ejemplo anterior) pueda ser modificado mediante el segundo objeto (p2)

Los objetos finales se usan con propósitos de seguridad (para prevenir modificaciones accidentales en el estado de un objeto) y por eficiencia (al existir una sola instancia de ese objeto, el optimizador de la JVM lo colocará en la memoria RAM y el acceso al mismo será mí uy rápido)

Los métodos finales son aquellos que no van a modificarse nunca. Es decir, si otra clase los hereda, no podrá modificarlos. Esto se utiliza en aquellos métodos cuyo comportamiento no debería ser alterado por ninguna de las clases desdendientes, normalmente por motivos de seguridad y/o de eficiencia. Así prevenimos que una mala práctica de programación pueda hacer que nuestro código deje de funcionar correctamente.

Por último, las clases finales son aquellas que no pueden tener descendencia. Esto tiene importancia en la eficiencia y en la seguridad de nuestra estructura de clases. Por ejemplo, java.lang.System es una clase final.

4.3 Diferencia entre interfaces y clases abstractas

Decíamos al principio de este apartado que los interfaces y las clases abstractas son similares pero no completamente iguales. Ambos sirven para forzar un interfaz común a todas las clases que heredan de ella (en el caso de las clases abstractas) o que lo implementan (en el caso de los interfaces). ¿Cuándo debemos usar uno u otro?

Las clases abstractas son clases, aunque no puedan instanciarse. Pueden contener código en varios de sus métodos, y los interfaces no (y ahí está la primera gran diferencia). Cualquiera que herede de ellas debe implementar los métodos forzosamente, pero no solo eso, sino que cualquiera que herede de ellas debe ser un hijo natural. Es decir, si Vehiculo es una clase abstracta, todas las clases que deriven de ella *tienen* que ser vehículos.

Esto con los interfaces no ocurre, y es la gran (y sutil) diferencia entre unos y otros. Un interfaz solo define un conjunto de métodos comunes que luego pueden ser implementados por una gran variedad de clases, que pueden tener mucho o poco que ver entre sí. Un ejemplo clásico es el interfaz Drawable ("dibujable"). Proporciona un método draw() que hace que el objeto se represente gráficamente en la pantalla. Un interfaz como Drawable puede aplicarse a muchas familias de clases: figuras geométricas, vehículos, vegetales, personas, etc. Una figura geométrica y un vehículo no tienen nada que ver: difícilmente podríamos imaginar una estructura de clases en las que unas acaben derivando de otras. Y, sin embargo, todas ellas pueden implementar el interfaz Drawable.

Existen otras diferencias aún más sutiles, desde luego. Por ejemplo, como una clase puede implementar varios interfaces a la vez, supone una especie de herencia múltiple camuflada (ya que, recuerda, en Java no está permitida la herencia múltiple). Pero estas cuestiones son demasiado sutiles para un libro que se titula como este. Todo llegará a su debido tiempo, y con lo que hemos hablado aquí ya puedes hacer muchas, muchísimas cosas.

5 Herencia

La **herencia** es un poderosísimo modo de reutilizar código. Cuando una clase deriva de otra ("es hija de otra", suele decirse), hereda todos sus atributos y métodos. Es decir, hereda datos y código, como en la vida real heredamos los ojos marrones o la tendencia a la calvicie.

Una clase derivada (o clase hija) puede sobreescribir (*override*, que queda más técnico) algunos atributos o métodos, y también puede sobrecargarlos, es decir, hacer nuevas versiones de un método heredado pero conservando el original. Todo ello para adaptar los métodos de su madre a sus necesidades, o para ampliarlos de algún modo.

En Java, cada clase solo puede heredar de otra. Es lo que se denomina **herencia simple**. Otros lenguajes, como C++, permiten a cada clase heredar de varias, es decir, **herencia múltiple**. La herencia múltiple es más flexible pero presenta algunos problemas serios en los que ahora no vamos a entrar.

Veamos el mecanismo de herencia con un simple ejemplo:

```java
public class FiguraGeometrica {
   String color;
   public void setColor(String s) { color = s; }
   public String getColor() { return color; }
}
```

La clase FiguraGeometrica (que ahora no es un interfaz, sino una clase cien por cien) será la base de nuestras otras clases, como estas:

```java
public class Rectangulo extends FiguraGeometrica {
   private double base, altura;
   public Rectangulo (double b, double h){
      base = b;
      altura = h;
   }
   public double area() {
      return base*altura;
   }
   public double perimetro() {
      return 2*(base+altura);
   }
}
```

```java
public class Circulo extends FiguraGeometrica {
   private double radio;
   public rectangulo (double r) {
      radio = r;
   }
   public double area() {
      return 3.14 * radio * radio;
   }
   public double perimetro() {
      return 2 * 3.14 * radio;
   }
}
```

Las clases rectángulo y círculo son idénticas a las del ejemplo del interfaz, salvo que ahora usan *extends* para indicar que derivan de FiguraGeometrica, en lugar de *implements*.

Esto significa que heredan todos los datos y métodos de FiguraGeometrica. En concreto, tanto rectángulo como círculo dispondrán de un atributo llamado color y de dos métodos getColor() y setColor(), tal y como están definidos en FiguraGeometrica. Por lo tanto, podemos hacer algo como esto y funcionará perfectamente:

```
Circulo c = new Circulo(2);
Relctangulo r = new Rectangulo(4,7);
c.setColor("Rojo");
r.setColor("Verde");
System.out.println("El círculo es de color " + c.getColor());
System.out.println("Área del círculo " + c.area());
System.out.println("El rectángulo es de color " + r.getColor());
System.out.println("Área del rectángulo " + r.area());
```

Aunque los métodos setColor() y getColor() no están definidos en las clases círculo ni rectángulo, han sido heredados de su clase madre y pueden utilizarse como propios. Así se reutiliza el código de forma simple y elegante, sin necesidad de hacer copy-paste.

A propósito: cuando un programador se descubre a sí mismo haciendo copy-paste, debería encendérsele la luz de alarma dentro de la cabeza, porque eso significa que no está aprovechando el mecanismo de herencia de la programación orientada a objetos y que, por lo tanto, su estructura de clases está probablemente mal planteada.

6 Wrappers

¿Te has fijado en que, en Java, todo es una clase excepto los tipos primitivos? ¿No te parece raro? ¿Por qué hacer esa distinción tan artificial?

Los diseñadores de Java pensaron que utilizar tipos primitivos para variables enteras, de carácter o booleanas facilitaría la labor de programación. Pero, al mismo tiempo, vieron que, en ocasiones, es necesario usar esas variables como objetos. Por ejemplo, para pasarlo por referencia a un método (recuerda que los tipos primitivos siempre se pasan por valor), o para poder hacer conversiones explícitas (casting) entre objetos.

Y aquí es donde entran en juego los wrappers.

Los **wrappers** ("envoltorios", literalmente) con clases para los tipos primitivos. Cada tipo primitivo tiene su wrapper asociado, y así los datos de esos tipos pueden usarse como objetos cuando convenga hacerlo.

Tipo primitivo	Wrapper
byte	Byte
short	Short
int	Integer
long	Long
float	Float
double	Double
char	Character
boolean	Boolean

6.1   Un ejemplo de wrapper: la clase Integer

Vamos a describir con un poco más de detalle un wrapper. El resto funcionan más o menos igual, así que te podrás hacer una idea de cómo utilizarlos cuando los necesites.

La clase Integer tiene dos constructores:

- Integer(int)

- Integer(String)

Y, como cualquier clase, tiene una colección de métodos. Aquí tienes algunos:

- Byte byteValue(): devuelve el valor de número convertido a byte.

- Shor shortValue(), Integer intValue(), Long longValue(), Float floatValue(), Double doubleValue(): devuelve el valor del número convertido, respectivamente, a short, int, long, float o double.

- Integer decode(String): convierte el String en un Integer. Acepta valores decimales, binarios, octales y hexadecimales.

- Integer parseInt(String): convierte el String en un Integer. Solo acepta valores decimales.

- Integer parseInt(String, int): convierte el String en un Integer. Solo procesa el número de caracteres especificados en el segundo argumento.

- Integer valueOf(String): otra forma de convertir String a Integer.

- String toString(): el método inverso, ya que convierte el Integer (this) a un String.

- String toBinaryString(int): convierte el número (this) a un String con el mismo número representado en binario.

- String toHexString(int): convierte el número (this) a un String con el mismo número representado en hexadecimal.

- String toOctalString(int): convierte el número (this) a un String con el mismo número representado en octal.

La clase Integer también tiene definidas algunas constantes públicas muy útiles, como:

- MAX_VALUE: el valor más alto que puede representarse con un Integer.

- MIN_VALUE: el valor más pequeño que puede representarse con un Integer.

- TYPE: el nombre de la clase a la que pertenece el número.

- SIZE: el número de bytes usados para representar el Integer en la memoria (en complemento a dos).

Ahora puedes comprender qué demonios hace esa llamada a Integer.parseInt()
que has visto decenas de veces en líneas como esta, ¿verdad?:

```
int n = Integer.parseInt(System.console.readLine());
```

7 El API estándar de Java

El término API (Application Program Interface) se refiere a cualquier biblioteca
de clases (o de funciones, en programación estructurada clásica) que ejerza de
intermediario entre nuestros programas y algún otro sistema. Este otro sistema
puede ser cualquier cosa: el sistema operativo, un gestor de bases de datos, otra
aplicación o la máquina virtual de Java. Por eso un API puede ser casi cualquier
cosa.

Cuando hablamos del API estándar de Java nos referimos a la biblioteca de
clases que constituyen el JDK de Java y que tenemos a nuestra disposición para
usarlas en todas nuestras aplicaciones.

El API de Java es extensísimo. Ningún programador lo conoce en su totalidad, ni
le hace falta. Tampoco es nuestra intención hacer aquí ni siquiera un resumen
del mismo. Para eso ya están los manuales de referencia y el sitio web de Oracle.
Aquí contaremos cuál es la forma habitual de proceder de un programador Java
cuando necesita usar una o varias clases del API de Java que nunca ha utilizado
o que no recuerda como hacerlo.

7.1 Un ejemplo de clase del API: Date

Supón que estás desarrollando una aplicación en la que necesitas trabajar con
fechas y horas (algo bastante habitual, por otra parte). Parece lógico imaginar
que el API de Java debe incluir alguna clase para trabajar con estos elementos
tan frecuentes.

Una breve búsqueda por Internet nos revela que existen un buen número de clases en el API de Java para hacer esto. Lo siguiente debería ser ir a la web de Oracle y revisar la referencia de todas ellas. Encontraremos algo así:

- Clase Date: nos permite manejar la fecha en formato Unix, es decir, representada como el número de milisegundos transcurridos desde el 1 de enero de 1970, fecha que se toma como referencia (instante 0) en los relojes internos de todos los ordenadores del mundo.

- Clase Calendar: clase abstracta que define métodos para obtener la fecha y la hora como años, meses, días, horas, minutos y segundos. Como es abstracta, no puede instanciarse directamente (un poco más adelante explicamos qué es eso de las clases abstractas)

- Clase GregorianCalendar: deriva de Calendar, y contiene la implementación de los métodos de Calendar para el calendario Gregoriano que utilizamos en Occidente.

Por lo tanto, pronto se hace claro que GregorianCalendar es la clase que buscamos. Eso no quiere decir que no podamos apañarnos con Date o con Calendar, pero sería probablemente más complicado para nuestros propósitos. Así que nos vamos a la API de GregorianCalendar y encontramos algunas peculiaridades:

- Los años, meses, etc, se representan con números enteros.

- Se accede a estos datos con constantes cuyos nombres son: DAY_OF_WEEK, DAY_OF_MONTH, MONTH, YEAR, HOUR, MINUTE, SECOND, MILISECOND, etc.

- Los días se la semana empiezan a contarse desde el domingo (domingo = 1)

- Los meses del año empiezan a contarse desde 0 (enero = 0 y diciembre = 11) (sí, sí, has leído bien, enero es 0 y diciembre es 11. ¿Que por qué? Porque Java lo vale)

- Antes de usar GregorianCalendar, hay que instanciar Date para obtener la fecha en formato Unix.

Por lo tanto, enseguida podemos hacer uso de GregorianCalendar para, por ejemplo, obtener la fecha y hora actual del sistema:

```
import java.util.*;
...
Date date = new Date();
GregorianCalendar calendario = new GregorianCalendar();
calendario.setTime(date);
int dia = calendario.DAY_OF_MONTH;
int mes = calendario.MONTH;
int ano = calendario.YEAR;
int hora = calendario.HOUR;
int minuto = calendario.MINUTE;
int segundo = calendario.SECOND;
System.out.println("Fecha y hora actual: " + dia + "/" + mes + "/" + ano + " -
" + hora + ":" + minuto + ":" + segundo);
```

En conclusión, con solo unos minutos de investigación estamos haciendo uso de una clase estándar que nunca habíamos utilizado ni sabíamos que existía. Es por eso por lo que ningún programador tiene necesidad de conocer en su totalidad la biblioteca de Java (suponiendo que ello fuera posible), y que todos acabamos dominando únicamente las clases que utilizamos asiduamente.

8 Polimorfismo, sobreescritura, sobrecarga

Polimorfismo, sobreescritura y sobrecarga son tres características de la programación orientada a objetos relacionadas entre sí. Ya hemos hablado de ellas en anteriores ocasiones de manera informal. Ahora las formalizamos y ampliamos en este apartado.

8.1 Más acerca del polimorfismo

El **polimorfismo** en programación orientada a objetos consiste en que un mismo elemento puede adquirir varias formas.

La manera más habitual en la que encontramos el polimorfismo es en los métodos. Pueden existir varias versiones del mismo método con distinta forma, esto es: el mismo nombre pero distintos parámetros, o distinto tipo devuelto. Por ejemplo, en el constructor de la clase Persona:

```
public Persona();                    // Constructor sin parámetros
public Persona(String nombre);       // Constructor con 1 parámetro
public Persona(String nombre, int edad);  // Constructor con 2 parámetros
```

Este tipo de polimorfismo es resuelto por el intérprete comparando los parámetros formales con los parámetros actuales que se usan en la llamada al método, y ejecutando la versión del método que se corresponda con la llamada.

Pero hay otra forma de polimorfismo más compleja al tiempo que más potente, y es la que se refiere al polimorfismo de los objetos pertenecientes a una clase base. Veámoslo con un ejemplo.

Supón que tenemos una jerarquía de clases, como el clásico caso de la clase Vehículo de la que deriva la clase Automóvil, Motocicleta, etc. Imaginemos, además, que de la clase Automóvil derivamos la clase Todoterreno. Gráficamente lo podemos representar así:

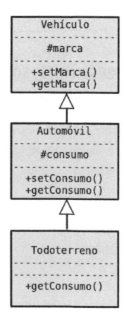

Esto, por cierto, es un **diagrama de clases**, una de esas herramientas que usan los arquitectos o analistas del software para diseñar las aplicaciones orientadas a objetos. No es nuestro propósito detenernos en esos asuntos pues, como ya hemos dicho varias veces, para comenzar a diseñar programas orientados a objetos muy complejos necesitarías aprender ingeniería del software. Pero el diagrama de clases es tan útil y tan fácil de entender que es buena idea que te familiarices con él, y resulta tan simple que no requiere mucha explicación. Cada clase es un rectángulo, y tiene dentro su nombre, sus atributos y sus métodos. Las flechas indican la herencia.

El código en Java que implementa el diagrama anterior es más o menos así:

```
class Vehiculo {
    protected String marca;
    public void setMarca(String m) { marca = m; }
    public String getMarca() { return marca; }
}

class Automovil extends Vehiculo {
    protected double consumo;    // consumo de combustible cada 100 km
    public void setConsumo(double c) { consumo = c; }
    public double getConsumo() { return consumo; }
}

class Todoterreno extends Automovil {
    public double getConsumo() { return consumo * 1.2; }
}
```

La idea es que los vehículos de tipo Todoterreno tendrán un consumo medio cada 100 km. Cuando se comporten como automóviles convencionales (circulando por calles y carreteras), ese será su consumo. Pero cuando circulen por caminos y pistas forestales, su consumo medio habitual se verá incrementado en un 20% (ver clase Todoterreno)

Por lo tanto, los vehículos de tipo Todoterreno a veces se comportarán como un Automóvil y a veces como un Todoterreno. He aquí el polimorfismo de este ejemplo.

Podemos usar las clases anteriores de este modo:

```
Vehiculo v1 = new Automovil();
v1.setMarca("Seat");
v1.setConsumo(4.8);    // Dará error al compilar
Automovil v2 = new Todoterreno();
```

```
v2.setMarca("Toyota");
v2.setConsumo(7.0);
System.out.println(v2.getConsumo());
```

En este ejemplo vemos varios aspectos clave del polimorfismo:

En la línea 1 asignamos un objeto Automovil a una variable (v1) de tipo Vehiculo. Como Automovil deriva de Vehículo, es posible hacerlo.

En la línea 3, sin embargo, vemos una limitación de este mecanismo: como v1 es de tipo Vehiculo, no puede resolver la llamada a setConsumo(), que es un método de Automovil. Se puede arreglar haciendo una conversión explícita:

```
((Automovil)v1).setConsumo(4.8);
```

Esta conversión hace que, momentáneamente, v1 se comporte como un Automovil y no como un Vehiculo.

En las siguientes líneas repetimos la idea, pero asignando un Todoterreno a una variable Automovil (v2). La pregunta sería: ¿qué obtendremos en la última línea? ¿El consumo de un Automovil (7.0) o el de un Todoterreno (8.4, es decir, un 20% más que el consumo medio)?

La respuesta es 8.4. Y el motivo es que, aunque v2 es una variable de tipo Automovil, está referenciando a un objeto de tipo Todoterreno, y el método getConsumo() está sobreescrito en esta clase. Por ello, el intérprete de Java preferirá ejecutar el getConsumo() de Todoterreno.

Sin embargo, sería posible obtener el consumo de v2 comportándose como un Automóvil haciendo una conversión explícita:

```
((Automovil)v2).getConsumo();
```

Por lo tanto, el objeto v1 puede comportarse como un Vehículo o como un Automóvil, según nos interese. Y el objeto v2 puede hacerlo como un Automóvil o como un Todoterreno. Ambos objetos están adquiriendo diferentes formas (polimorfismo) a lo largo de la aplicación.

8.1.1 Vinculación temprana y vinculación tardía

Puede que el polimorfismo de objetos te parezca un follón, y tienes razón: lo es. Pero, al mismo tiempo, resulta un mecanismo muy potente. Como todos los mecanismos potentes, es fácil que te estalle en las manos si no lo manejas con cautela.

Para tratar de clarificar la forma en la que el intérprete Java decide qué versión de cada método ejecuta en cada caso, hay que tener en cuenta los mecanismos de vinculación que utiliza y cuándo utiliza cada uno. Vincular, en este contexto, se refiere a la forma en la que Java enlaza la llamada a un método con el código concreto de dicho método.

En Java hay dos mecanismos de vinculación:

- **Vinculación temprana**. Se realiza en tiempo de compilación. Es la utilizada con los métodos "normales" y con los sobrecargados.

- **Vinculación tardía**. Se realiza en tiempo de ejecución. Es la utilizada con los métodos sobreescritos, excepto los finales.

La vinculación tardía es más lenta y puede producir efectos sorprendentes, pero también es más potente. Es la que ha funcionado en el ejemplo anterior, cuando la variable v2 de tipo Automóvil ha ejecutado un método de la subclase Todoterreno. Esto ha ocurrido porque el método en cuestión, getConsumo(), estaba sobreescrito en la subclase, y la vinculación tardía ha resuelto, en tiempo de ejecución, que la versión de getConsumo() de Todoterreno era la que correspondía al objeto.

8.2   Más acerca de la sobreescritura de métodos

La **sobreescritura** u *overriding* de métodos es fundamental en proramación orientada a objetos y, de hecho, la hemos venido practicando desde que trabajamos con herencia.

La sobreescritura nos permite modificar el comportamiento de la clase madre reescribiendo el código de uno o varios métodos de la misma en las clases derivadas. Las únicas condiciones que deben cumplir los métodos sobreescritos son:

- Conservar el mismo nombre.

- Devolver un dato del mismo tipo.

- Mantener los mismos parámetros formales.

Todo ello por pura lógica: si no, no estaríamos redefiniendo un método, sino declarando otro método diferente.

En el apartado anterior sobre sobre polimorfismo puedes ver un ejemplo complejo de sobreescritura (método getConsumo() en la clase Todoterreno)

8.3   Más acerca de la sobrecarga

La **sobrecarga** u *overloading* es, en realidad, una de las formas básicas del polimorfismo. Cuando definimos varias versiones del mismo método, con distintos parámetros y/o valores devueltos, se dice que estamos sobrecargando ese método.

Las reglas para hacer correctamente la sobrecarga de métodos son obvias:

- El método sobrecargado debe conservar el nombre pero variar la lista de parámetros formales.

- Los métodos pueden sobrecargarse en la superclase y en las subclases.

- En la sobrecarga pueden utilizarse las mismas excepciones que en el método original o añadir otras.

- En la sobrecarga también puede cambiarse el tipo de retorno o el modificador de acceso.

8.4   Conversiones entre objetos

Conversiones explícitas: he aquí otra cosa que hemos utilizado muchas veces de manera informal e intuitiva y que ha llegado el momento de formalizar. Las conversiones, seguro que lo recuerdas, pueden ser de dos tipos: implícitas o explícitas.

Las **implícitas** eran aquellas que se realizaban automáticamente. En general, en Java están prohibidas, y solo hay algunos casos en los que pueden funcionar sin provocar un error de compilación o de ejecución.

```
byte a = 1;
int b = 2;
int x = a;   // Conversión implícita que funciona
byte y = b;   // Conversión implícita que falla (un int no "cabe" en un byte)
```

Las **explícitas** son las conversiones que el programador fuerza utilizando un *casting* o molde. En tal caso, el compilador mirará para otro lado y supondrá que sabemos lo que hacemos. Forzar una conversión puede dar lugar a efectos indeseados. Como estas conversiones dan mucho más juego, nos vamos a centrar en ellas.

8.4.1 Casting entre tipos primitivos

A lo largo del libro hemos visto muchos ejemplo de conversión de tipos explícita (*casting*) entre tipos primitivos, es decir, de conversión de tipos descrita por el programador. Por ejemplo:

```
int a = (int)(Math.random()*100);
```

La única regla es: si conviertes de un tipo de más precisión a otro de menos precisión, perderás información por el camino. En el ejemplo anterior, se convierte de double a int. ¿Qué información se ha perdido? Los decimales de double, por supuesto. En este caso, era justo lo que pretendíamos.

8.4.2 Casting entre objetos

En este capítulo hemos visto (aunque quizá no te hayas percatado) otra aplicación del casting: la que se realiza entre objetos cuando tienen entre si una relación de herencia. Por ejemplo:

```
((Automovil)v1).setConsumo(4.8);
```

En este ejemplo, v1 era un objeto de una clase llamada Vehículo, que no disponía del método setConsumo(), mientras que la clase hija Automovil sí que lo tenía. Haciendo la conversión (Automovil)v1, conseguíamos acceder al método setConsumo() desde un objeto de tipo Vehículo.

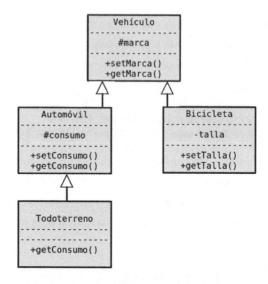

El casting entre objetos sigue un par de sencillas reglas:

- Si estás usando una clase más específica (más abajo en la jerarquía) para acceder a métodos de clases superiores, no hace falta casting. A esto se le denomina **upcasting** (casting "hacia arriba")

- Si estás usando una clase más general (más arriba en la jerarquía) para acceder a métodos de clases inferiores, sí debes hacer casting. A esto se le denomina **downcasting** (casting "hacia abajo")

Un caso habitual de conversión de tipos entre objetos se produce en las llamadas a métodos que aceptan un objeto como parámetro. Supongamos que tenemos un método que acepta un vehículo como parámetro para hacer ciertas operaciones con él. Ese método puede declararse así:

```
public void miMetodo(Vehiculo v)
```

En tal caso, la variable v será un Vehículo genérico (parte superior de la jerarquía), y cualquier intento de usar los métodos de Automóvil, Todoterreno o cualquier otra clase, requerirá un casting.

En cambio, el método también puede declararse así:

```
public void miMetodo(Automovil a)
```

En este caso, podrán usarse a través del objeto a todos los métodos de Automovil y de Vehiculo sin necesidad de casting, pero los de Todoterreno sí necesitarán conversión explícita, y los de Bicicleta, simplemente, no podrán usarse.

¿Qué es mejor, entonces? ¿Usar un parámetro lo más genérico posible, como Vehículo, o uno más específico, como Automóvil? La respuesta, obviamente, depende de lo que estemos programando, pero utilizar una clase muy genérica como Vehículo proporciona al método mucha más flexibilidad, porque puede acceder a cualquier método de cualquier subclase (mediante casting), mientras que utilizar una clase más específica limita los métodos accesibles a los de la rama de la jerarquía en la que se encuentre la clase.

8.4.3 Más sobre upcasting y downcasting

Upcasting y downcasting son una parte importante de Java. Son mecanismos que nos permiten exprimir al máximo el polimorfismo. Como hemos visto, el upcasting es automático, mientras que el downcasting debe hacerse explícito.

Upcasting y downcasting NO funcionan como las conversiones entre tipos primitivos, y esto es motivo de confusión habitual entre programadores principiantes. Por ello, vamos a insistir en este importante punto planteando otro ejemplo clásico de jerarquía de clases con el que juguetearemos en las siguientes páginas:

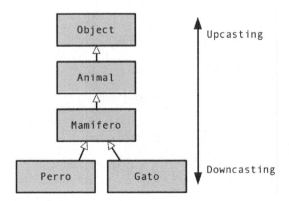

Primero de todo, observa que, en la raíz de la jerarquía, está Object. Esta clase no suele dibujarse en los diagramas de clase, pero siempre está presente. Simplemente, si creas una clase en Java que no deriva de ninguna otra, Java supondrá que deriva de Object. Así que un Object es el bisabuelo de un gato.

Consideremos ahora este ejemplo:

```java
class Animal {
    int vida = 100;
}

class Mamifero extends Animal { }

class Gato extends Mamifero { }

class Perro extends Mammal { }

public class Prueba {
    public static void main(String[] args) {
        Gato g = new Gato();
        System.out.println(g.vida);
        Perro p = new Perro();
        System.out.println(p.vida);
    }
}
```

Cuando ejecutemos la clase Test, obtendremos 100 100 en la consola, porque tanto el perro como el gato heredan la vida de la clase Animal (su abuela).

Cuando hacemos un casting no estamos cambiando el objeto, sino solo etiquetándolo de un modo diferente. Por ejemplo, si hacemos un upcast de Gato a Animal, el objeto no deja de ser un gato. Todavía es un gato, pero será tratado temporalmente como un Animal cualquiera para acceder a los atributos y propiedades de Animal.

Aquí tenemos un ejemplo de upcasting:

```java
Gato g = new Gato();
System.out.println(g);
Mamifero m = g;                    // upcasting
System.out.println(m);
```

En la pantalla obtendremos algo como esto:

```
Gato@a90653
Gato@a90653
```

Esto demuestra que el objeto nunca ha dejado de ser un gato. Gato nació y gato morirá, aunque por el camino lo hayamos convertido temporalmente en mamífero (en realidad, nunca ha dejado de serlo). Sin embargo, un gato no puede convertirse en un perro. Ese intento de casting fallará porque no tiene sentido en el mundo real ni tampoco en nuestra jerarquía de objetos (porque consigue representar el mundo real con una aproximación bastante razonable)

El upcasting es automático en Java. No es necesario hacerlo explícito, pero puede hacerse si lo deseamos. Así:

```
Mamifero m = (Mamifero)new Gato();
```

Esto es equivalente a:

```
Mamifero m = new Gato();
```

Pero el downcasting sí debe hacerse explícitamente:

```
Gato g1 = new Gato();
Animal a = g1;      //upcasting automático
Gato g2 = (Gato) a; //downcasting manual
```

¿Por qué uno es automático y el otro no? Bueno, el upcasting no puede fallar: un gato siempre es un animal, y puede ser tratado como tal. Pero el downcasting es otra historia. Los perros, como los gatos, son animales, pero un gato no puede ser convertido en perro, ni tampoco al revés. Con el downcasting hay que tener más cuidado, o Java nos tirará a la cara una excepción de conversión de objetos.

8.4.4 El operador instanceof

Y aquí llega nuestro aliado definitivo para ayudarnos en todo este lío: un operador llamado *instanceof*.

Este operador nos dice si un objeto es una instancia de una determinada clase. Devuelve true o false. Aquí lo vemos en acción:

```
Gato g1 = new Gato();
Animal a = g1;          // upcasting a Animal
if(a instanceof Gato){ // testeamos si a es un gato
   System.out.println("¡a es un gato!");
   System.out.println("Podemos hacer downcasting con tranquilidad");
   Gato g2 = (Gato)a;
}
```

Otra cosa que debes tener en cuenta es que el downcasting no siempre es posible. Por ejemplo, si creas un objeto Mamifero no puedes hacer downcasting a Perro o Gato, porque ambos derivan de Mamifero y podría ser cualquiera de las dos cosas:

```
Mamifero m = new Mamifero();
```

```
Gato c = (Gato)m;   // *** Error ***
```

Este código compila, pero lanzará un error de ejecución del tipo de:
"java.lang.ClassCastException: Mammal cannot be cast to Cat"

La idea principal que subyace al casting es sencilla: cada cosa es lo que es. Por ejemplo, puedes preguntarte: ¿un gato es un mamífero? La respuesta es sí, así que puedes convertir un gato en un mamífero. Y si te preguntas: ¿un mamífero es un gato? La respuesta es que no, no siempre lo es. Así que no puedes convertirlo. Visto así, no es tan difícil, ¿no?

9   Acceso a la superclase

Para acceder a los métodos de una superclase se utiliza la palabra reservada **super**. Esta palabra está disponible en cualquier método, excepto en los estáticos.

super, como this, es una referencia al objeto actual. Lo que diferencia a super de this es que ejecutará las versiones de los métodos de la superclase en lugar de los de la clase actual.

Con super, además, se puede acceder a los miembros protected de la superclase, pero no a los private.

Veámoslo con un ejemplo:

```java
class Vehiculo {
    protected String marca;
    public void setMarca(String m) { marca = m; }
    public String getMarca() { return marca; }
    public void info() {
        System.out.println("Soy un vehículo de la marca " + marca);
    }
}

class Bicicleta extends Vehiculo {
    private int tamRueda;   // Tamaño de rueda
    protected String marca;
    public setMarca(String m1, String m2) {
```

```
      super.marca = m1;
      this.marca = m2;
  }
  public void setTamRueda(double t) { tamRueda = c; }
  public int getTamRueda() { return tamRueda; }
  public void info() {
    super.info();
    System.out.println("Soy una bicicleta de marca " + marca +
                       "y tamaño de rueda " + tamRueda + " pulgadas");
  }
}
```

En este código, la clase Bicicleta deriva de Vehículo, pero hemos redefinido el atributo marca y el método setMarca(). Observa como este método accede al atributo de la clase madre y de la clase actual.

Ahora invoquemos unos cuantos métodos, a ver qué pasa:

```
Bicicleta b = new Bicicleta();
b.setMarca("BH", "Easymotion");
b.setTamRueda(28);
b.info();
```

Lo que obtendremos por la pantalla será:

```
Soy un vehículo de marca BH.
Soy una bicicleta de marca Easymotion y de tamaño de rueda 28 pulgadas.
```

Los motivos por los que hemos obtenido esta salida por consola son estos:

- Primero, el método setMarca() estableció el valor de la marca de la superclase en "BH" y el de la clase actual en "Easymotion"

- Después, el método info() invocó en primer lugar al método info() de su superclase, que dio lugar a la primera línea ("Soy un vehículo de marca BH"), y después el método imprimió la segunda línea.

Esta misma forma de proceder puede aplicarse a los constructores. Así, si creamos un constructor para Vehículo capaz de recibir la marca, y otro para Bicicleta que reciba los nombres de las marcas de la clase madre y la suya propia, podríamos hacer esto:

```
class Vehiculo {
  protected String marca;
  Vehiculo(String m) { marca = m; }
  ...
```

```
}

class Bicicleta {
  Bicicleta(String m1, String m2) {
    super(m1);
    this.marca = m2;
  }
  ...
}
```

Observa como el constructor de Bicicleta invoca al constructor de su clase madre con la expresión super(). En este caso, super() es un método (el constructor de la clase madre)

10 Clases anidadas

Para terminar este capítulo, digamos unas breves palabras sobre clases anidadas.

Las clases pueden anidarse, es decir, pueden definirse unas dentro de otras.

```
class Externa {
  ...
  class Interna {
    ...
  }
}
```

La clase interna es un miembro de la clase externa y, como tal, tendrá acceso a todos sus atributos y métodos, incluso a los privados. Y, como es lógico, podrá ser a su vez private, protected o public.

La clase anidada también puede ser estática o no. Si es estática no necesita instanciarse.

La instanciación de una clase anidada necesita la previa instanciación de la clase externa. Por ejemplo:

```
Externa e = new Externa();
Interna i = e.new Interna();
```

La anidación de clases, aunque a veces es apropiada, puede dar lugar a situaciones confusas para el programador. Solo deberían anidarse las clases cuando esté muy claro que esa estructura responde a la lógica del problema y que la solución obtenida es la más simple posible. Esto sucede, por ejemplo, en clases que van a usarse en un único lugar de todo el sistema.

11 Hemos aprendido...

Después de este repaso por las características más avanzadas de la programación orientada a objetos no te quedan muchos secretos por descubrir al respecto (aunque alguno hay...)

Ahora lo sabes todo sobre los métodos y atributos de instancia y de clase, el paso de parámetros por valor y por referencia y el uso de constructores y destructores. También hemos hablado de los interfaces y las clases abstractas, de los *wrappers*, y de las características más cacareadas del paradigma: polimorfismo, sobreescritura, sobrecarga y, por supuesto, herencia. Todas estas palabras ya no te deben sonar a chino.

Por si fuera poco, por el camino te has topado con un par de diagramas de clases sencillos, de modo que puedas interpretar algún otro que se te ponga por el camino sin asustarte por ello.

Ahora queda lo más complicado: utilizar todo eso en programas reales. Hazte a la idea de que son más utensilios que tendrás que meter en tu caja de herramientas (recuerda que el programador es un albañil de la informática, y a mucha honra) para llevarla contigo a todas partes. Puede que no todos los días necesites usar la ingletadora, por decir algo, pero necesitas saber que la llevas encima y que podrás sacarla cuando te haga falta.

Pues bien, ha llegado el momento de ejercitarse con estas herramientas.

12 Ejercicios propuestos

Como en los capítulos anteriores, podrás encontrar una selección de estos ejercicios resueltos en el siguiente apartado (aunque te aconsejamos que los intentes hacer tú antes de mirar la solución). Los ejercicios resueltos están marcados con un asterisco (*). El código fuente, adicionalmente, puede descargarse aquí:

http://ensegundapersona.es/programar-en-java

Ejercicio 4.1: Paquete prueba

Si no lo has hecho antes, crea el paquete Utilidades.prueba que se describe en el capítulo así como un pequeño programa que compruebe que funciona bien.

Ejercicio 4.2: Paquete matemáticas (*)

Crea ahora el paquete Utilidades.matematicas con dos clases llamadas Sumar y Potenciar.

La clase Sumar tendrá un método suma(int, int), sobrecargado como suma(double, double) para poder sumar números reales. La clase Potenciar tendrá un método potencia(int, int) sobrecargado como potencia (double, int), donde el primer parámetro será la base y el segundo el exponente.

Luego escribe una clase que permita probar el paquete para ver si todo resulta como debería. Por cierto, todos los chistes procaces en torno al doble sentido de la palabra "paquete" han sido hechos ya, así que no es necesario que te esfuerces en inventar ninguno nuevo. Dejaron de tener gracia en 1995.

Ejercicio 4.3: Clase Animal (*)

Escribe una clase Animal con los atributos nombre (String) y edad (int), con sus respectivos getters y setters. No, un setter no es una raza de perro en este contexto. Un getter no es una raza de perro en ningún contexto.

Crea un constructor que permita asignar valores a ambos atributos durante la creación del objeto.

Implementa para esta clase el método clone() y el método equals() heredados de Object para poder copiar y comparar en profundidad, y escribe un programa de prueba que lo demuestre.

Ejercicio 4.4: Contador de animales (*)

Para la clase Animal anterior, crea un atributo numAnimales (int) que cuente cuantos objetos de la clase Animal han sido creados, y comprueba que funciona correctamente.

Ejercicio 4.5: Constructor copia (*)

Añade un constructor copia a la clase Animal y (no debería ser necesario decirlo a estas alturas) comprueba que funciona.

Ejercicio 4.6: Herencia animal (*)

Crea dos clases llamadas Perro y Gato que deriven de la clase Animal. Añade a la clase Perro el atributo raza (String) con su getter y su setter. Añade a la clase Gato el atributo vidas (int) con un valor inicial de 7 (¡claro!) y dos métodos: getVidas() y restarVida(). Éste último restará una vida al gato, como es lógico.

Haz un programa que compruebe que todos los métodos de la clase madre (animal) están disponibles en Perro y Gato y funcionan correctamente.

Ejercicio 4.7: Adivinanza

Blanco por dentro, verde por fuera. Que no, que es broma. Se trata de averiguar qué demonios mostrará este programa por pantalla antes de teclearlo y ejecutarlo en la máquina:

```
public class Adivinanza
{
    Adivinanza (int i)
    {
        this("Soy un enigma");
        System.out.println("Mi número es " + i);
    }
    Adivinanza (String s)
    {
```

```
    System.out.println(s);
}
void saluda()
{
    System.out.println("Hola.");
}
public static void main(String[] args)
{
    new Adivinanza(8).saluda();
}
}
```

Ejercicio 4.8: Herencia geométrica (*)

En el capítulo poníamos un ejemplo clásico de herencia: la clase círculo y la clase rectángulo, que derivaban de una clase general llamada FiguraGeometrica.

Ahora vamos a partir de ese ejemplo para plantear un caso de herencia un poco más complejo de los vistos hasta ahora. Observa el diagrama de aquí abajo. Es un diagrama de clases un poco más complejo que los que hemos mostrado a lo largo del capítulo, pero no resulta difícil de entender. Simplemente, expresa gráficamente las relaciones de herencia entre las clases y muestra los atributos y métodos de cada una (por cierto: + significa public, y - significa private).

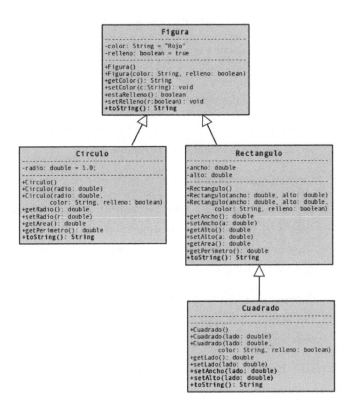

Por supuesto, podíamos haber añadido más figuras, pero con estas ya tienes entretenimiento para un rato. Observa, por cierto, como Cuadrado deriva de Rectángulo, y no directamente de Figura.

Ahora se trata de que hagas lo siguiente:

1) Escribir la superclase Figura (figura geométrica), que contendrá:

- Dos atributos de instancia: color (String) y relleno (boolean).

- Dos constructores: uno sin argumentos que inicializará el color a "rojo" y relleno a true; y otro que recibirá dos argumentos para inicializar los atributos.

- Getters y setters.

- Sobreescritura del método toString() de Object para devolver la cadena: "Soy una figura de color xxx y rellena/no rellena".

2) Escribe una clase que compruebe que los métodos de Figura funcionan.

3) Escribe dos subclases de Figura llamadas Círculo y Rectángulo. La clase Circle contendrá:

- Una variable llamada radio (double).

- Tres constructores, como se ve en el diagrama de clases. El constructor sin argumentos establecerá el radio en 1.

- Getter y setter para el radio.

- Los métodos getArea() y getPerimetro(). Si no recuerdas como calcular el área y el perímetro (o circunferencia) de un círculo... bueno, tal vez necesites tomar algo para mejorar tu memoria. En cualquier caso, ¿para qué está la wikipedia?

- Sobreescribe el método toString() heredado de Figura. Ahora, el método devolverá: "Soy un círculo con radio = x, esta es mi superclase: yyy", donde yyy es la salida del método toString() de la superclase de Círculo.

4) La clase Rectángulo se comportará igual, con las lógicas diferencias en atributos y métodos getters y setters. Mira el diagrama de clases si tienes alguna duda.

5) Escribe una clase llamada Cuadrado como subclase de Rectángulo. Esta clase podía haberse modelado como subclase de Figura, pero es más cómodo hacerlo como subclase de Rectángulo porque podemos aprovechar casi todo el código de su superclase. Basta con crear el siguiente constructor:

```
public Square(double side)
{
    super(side, side);  // Llama a la superclase Rectangle(double, double)
}
```

- Además de crear el constructor, sobreescribe, como en los otros casos, el método toString().

- Atención, pregunta: ¿necesitarás sobreescribir getArea() y getPerimetro(), o funcionarán tal y como han sido heredados de Rectángulo? Haz la prueba a ver qué pasa...

- Sobreescribe los setters setAlto() and setAncho() para evitar que el largo y el ancho del cuadrado puedan tener dimensiones diferentes.

6) Finalmente, escribe una clase de prueba que testee que todo lo anterior funciona como se espera.

Ejercicio 4.9: El rector

Crea una clase Profesor con los atributos nombre y sueldo y los getters y setters correspondientes.

Crea luego una subclase Rector. Los directores cobran un 25% más aunque realicen el mismo trabajo. Sobreescribe el método getSueldo() en Rector y comprueba que funciona.

Ejercicio 4.10: Colores (*)

Escribe dos clases, Blanco y Negro, dentro de una clase Color (clases anidadas).

Crea dos métodos pintaBlanco() y pintaNegro() dentro de Color, que se encarguen de instanciar las clases Blanco y Negro. Estas últimas mostrarán un mensaje en su constructor, para comprobar que funcionan.

Ejercicio 4.11: Calculadora

Utiliza wrappers para escribir una clase que lea por teclado dos números y muestre la suma, la multiplicación, la división y el módulo. En el caso de que el segundo número sea 0, habrá que manejar la excepción aritmética.

Ejercicio 4.12: Formas

Implementa una jerarquía de clases constituida por una clase Forma (abstracta) de la que hereden Circulo, Cuadrado, Triangulo y Rombo.

La clase Forma tendrá un método abstracto toString() y otro identidad(), que mostrará un identificador interno del objeto. Las demás clases heredarán de Forma e implementarán el método abstracto toString()

Después, prueba la jerarquía con este código, pero, cuidado, contiene varios errores. Arréglalo para que funcione.

```
class TestForma {
```

```
public static void main(String[] args) {
    Forma f = new Circulo();
    f.indentidad();
    Circulo c = new Circulo();
    ((Forma) c).identidad();
    ((Circulo) f).identidad();
    Forma f2 = new Forma();
    f2.identidad();
    (Forma)f.identidad();
}
}
```

Ejercicio 4.13: Hidden class

Crea una clase privada que implemente un interfaz público. Escribe un método que devuelva una referencia a una instancia de la clase privada haciendo upcasting al interfaz. Comprueba entonces que la clase está completamente oculta intentando hacer downcasting hasta ella.

13 Ejercicios resueltos

Aquí están los ejercicios resueltos de la relación anterior. Te recordamos que, si te resulta más cómodo para consultarlos y hacer pruebas sobre ellos, puedes descargarlos de nuestra web:

http://ensegundapersona.es/programar-en-java

Ejercicio 4.2: Paquete matemáticas

Para crear el paquete Utilidades.prueba solo hay que seguir las instrucciones dadas en el primer apartado del Capítulo 4.

Ahora vamos acrear un segundo paquete dentro de Utilidades. Para eso, debes crear un directorio Utilidades/matematicas (si lo haces desde la consola de texto), o indicar a tu IDE que quieres crear un paquete nuevo dentro de utilidades.

En el interior del nuevo directorio, crearás los archivos Sumar y Potenciar:

```java
package Utilidades.matematicas;

class Sumar {
    int suma(int a, int b) {
        return a + b;
    }
    double suma (double a, double b) {
        return a + b;
    }
}
```

```java
package Utilidades.matematicas;

class Potenciar {
    int potencia(int base, int exponente) {
        return (int)Math.pow(base, exponente);
    }
    double potencia(double base, int exponente) {
        return Math.pow(base, exponente);
    }
}
```

Ejercicio 4.3, 4.4, 4.5 y 4.6: Animales

```java
class Animal
{
    protected String nombre;
    protected int edad;
    protected static int numAnimales = 0;

    // Constructor sin parámetros
    public Animal() {
        nombre = "Desconocido";
        edad = 0;
        numAnimales++;
    }

    // Constructor con parámetros
    public Animal(String n, int e) {
        nombre = n;
        edad = e;
        numAnimales++;
```

```java
}

// Constructor copia
public Animal(Animal a) {
  this.nombre = a.getNombre();
  this.edad = a.getEdad();
  numAnimales++;
}

public void setEdad(int e) {
  edad = e;
}

public int getEdad() {
  return edad;
}

public void setNombre(String n) {
  nombre = n;
}

public String getNombre() {
  return nombre;
}

public String toString() {
  String str;
  str = "Hay " + this.numAnimales + " animales creados.";
  str = str." Yo me llamo " + this.nombre +
            " y tengo " + this.edad + " años";
  return str;
}

public Animal clone() {
  Animal a = new Animal(this.nombre, this.edad);
  return a;
}

public boolean equals(Animal a) {

  boolean result;

  if (a.getEdad() == this.edad &&
                    this.nombre.equals(a.getNombre()))
     result = true;
  else
     result = false;

  return result;
  // Un programador/a experimentado lo resumiría así:
```

```
      // return (a.getEdad() == this.edad &&
              this.nombre.equals(a.getNombre())));
  }
```

```
class Perro extends Animal
{
    private String raza;

    public Perro(String n, int e, String r) {
      super(n, e);
      raza = r;
    }

    public int getRaza() { return raza; }
    public void setRaza(String r) { raza = r; }
    public String toString() {
      return "Hola, soy un PERRO, me llamo " + nombre +
            ", tengo " + edad + " años y soy un " + raza;
    }

}
```

```
class Gato extends Animal
{
    private int numVidas = 7;

    public Gato(String n, int e) {
      super(n, e);
    }

    public int getVidas() { return numVidas; }
    public void quitaVida() { numVidas--; }
    public String toString() {
      return "Hola, soy un GATO, me llamo " + nombre +
            ", tengo " + edad + " años y me quedan " +
            numVidas + " vidas";
    }

}
```

```
public class PerroGatoPrueba
{
    public static void main(String[] args)
    {
      Perro p = new Perro("Bobby", 4, "Chihuahua");
```

```
    Gato g = new Gato("Rocky", 3);

    p.setRaza("Pastor alemán");
    g.quitaVida();

    System.out.println(p.toString());
    System.out.println(g.toString());
  }
}
```

Ejercicio 4.8: Herencia geométrica

En este ejercicio se resumen muchas de las cuestiones tratadas en el capítulo, así que te sugerimos que lo estudies con detenimiento. Verás que gran parte del trabajo es repetitivo (y, de hecho, los IDEs más avanzados pueden generar mucho del código repetitivo automáticamente).

No dejes de mirar la clase de prueba (TestFigura) que aparece al final de la solución. Allí jugueteamos con el polimorfismo de una forma bastante interesante.

```
/**
 * Clase Figura (figura geométrica genérica)
 */
public class Figura {

    private String color;
    private boolean relleno;

    /**
     * Constructor sin parámetros.
     * Inicializa el color a rojo y el atributo relleno a true.
     */
    public Figura() {
      color = "rojo";
      relleno = true;
    }

    /**
     * Constructor con parámetros.
     *
     * @param c El color de la figura.
     * @param r Indica si la figura está rellena o no.
     */
    public Figura(String c, boolean r) {
        color = c;
        relleno = r;
    }
```

```java
/**
 * Determina el color de la figura.
 *
 * @return El color de la figura.
 */
public String getColor() {
    return this.color;
}

/**
 * Establece el color de la figura.
 *
 * @param c El color de la figura.
 */
public void setColor(String color) {
    this.color = color;
}

/**
 * Determina si la figura está o no rellena.
 *
 * @return True si la figura está rellena, false si no está.
 */
public boolean estaRelleno() {
    return relleno;
}

/**
 * Cambia el valor del relleno de la figura.
 *
 * @param r True para que la figura pase a estar rellena,
 *          false para que no lo esté.
 */
public void setRelleno(boolean r) {
    relleno = f;
}

/**
 * Devuelve una cadena descriptiva del objeto actual.
 * {@inheritDoc}
 * @return La cadena con la descripción del objeto.
 */
public String toString() {
    String s = "Soy una figura de color " + color + " y ";
    if (relleno) s = s + "estoy rellena";
    else s = s + "no estoy rellena";
    return s;
}
```

```
}
```

```java
class Circulo extends Figura {

    private double radio;

    public Circulo() {
        radio = 1.0;
    }

    public Circulo(double r) {
        radio = r;
    }

    public Circulo(double r, String color, boolean relleno) {
        super(color, relleno);
        radio = r;
    }

    public double getRadio() {
        return radio;
    }

    public void setRadio(double r) {
        radio = r;
    }

    public double getArea() {
        return Math.PI * radio * radio;
    }

    public double getPerimetro() {
        return 2 * Math.PI * radio;
    }

    public String toString() {
        return "Soy un círculo de radio " + radio +
                " y esta es mi superclase: " + super.toString();
    }

}
```

```java
class Rectangulo extends Figura {

    private double ancho;
    private double alto;
```

```java
public Rectangulo() {
    ancho = 1.0;
    alto = 1.0;
}

public Rectangulo(double an, double al) {
    ancho = an;
    alto = al;
}

public Rectangulo(double an, double al, String color, boolean relleno) {
    super(color, relleno);
    ancho = an;
    alto = al;
}

public double getAncho() {
    return ancho;
}

public void setAncho(double an) {
    ancho = an;
}

public double getAlto() {
    return alto;
}

public void setAlto(double al) {
    alto = al;
}


public double getArea() {
    return ancho * alto;
}

public double getPerimetro() {
    return 2 * ancho + 2 * alto;
}

public String toString() {
    return "Soy un rectángulo de base " + ancho +
            " y altura " + alto +
            " y esta es mi superclase: " + super.toString();
}

}
```

```java
class Cuadrado extends Rectangulo {

    public Cuadrado() {
        super();
    }

    public Cuadrado(double lado) {
        super(lado, lado);
    }

    public Cuadrado(double lado, String color, boolean relleno) {
        super(lado, lado, color, relleno);
    }

    public void setAncho(double a) {
        super.setAncho(a);
        super.setAlto(a);
    }

    public void setAlto(double a) {
        super.setAncho(a);
        super.setAlto(a);
    }

    public String toString() {
        return "Soy un cuadrado de lado " + super.getAncho() +
                " y esta es mi superclase: " + super.toString();
    }

}
```

```java
/**
 * Clase TestFigura
 * Prueba la jerarquía de clases con raíz en Figura
 */
class TestFigura {

    public static void main(String[] args) {

        Figura fig1, fig2;
        Circulo circulo1, circulo2;
        Rectangulo rect1, rect2;
        Cuadrado cuadrado1, cuadrado2;

        // Creamos una figura con cada constructor
        // y llamamos a toString().
        fig1 = new Figura();
```

```
System.out.println(fig1.toString());

circulo1 = new Circulo();
System.out.println(circulo1.toString());

rect1 = new Rectangle();
System.out.println(rect1.toString());

cuadrado1 = new Cuadrado();
System.out.println(cuadrado1.toString());

System.out.println("\n\n\n");

// Probamos algunos métodos sobre los objetos anteriores
// y volvemos a llamar a toString() para comprobar que
// los atributos han cambiado como se esperaba.
fig1.setColor("white");
System.out.println(fig1.toString());

circulo1.setRadio(2.5);
System.out.println("El área del círculo es " +
                    circulo1.getArea());
System.out.println(circulo1.toString());

rect1.setAlto(3.0);
System.out.println("El perímetro del rectángulo es " +
                    rect1.getPerimetro());
System.out.println(rect1.toString());

cuadrado1.setAncho(5.1);
System.out.println("La base del cuadrado es " +
                    cuadrado1.getAlto() +
                    " y su altura es " +
                    cuadrado1.getAncho());
System.out.println("El área del cuadrado es " +
                    cuadrado1.getArea());
System.out.println(cuadrado1.toString());

System.out.println("\n\n\n");


// Redoble de tambores.....
// Probamos ahora algunas conversiones de tipo
fig2 = (Shape)circulo1;

// La siguiente asignación es un **ERROR**
//circulo2 = (circulo)fig1;

// Pero esta otra no, porque fig2 es un circulo
circulo2 = (circulo)fig2;
```

```
    // ¿Y esto otro? ¿Funcionará? ¿Tú qué crees?
    rect2 = (Rectangle)cuadrado1;
    cuadrado2 = (cuadrado)fig1;

    System.out.println(fig2.toString());
    System.out.println("Mi área es " +
                          ((circulo)fig2).getArea());
    System.out.println("Mi color es " + fig2.getColor());
    System.out.println(circulo2.toString());
    System.out.println(rect2.toString());
    System.out.println(cuadrado2.toString());
  }
}
```

Ejercicio 4.10: Colores

```
class Color {

  // Las clases Blanco y Negro están anidadas en Color

  class Blanco {
    Blanco() {
      System.out.println("Soy un color blanco");
    }
  }
  class Negro {
    Negro() {
      System.out.println("Soy un color negro");
    }
  }

  // Aquí empiezan los métodos de la clase Color

  pintaBlanco() {
    Blanco bl = new Blanco();
  }
  pintaNegro() {
    Negro ng = new Negro();
  }
}
```

CAPÍTULO 5: ALMACENAMIENTO Y MANIPULACIÓN DE DATOS

Hasta ahora hemos trabajado con los tipos primitivos de Java (enteros, reales, caracteres y lógicos) y con clases más o menos complejas creadas por nosotros o utilizadas a partir de la librería de clases del JDK, tales como String o Math.

Sin embargo, en los programas reales esto no suele ser suficiente, sino que, para tratar de modelar el mundo real, es frecuente recurrir a clases capaces de manejar en su interior varios objetos que, a su vez, pueden ser tipos primitivos u otras clases, y así sucesivamente.

En OOP existen ciertas clases predefinidas que se adaptan muy bien a muchos problemas reales. Son las versiones orientadas a objetos de las estructuras de datos clásicas, de modo que podemos llamaras **clases para almacenamiento y manipulación de datos**. En efecto, todas las viejas estructuras de datos de la programación clásica se han reconvertido en clases de la jerarquía de clases de las que podemos instanciar los objetos que necesitemos para luego pedir al propio dato que opere consigo mismo. Por ejemplo, podemos crear un array y pedirle al array que se ordene, en lugar de tener que encargarnos nosotros de hacerlo (o tener que pedírselo a otro fragmento de código ajeno al array).

En este capítulo vamos a hacer un repaso por las principales clases para almacenamiento y manipulación de datos que existen en Java. Empezaremos por los arrays convencionales (también llamados vectores, matrices o arreglos), pero no nos olvidaremos de las poderosas colecciones (Vector, ArrayList y otros sucedáneos) ni, por supuesto, de los omnipresentes Strings, que ya hemos manejado de forma intuitiva y que ahora formalizaremos.

Terminaremos el capítulo con un apéndice donde explicaremos como empaquetar nuestros cada vez más complejos programas en archivos JAR para su distrubución.

1 Tipos de estructuras de almacenamiento

Las estructuras de almacenamiento, tanto si se manejan de manera clásica como si están contenidas en un objeto, pueden ser de dos tipos:

- **Estáticas**: son las que ocupan un espacio determinado en la memoria del ordenador. Este espacio es invariable y lo especifica el programador durante la escritura del código fuente.

- **Dinámicas**: son aquellas cuyo espacio ocupado en la memoria puede modificarse durante la ejecución del programa.

Además, se pueden mencionar como una clase de estructura de almacenamiento diferente las estructuras externas, entendiendo como tales aquéllas que no se almacenan en la memoria principal (RAM) del ordenador, sino en alguna memoria secundaria (típicamente, un disco duro). Las estructuras externas, que suelen organizarse en archivos o ficheros, son en realidad estructuras dinámicas almacenadas en memoria secundaria. De los ficheros hablaremos en el próximo capítulo.

La estructura más genérica y, por mucho, la que más se utiliza en casi cualquier lenguaje, es el array, así que empezaremos sin dilación por ella.

2 Arrays unidimensionales (vectores)

Un **array** es una agrupación de muchos datos individuales del mismo tipo bajo el mismo nombre. Cada dato individual de un array es accesible mediante un índice.

El array a veces se denomina vector, tabla, matriz o arreglo. Todas esas cosas suelen referirse a lo mismo, aunque el término **vector** se prefiere para arrays de una dimensión y **tabla**, **matriz** o **arreglo** suele emplearse para arrays de más de una dimensión, pero puedes encontrar diferencias según los autores.

Para acabar de complicarlo, Java proporciona una serie de clases llamadas **colecciones** cuyos nombres son Vector, ArrayList y cosas por el estilo, cuando, en realidad, ni Vector es exactamente un vector clásico y ArrayList es un simple array. De las colecciones hablaremos al final de este capítulo.

Con el fin de aclararnos, cuando nosotros empleemos el término genérico array, nos estaremos refiriendo a un array convencional, no a las colecciones de Java.

Pues bien, el caso más simple de array es el **array unidimensional**, también llamado vector (insisto, no confundir con la clase Vector de Java). Por ejemplo, un array de números enteros es una colección de muchos números enteros a los que les adjudicamos un único identificador.

2.1   Declaración

La declaración de un array en Java se puede hacer de dos modos:

```
tipo_base nombre_array[];
tipo_base[] nombre_array;
```

Por ejemplo:

```
int serie[];
int[] serie;
```

La variable serie será un array que contendrá números enteros. Todos los números recibirán el mismo nombre, es decir, serie. Observa que aún no hemos especificado cuántos elementos contendrá el array.

Java trata a los arrays unidimensionales como objetos. Por lo tanto, para crear el array se usará esta expresión:

```
serie = new int[5];
```

A partir de ahora, serie será un array de 5 números enteros. Se puede acceder a cada uno de los números que forman el array escribiendo a continuación del nombre un número entre corchetes. Ese número se denomina índice. Observa el siguiente ejemplo:

```
int serie[];
serie = new int[5];
serie[2] = 20;
```

```
serie[3] = 15;
serie[4] = serie[2] + serie[3];
System.out.println(serie[4]);
```

El array serie puede almacenar hasta 5 números enteros. En su posición 2 se almacena el número 20, y en su posición 3, el 15. Luego se suman ambos valores, y el resultado se almacena en la posición 4. Finalmente, se imprime en la pantalla el resultado de la suma, es decir, 35.

Es muy útil representar los arrays unidimensionales de forma gráfica para entenderlos mejor. El array serie del ejemplo anterior se puede representar así:

0	1	2	3	4	Posiciones
?	?	20	15	35	Valores

Observa algo muy importante: el primer elemento del array tiene el índice 0, es decir, el primer elemento es serie[0]. Como este array tiene 5 elementos, el último será serie[4], no serie[5]. Observa también que los elementos 0 y 1 no han sido utilizados y, por lo tanto, tienen un valor desconocido, exactamente lo mismo que ocurre con cualquier variable de tipo simple que no se inicialice.

Java realiza una comprobación en tiempo de ejecución de los índices de los arrays, por lo que, si intentas usar un índice fuera del rango válido (por ejemplo, serie[7]), se producirá un error de ejecución.

Como es lógico, se pueden construir arrays unidimensionales cuyos elementos sean de cualquier otro tipo primitivo, como byte o double, con la única restricción de que todos los elementos sean del mismo tipo. Los arrays unidimensionales de caracteres se denominan cadenas (strings), y por sus especiales características los estudiaremos en un epígrafe posterior.

Y, por supuesto, pueden construirse arrays unidimensionales cuyos elementos sean objetos complejos, o incluso otros arrays unidimensionales. De todo esto iremos hablando en las siguientes secciones.

2.2 Operaciones con arrays unidimensionales

2.2.1 Manipulación de elementos individuales

Los arrays unidimensionales en Java pueden manipularse elemento a elemento. No se pueden modificar todos los elementos a la vez.

Para asignar valores a los elementos de un array, por lo tanto, el mecanismo es este:

```
int[] serie = new int[5];
serie[0] = 5;
serie[1] = 3;
serie[2] = 7;
...etc...
```

La inicialización de los valores de un array también puede hacerse conjuntamente en el momento de declararlo, así:

```
int serie[] = {5, 3, 7, 9, 14};
```

El resultado de esta declaración será un array de 5 elementos de tipo entero a los que se les asigna estos valores:

0	1	2	3	4
5	3	7	9	14

Cada elemento del array es, a todos los efectos, una variable que puede usarse independientemente de los demás elementos. Así, por ejemplo, un elemento del array serie puede usarse en una instrucción de salida igual que cualquier variable simple de tipo int:

```
int[] serie = new int[5];
serie[0] = 21;
System.out.println(serie[0]);
```

Del mismo modo, pueden usarse elementos de array en una instrucción de entrada. Por ejemplo:

```
int[] serie = new int[5];
serie[0] = Integer.parseInt(System.console().readLine());
serie[1] = serie[0] + 15;
System.out.println(serie[1]);
```

2.2.2   Recorrido de un array

Una forma muy habitual de manipular un array es accediendo secuencialmente a todos sus elementos, uno tras otro. Para ello, se utiliza un bucle con contador, de modo que la variable contador nos sirve como índice para acceder a cada uno de los elementos del array.

Supongamos, por ejemplo, que tenemos un array de 10 números enteros declarado llamado v, y una variable entera llamada i. Por medio de un bucle, con ligeras modificaciones, podemos realizar todas estas operaciones:

1) Inicializar todos los elementos a un valor cualquiera (por ejemplo, 0):

```
for (i = 0; i <= 9; i++)
{
   v[i] = 0;
}
```

2) Inicializar todos los elementos con valores introducidos por teclado:

```
for (i = 0; i <= 9; i++)
{
   printf("Escriba el valor del elemento nº %i: ", i);
   v[i] = Integer.parseInt(System.console().readLine());
}
```

3) Mostrar todos los elementos en la pantalla:

```
for (i = 0; i <= 9; i++)
{
   System.out.println("El elemento nº " + i + " vale " + v[i]);
}
```

4) Realizar alguna operación que implique a todos los elementos. Por ejemplo, sumarlos:

```
suma = 0;
for (i = 0; i <= 9; i++)
{
   suma = suma + v[i];
}
```

2.2.3   Ordenación de arrays unidimensionales

Otra operación típica que se realiza con arays unidimensionales es ordenar sus elementos mediante algún criterio. Por ejemplo, un array de números enteros puede ordenarse de menor a mayor. Si el array original es este:

0	1	2	3	4
5	3	14	9	8

...después de la ordenación nos quedará este otro array:

0	1	2	3	4
3	5	8	9	14

Del mismo modo, se pueden ordenar los elementos con cualquier otro criterio: de mayor a menor, primero los pares y luego los impares, o cualquier otro que nos resulte útil para resolver un problema.

Métodos de ordenación de arrays hay muchos, desde los más simples (e ineficientes) hasta los más elaborados, y constituyen un área de estudio muy interesante dentro de la algorítmica.

En la sección de actividades volveremos sobre este asunto, pero ahora mostraremos tres métodos de ordenación muy populares:

- El método de la **burbuja** (o de intercambio directo), un método sencillo de entender pero bastante lento

- El método de **selección directa**, otro método simple e ineficiente.

- El método rápido o **quicksort**, un algoritmo elegante y recursivo que ordena arrays con asombrosa rapidez.

Podríamos explicar ahora cómo funciona cada método mediante una larga parrafada, pero probablemente no se entendería gran cosa y los algoritmos son mucho más informativos por sí mismos. De modo que estudia los tres algoritmos detenidamente para intentar comprenderlos (o, al menos, los dos primeros). Dibuja en un papel un array desordenado de pocos elementos y haz un traceo (o ejecución "a dedo") de cada método de ordenación para comprender cómo actúa. A estas alturas del libro, deberías ser capaz de entender el funcionamiento del método de la burbuja y el de selección directa. Es posible que el método rápido no puedas comprenderlo hasta el final del libro, ya que utiliza conceptos más avanzados, como la recursividad, y además se trata de un algoritmo que no es trivial en absoluto.

(Nota: LONGITUD_array es una constante que se supone definida en alguna otra parte del programa)

```
// Ordenación por INTERCAMBIO DIRECTO (burbuja)
void ordenaArray(int v[])
{
  int i, j, elem;
  for (i = 1; i < LONGITUD_array; i++)
  {
     for (j = LONGITUD_array - 1; j >=i; j--)
     {
        if (v[j-1] > v[j])
        {
           elem = v[j-1];
           v[j-1] = v[j];
           v[j] = elem;
        }
     }
  }
}

// Ordenación por SELECCIÓN DIRECTA
void ordenaArray(int v[])
{
  int i, j, minimo, posicion_minimo;
  for (i = 0; i < LONGITUD_array; i++)
  {
     minimo = v[i];
     posicion_minimo = i;
     for (j=i; j < LONGITUD_array; j++)
     {
        if (v[j] < minimo)
        {
            minimo = v[j];
            posicion_minimo = j;
        }
     }
     v[posicion_minimo] = v[i];
     v[i] = minimo;
  }
}

// Ordenación rápida (QUICKSORT)
// NOTA: en esta implementación, por simplicidad, suponemos que
// el array v es un atributo de objeto.
void ordenaArray(int iz, int de)
{
  int i, j, x, w;

  i = iz;
```

```
j = de;
x = v[(iz+de) / 2];
do
{
   while (v[i] < x) i++;
   while (x < v[j]) j--;

   if (i <= j)
   {
      w = v[i];
      v[i] = v[j];
      v[j] = w;
      i++;
      j--;
   }
}
while (i <= j);

w = v[i];
v[i] = v[de];
v[de] = w;

if (iz < j) ordenaArray(iz, j);
if (i < de) ordenaArray(i, de);
}
```

2.2.4   Búsqueda en arrays unidimensionales

En los arrays, como en todas las estructuras de datos que contienen muchos datos en su interior, también es habitual encontrarse con la operación de búsqueda.

La operación de búsqueda consiste en, dado un array y dado un dato cualquiera, determinar si el dato está en alguna posición del array y, si es necesario, averiguar cuál es esa posición.

La operación de búsqueda puede llegar a ser muy lenta (con el método de búsqueda secuencial, que enseguida veremos), por lo que si en un programa tenemos que realizar búsquedas en arrays grandes repetidas veces, debemos pensar el modo de lograr que las búsquedas sean más rápidas. Por fortuna, existe una forma muy simple de hacer una búsqueda en un array de manera tremendamente rápida (con el método llamado de búsqueda binaria, que también veremos). Pero esta forma tiene un problema: para que funcione, el array debe estar previamente ordenado. El proceso de ordenación, como acabamos de ver, es lento y costoso, pero, a cambio, obtendremos unos tiempos de búsqueda notablemente mejores.

Resumiendo, si necesitamos hacer búsquedas de datos en arrays unidimensionales en algún programa:

- Si las búsquedas se realizan pocas veces, o bien los arrays son pequeños, optaremos por la búsqueda secuencial, que no necesita ordenar previamente el array.

- Si las busquedas se realizan muchas veces y los arrays son de gran tamaño, optaremos por la búsqueda binaria, pero antes debemos ordenar el array con alguno de los métodos que hemos estudiado en la sección anterior.

Búsqueda secuencial

Consiste, simplemente, en recorrer el array desde el primer elemento hasta el último. Si encontramos el dato buscado, podemos interrumpir la búsqueda. Si no, continuaremos hasta el final del array.

Esta es una posible implementación en Java:

```java
// Búsqueda secuencial
// Buscamos el elemento "dato" en el array "v"
// Devolvemos la posición donde está "dato" o, si no lo encontramos, -1
int buscar(int v[], int dato)
{
  int i = 0;
  int x = -1;

  while ((i < LONGITUD_ARRAY) && (x == -1))
  {
    if (v[i] == dato)   // ¡Lo hemos encontrado!
        x = i;          // Anotamos en x la posición
    i++;
  }
  return x;
}
```

Búsqueda binaria

Para que esta búsqueda funcione, el array debe estar previamente ordenado, como ya hemos aclarado.

El método consiste en lo siguiente:

- Supongamos que v es el array y que contiene N elementos. Llamaremos iz a la posición del elemento izquierdo del array (inicialmente, iz = 0). Llamaremos de a la posición del elemento derecho del array (inicialmente, de = N-1)

- Tomamos un x igual al punto medio entre iz y de, es decir, x = (iz/de) / 2

- Miramos el elemento v[x]. Si es el dato que buscábamos, ya hemos terminado. Si no, pueden ocurrir dos cosas:

  1) Que v[x] sea mayor que el dato que buscábamos. En ese caso, y dado que el array está ordenado, continuamos la búsqueda a la izquierda de x, haciendo que de = x.

  2) Que v[x] sea menor que el dato que buscábamos. En ese caso, continuamos la busqueda a la derecha de x, haciendo iz = x.

- Repetimos desde el paso 2 hasta que encontremos el elemento buscado o hasta que iz = de (lo que significará que el elemento no está en el array)

He aquí una implementación en Java:

```
// Búsqueda binaria
// Buscamos el elemento "busc" en el array "v", que debe estar ordenado
// Devolvemos la posición donde está "busc" o, si no lo encontramos, -1
void buscar_binario(int v[], int busc)
{
    int izq, der, mitad, encontrado;

    // Iniciamos una búsqueda binaria
    encontrado = 0;
    izq = 0;
    der = LONGITUD_array - 1;

    while ((izq < der-1) && (encontrado == 0))
    {
     mitad = izq + ((der - izq) / 2);    // Calculamos la posición "mitad"

      if (v[mitad] == busc)    // ¡Lo hemos encontrado!
         encontrado = 1;
      if (v[mitad] > busc)     // Seguimos buscando en la mitad izquierda
         der = mitad;
      if (v[mitad] < busc)     // Seguimos buscando en la mitad derecha
         izq = mitad;
```

```
    }

    if (encontrado == 1)
      return mitad;
    else
      return -1;
}
```

El algoritmo de búsqueda es más complejo, como puede verse, pero los tiempos de búsqueda con el método binario son mucho más pequeños. Para un array de N elementos, el método secuencial necesita un promedio de N/2 pasos para localizar el elemento buscado, mientras que el método binario tarda una media de log2 N pasos. ¿Qué no parece muy impresionante? Fíjate en estos datos:

- Si el array es pequeño (por ejemplo, N = 10): la búsqueda secuencial necesita una media de 5 pasos y la búsqueda binaria necesita una media de 3 pasos.

- Si el array es mediano (por ejemplo, N = 100): la búsqueda secuencial necesita una media de 50 pasos y la búsqueda binaria necesita una media de 6 ó 7 pasos.

- Si el array es grande (por ejemplo, N = 1000), la mejora de tiempo empieza a ser notable: la búsqueda secuencial necesita una media de 500 pasos y la búsqueda binaria necesita una media de... ¡10 pasos!

- Si el array es muy grande (por ejemplo, N = 100.000), la mejora de tiempo es aún mayor: la búsqueda secuencial necesita una media de 50.000 pasos y la búsqueda binaria necesita una media de sólo 16 pasos.

La mejora en el tiempo de búsqueda es, por lo tanto, mayor cuanto mayor es el array. Por eso dijimos que la búsqueda binaria se emplea cuando los arrays son muy grandes.

2.3   Arrays como parámetros

Para pasar un array como parámetro a un método, en la llamada a la función se escribe simplemente el nombre del array. Recuerda que los arrays son objetos, y que los objetos, en Java, se pasan como direcciones de memoria.

El hecho de que a la función se le pase la dirección del array y no sus valores provoca un efecto importante: que los arrays siempre pueden modificarse en el interior del método y esa modificación afecta al exterior. Esta discusión la mantuvimos en el capítulo 2, así que revísala si no lo tienes claro, porque es un asunto importante. Esto mismo también sucede con los arrays multidimensionales que veremos más adelante.

Repetimos: si algún elemento del array se modifica en un método, también será modificado en el métdo desde el que fue pasado.

Por ejemplo, supongamos que serie es un array de 15 números enteros. Para pasarlo como parámetro a un método llamado metodo1() escribiríamos simplemente esto:

```
int serie[] = new int[15];
metodo1(serie);
```

En cuanto a la definición del método, la declaración de un parámetro que en realidad es un array se hace así:

```
void metodo1 (int serie[]);
```

Ejemplo: Un programa que sirve para leer 50 números por teclado, y calcular la suma, la media y la desviación típica de todos los valores. La desviación es una magnitud estadística que se calcula restando cada valor del valor medio, y calculando la media de todas esas diferencias.

Observa el siguiente programa de ejemplo detenidamente, prestando sobre todo atención al uso de los arrays unidimensionales y a cómo se pasan como parámetros.

Los números de la serie se almacenarán en un array float de 50 posiciones llamado valores. La introducción de datos en el array se hace en el método introducirValores(). Recuerda que, al modificar el array dentro del método, también se modificará en el método que lo llamó.

Después, se invoca a 3 métodos que calculan las tres magnitudes.

```
class Estadisticas
{
    public static void main(String[] args)
    {
        float valores[] = new float[50];
```

```
    float suma, media, desviacion;

    introducirValores(valores);
    suma = calcularSuma(valores);
    media = calcularMedia(valores, suma);
    desviacion = calcularDesviacion(valores, media);
    System.out.println("La suma es " + suma);
    System.out.println("La media es " + media);
    System.out.println("La desviación es " + desviacion);
}

/* Lee 50 números y los almacena en el array N pasado por variable */
private void introducir_valores(float n[])
{
    int i;
    for (i=1; i<=49; i++)
    {
        printf("Introduzca el valor nº %d: ", i);
        n = Integer.parseInt(System.console().readLine());
    }
}

/* Devuelve la suma todos los elementos del array N */
private float calcularSuma(float n[50])
{
    int i;
    float suma;
    suma = 0;
    for (i=1; i<=49; i++)
        suma = suma + n[i];
    return suma;
}

/* Devuelve el valor medio de los elementos del array N.
   Necesita conocer la suma de los elementos para calcular la media */
private float calcularMedia(float N[50], float suma)
{
    int i;
    float media;
    media = suma / 50;
    return media;
}

/* Calcula la desviación típica de los elementos del array N.
   Necesita conocer la media para hacer los cálculos */
private float calcularDesviacion(float n[50], float media)
{
    int i;
    float diferencias;
    diferencias = 0;
```

```
    for (i=1; i<=49; i++)
        diferencias = diferencias + abs(N[i] - media) ;
    diferencias = diferencias / 50;
    return diferencias;
   }
}
```

2.4 Métodos para arrays unidimensionales

Los arrays unidimensionales, como objetos que son, disponen de varios métodos
muy útiles que facilitan el trabajo con ellos. Por ejemplo, los heredados de la clase
Object (véase capítulo 4):

- • equals(): permite discernir si dos referencias son el mismo objeto.

- • clone(): permite duplicar el array en profundidad.

En el capítulo 4 hablábamos de las peculiaridades y limitaciones de estos dos
métodos, y de cómo a veces es conveniente sobreescribirlos. Pues bien, el método
clone() para arrays unidimensionales está sobreescrito, y produce una copia en
profundidad del array original. Por lo tanto, el array clonado tiene un contenido
idéntico al original, pero está alojado en otra zona de la memoria y tienen vidas
separadas. Son arrays unidimensionales de igual contenido pero distinta
referencia.

Eso significa que, en el ejemplo siguiente, aunque los 3 arrays unidimensionales
v1, v2 y v3 contienen los mismos valores, v1.equals(v2) devolverá false y
v1.equals(v3) devolverá true:

```
byte[] v1 ={1,2,3};
byte[] v2 = (byte[]) v1.clone();
byte[] v3 = v1;
```

Además, los arrays unidimensionales en Java tiene otros métodos propios.
Citamos a continuación los más usuales:

- • length: devuelve el número de elementos del array. ¡Cuidado! No es un
  método, sino un atributo (no lleva paréntesis)

- sort(): permite ordenar el array por casi cualquier criterio. Se puede seleccionar el rango de ordenación (para no ordenar todo el array, solo una parte) y el método.

- fill(): para rellenar de valores el array.

- binarySearch(): realiza una búsqueda binaria.

Como ves, los chicos de Sun Microsystems pensaron en todo para hacer la vida del programador más sencilla. Puedes encontrar más información detallada de estos métodos y otros en el sitio oficial de Oracle.

3 Arrays bidimiensionales (matrices)

Una **matriz, tabla o array bidimiensional**, como un array unidimensional, es una colección de elementos individuales, todos del mismo tipo, agrupados bajo el mismo identificador. La diferencia con el array unidimensional es que, en el momento de declararlo y de acceder a cada elemento individual, debemos utilizar dos índices en lugar de uno. Por ejemplo:

```
int[][] matriz = new int[4][4];
```

Tenemos aquí una variable compleja llamada matriz que no consta de 4 elementos enteros, sino de 16, es decir, 4x4. Podemos representar gráficamente la matriz como una tabla:

Cada casilla de la tabla o matriz es identificable mediante una pareja de índices. Normalmente, el primero de los índices se refiere a la fila, y el segundo, a la columna. Por ejemplo, si hacemos estas asignaciones:

```
matriz[0][0] = 5;
matriz[1][0] = 1;
matriz[3][2] = 13;
```

...el estado en el que quedará la matriz será el siguiente:

	0	1	2	3
0	5			
1	1			
2				
3			13	

Por descontado, los dos índices de la matriz pueden ser diferentes, obteniéndose tablas que son más anchas que altas o más altas que anchas.

Una matriz es realmente un array de arrays unidimensionales, así que la salida por pantalla de las siguientes instrucciones será, respectivamente, 4 y 4. El primer 4 se refiere al número de filas de la matriz, y, el segundo, al número de columnas de la primera fila:

```
System.out.println(matriz.length);
System.out.println(matriz[0].length);
```

Por lo demás, las matrices se utilizan exactamente igual que los arrays unidimensionales. A modo de ejemplo, este sería el código para inicializar una matriz de 5x10 enteros con todos sus elementos a 0. Observa cómo se usan los dos bucles anidados para acceder a todos los elementos:

```
int m[][] = new int[5][10];
int i, j;
for (i = 0; i <= 4; i++) {
   for (j = 0; j <= 9; j++) {
      m[i][j] = 0;
   }
}
```

3.1   Arrays de múltiples dimensiones

Del mismo modo que a los arrays unidimensionales se les puede añadir un segundo índice, obteniendo las matrices, se puede generalizar esta práctica, dando lugar a **arrays multidimensionales**. Por ejemplo, el siguiente es un array de cinco dimensiones compuesto de números enteros:

```
int ejemplo[][][][] = new int[10][10][4][5][7];
```

Estos arrays no se pueden representar gráficamente (aunque con los de tres dimensiones se puede intentar dibujar un cubo), pero su utilización es idéntica a la de los arrays de una o dos dimensiones.

4   Colecciones y listas

4.1   ArrayList y Vector contra arrays convencionales

Las **listas** son estructuras de datos similares a los arrays, pero más complejas. Los arrays se acceden mediante un índice numérico y las listas pueden accederse así o por otros métodos. Los elementos de los arrays se ordenan consecutivamente en memoria, mientras que los de las listas pueden estar separados para aprovechar mejor la memoria disponible. Algunas listas permiten almacenar diferentes tipos de datos en cada elemento de la lista. Y hay algunas otras diferencias, pero, en general, resultan ser estructuras similares pero montadas a distinta escala: las listas son como arrays con esteroides.

ArrayList y **Vector** son dos implementaciones del **intefaz List** en la API de Java. Son dos clases, por tanto, muy similares. Vector es ligeramente más lenta pero también más segura (lanza más tipos de excepción), así que la mayoría de los programadores prefiere usar ArrayList. Pero que quede claro: cualquiera de las dos es más lenta para operar con los datos que un array convencional de los que hemos visto en las secciones anteriores.

De ahora en adelante nos referiremos a ArrayList, pero casi todo lo que digamos es aplicable también a Vector.

Estas clases tienen sobre los arrays convencionales dos grandes ventajas:

- Proporcionan un elevado número de métodos para simplificar las tareas habituales con estas estructuras: construcción, ordenación, búsqueda, etc.

- Permiten que el array crezca dinámicamente, es decir, en tiempo de ejecución. Pero cuidado: la operación de crecimiento dinámico es bastante costosa en términos de tiempo de ejecución. Esto se debe a que los ArrayList se implementan, en realidad, a partir de arrays a los que, como sabemos, hay que asignar un tamaño determinado. Lo que hace ArrayList es crear de forma transparente un array de 10 elementos y, en caso de que sea necesario más espacio, crea un nuevo array más grande, copiando los elementos que ya existan. Esto se repite cada vez que se rebasa el tamaño actual del ArrayList.

4.2   Cómo crear un ArrayList

El ArrayList hecha por tierra gran parte de la teoría clásica sobre estructuras de datos, ya que no es ni un array ni una lista, sino algo aún más grande y complejo.

Para empezar, un ArrayList puede contener datos de diferente tipo, como en este ejemplo:

```
ArrayList array = new ArrayList();
array.add("Buenos días");
array.add(13);
array.add(0.5);
array.add('a');
```

Como puede verse, este ArrayList se crea vacío y luego se añaden cuatro elementos diferentes: un String, un integer, un double y un char (por cierto: los tipos primitivos se convierten automáticamente a sus wrappers Integer, Double o Char al insertarlos en el ArrayList. Para más información sobre wrappers, revisa el capítulo 4).

Pero también puede crearse un ArrayList para almacenar datos del mismo tipo. En ese caso, se declara así:

```
ArrayList<Integer> listaNumeros = new ArrayList<Integer>();
```

La variable listaNumeros contendrá números enteros. Observa que hemos usado el tipo Integer en lugar de int. Un ArrayList puede contener cualquier cosa... ¡excepto tipos primitivos!

4.3   Algunos métodos útiles de ArrayList

Una vez que tenemos el ArrayList creado, es muy fácil usarlo gracias a sus métodos. Es una estructura de datos que aúna potencia y facilidad de uso, y por eso se explica su enorme éxito entre los programadores de Java. Pero, recuerda: es más lenta que los arrays convencionales. Sin embargo, para la mayor parte de los usos cotidianos, el ArrayList tendrá velocidad de sobra.

Los que hay a continuación son los métodos más habituales, pero hay muchos otros que puedes consultar en la API de Java:

- size(): devuelve el tamaño actual del array.

- add(X): añade el objeto X.

- add(posicion, X): añade el objeto X en la posición indicada.

- get(posicion): devuelve el objeto que hay almacenado en la posición indicada.

- remove(posicion): elimina el objeto que hay almacenado en la posición indicada.

- remove(X): busca el objeto X en el array y lo elimina (solo elimina la primera ocurrencia). Devuelve true si tiene éxito o false si el objeto no existe.

- contains(X): devuelve true si el array contiene el objeto X.

- indexOf(X): devuelve la posición del objeto X. Si no existe en el array, devuelve -1.

- clear(): borra todos los objetos del array.

- set(posicion, X): sustituye el objeto que haya en la posición indicada por el objeto X.

Por ejemplo, conociendo los métodos anteriores es muy fácil hacer un recorrido por un ArrayList:

```
ArrayList<Integer> miArray = new ArrayList<Integer>();
// Este bucle inicializa el array
for(int i = 0; i < 1000; i++) {
        miArray.add((int)(Math.random()*500));
}
// Este bucle muestra el contenido del array en consola
for(int i = 0; i<array.size(); i++){
        System.out.println(miArray.get(i));
}
```

4.4   Iteradores

En muchos lenguajes orientados a objeto existen unos objetos especiales llamados **iteradores**. Son objetos pensados para recorrer una colección de datos (del tipo que sean) de forma sencilla y, sobre todo, independiente de la estructura y del tipo de objetos que almacene.

Puedes usar un iterador para recorrer un ArrayList en lugar de un bucle for convencional. Basta con crear dicho iterador con el método iterator() del ArrayList. Una vez creado, el iterador nos proporcionará al menos dos métodos:

- hasNext(): devuelve true si aún quedan objetos por recorrer en la estructura.

- next(): devuelve el siguiente objeto.

Esta es la forma de recorrer un ArrayList mediante un iterador:

```
ArrayList<Integer> miArray = new ArrayList<Integer>();
```

```
...
// Aquí rellenamos el ArrayList con objetos Integer
...
Iterator it = miArray.iterator();
while(it.hasNext()) {
        System.out.println(it.next());
}
```

Los iteradores pueden usarse con muchas clases de Java (genéricamente, con clases "contenedoras" de objetos). En concreto, con todas las que implementen el interfaz Iterable. Eso incluye clases conocidas para nosotros (como ArrayList o Vector) y otras desconocidas que exceden de los propósitos de este libro (como TreeSet o HashSet, de las que diremos algo en el siguiente apartado)

4.5   Otras colecciones en Java

Pues sí: hay vida más allá del ArrayList. Es una estructura muy útil, pero no la única.

El término *colecciones* en Java hace referencia a aquellas clases pensadas para almacenar muchos objetos estructurados de algún modo. Es similar a lo que en programación clásica se llamaba "estructuras de datos", solo que aplicado a objetos.

Así pues, los arrays convencionales son colecciones, y también lo son los ArrayList o los objetos de la clase Vector. Pero Java dispone de un gran número (enorme, en realidad) de otras clases que pueden calificarse como colecciones. No vamos a verlas todas, como es lógico, pero sí a mencionarlas para que te suenen y puedas utilizarlas, recurriendo a la API, si llega el momento.

Ten en cuenta que muchas de estas colecciones tienen un propósito muy específico. Es decir, su aplicabilidad es más baja que la de una clase tan genérica como ArrayList, porque se ajustan a cierto tipo de problemas muy concretos. Pero, cuando surge un problema de esos, contar con la colección que le sienta como un guante es una gran ventaja.

En Java, las colecciones se clasifican según su tipo:

- **Listas**: son colecciones ordenadas (lo que en otros lenguajes se llama genéricamente array). Los objetos pueden estar repetidos en la secuencia y pueden accederse de forma aleatoria o secuencial. Aquí entrarían los arrays clásicos, y también ArrayList y Vector.

- **Sets o conjuntos**: son colecciones en las que los objetos no pueden repetirse (solo puede haber una instancia de cada uno). Algunas clases de este tipo son HashSet (colección no ordenada pero campeona del mundo en velocidad), LinkedHashSet (como la anterior, pero ordenada y más lenta) o TreeSet (árbol binario equilibrado, una estructura con superpoderes mágicos en la búsqueda de información; excede a los propósitos de este libro, pero la explico con detalle en "Aprender a programar en C: de 0 a 99 en un solo libro").

- **Maps**: son colecciones ordenadas según una clave. Asocian cada posición a una clave. Se parecen a los arrays asociativos de otros lenguajes como PHP, solo que más genéricas. Algunas clases de este tipo son HashMap, LinkedHashMap y TreeMap, con los mismos significados que los sets que mencionamos en el epígrafe anterior.

- **Colas y pilas**: son colecciones sin acceso aleatorio, sino que la entrada y salida de objetos debe hacerse en orden FIFO o LIFO. Tampoco tenemos espacio para hablar de ellas en este texto. Para ampliar información, expliqué en detalle cómo construirlas desde cero (en lenguaje C) en mi libro "Aprender a programar en C: de 0 a 99 en un solo libro".

5 Cadenas o strings

Si los arrays unidimensionales son el *number one* de las estructuras de almacenamiento, los arrays unidimensionales de caracteres, más conocidos como cadenas o **strings**, son el no-va-más. Tanto es así que reciben un nombre y un tratamiento diferenciado.

El uso de cadenas de caracteres es universal en cualquier clase de programa. Simplemente, no puedes escribir un programa para uso de seres humanos que no utilice cadenas de caracteres. Por ese motivo las hemos estado usando desde el primer momento. Ahora ha llegado el momento de formalizarlas y profundizar en ellas.

5.1 Declaración y manipulación de cadenas, estilo clásico

Como hemos dicho, los arrays unidimensionales cuyos elementos son caracteres se denominan cadenas de caracteres o, simplemente, cadenas (strings). Por lo tanto, una cadena de caracteres puede declararse así (aunque, ¡ojo!, no es lo habitual):

```
char cadena[] = new char[50];    // Cadena de 50 caracteres
```

Como son arrays, todo lo que hemos dicho hasta ahora sobre arrays unidimensionales es aplicable a las cadenas.

Las cadenas pueden manipularse elemento por elemento, como cualquier array. Por ejemplo:

```
char cadena[] = new char[50];
cadena[0] = 'H';
cadena[1] = 'o';
cadena[2] = 'l';
cadena[3] = 'a';
```

Las cadenas deben tener, después de su último carácter válido, un carácter especial llamado nulo. Este carácter marca el final de la cadena. El carácter nulo se simboliza con el código \0. Por lo tanto, en el ejemplo anterior habría que agregar la siguiente línea para que la cadena estuviera completa:

```
cadena[4] = '\0';
```

Todas las cadenas deben terminar en un carácter nulo. De lo contrario, podemos tener problemas al imprimirlas en la pantalla o al realizar con ellas cualquier otro proceso. En consecuencia, en una cadena definida como la anterior, de 50 caracteres, en realidad sólo tienen cabida 49, ya que siempre hay que reservar una posición para el carácter nulo.

Esto del carácter nulo puede llegar a ser un incordio. Además, con las cadenas nos gusta hacer cosas que no hacemos con los arrays unidimensionales. Por ejemplo, poner todas las letras en mayúscula (o en minúscula), eliminar espacios, buscar un texto dentro de otro, y mil cosas más. Cosas que no tienen sentido con un array de enteros o de cualquier otra cosa.

Es en ese momento cuando, nuevamente, los chicos y chicas de Sun Microsystems acuden en nuestra ayuda: os presentamos la clase String.

5.2   Las cadenas al estilo moderno: la clase String

Aunque es posible manipular cadenas como simples arrays unidimensionales de caracteres, es mucho más cómodo hacerlo mediante la clase String, perteneciente al paquete java.lang

Para empezar, la clase String nos ofrece todos estos cómodos y útiles constructores para cadenas:

```
String cad1 = "Hola";
String cad2 = new String("Mundo");
String cad3 = new String(cad2);
```

Todos los constructores se ocupan de manejar el carácter nulo sin que nosotros tengamos que saber ni siquiera que existe, faltaría más.

Además, tenemos un mogollón de métodos para trabajar con los Strings. Ahí van unos cuantos:

- length(): muestra la longitud de la cadena, sin contar el nulo. Es decir, el número de caracteres útiles reales.

- concat(String s): concatena (une) una cadena con otra.

- compareTo(String s): compara una cadena con otra. Devuelve un número entero con el número de diferencias alfabéticas encontradas. Si este número es 0, significa que las cadenas son idénticas.

- equals(): este es un viejo conocido. Devolverá true si las cadenas son iguales y false en caso contrario. ¡Cuidado! Si comparas cadenas con el operador de comparación (==) se compararán las referencias o posiciones de memoria. Es decir, devolverá true solo si ambas cadenas son el mismo objeto, no si su contenido es el mismo. Si quieres comparar contenido, que es lo más habitual, tienes que usar equals().

- trim(): elimina los espacios en blanco que pudieran existir al principio y al final.

- toLowerCase(): convierte a minúscula.

- toUpperCase(): convierte a mayúscula.

- replace(char c, char newc): reemplaza cada ocurrencia del carácter c por newc.

- substring(int i, int f): devuelve un nuevo String que será la subcadena que comienza en el carácter número i y termina en el f de la cadena original.

- charAt(int i): devuelve un String con el carácter que ocupa la posición i de la cadena.

- indexOf(char c): devuelve la posición en la que se encuentra el carácter c por primera vez. Si el carácter no está en la cadena, devuelve -1.

- valueOf(int i): convierte el número int en un String. También funciona con long, float y double.

Esto es solo una muestra. Hay muchos más métodos que encontrarás en la documentación oficial de Oracle.

Vemos a continuación un pequeño ejemplo de uso de algunos de estos métodos:

```java
String cad1 = "Hola";
String cad2 = new String("Mundo");
String cad3 = new String(cad2);
System.out.println("¿Son cad2 y cad3 iguales?" + cad2.equals(cad3));
System.out.println("Longitud de cad1 = " + cad1.length());
System.out.println(cad1.concat(cad2));
String cad4 = new String(cad1.concat(", ").concat(cad2));
System.out.println(cad4);
System.out.println(cad4.toUpperCase());
System.out.println(cad4.substring(0,3));
```

En este programa se crean cuatro objetos de tipo String:

- cad1 tiene el contenido "Hola"

- cad2 tiene el contenido "Mundo"

- cad3 tiene el contenido de cad2, es decir, "Mundo"

- cad4 tiene el conenido "Hola, mundo", porque se construye con el encadenamiento de las cadenas cad1 ("Hola"), seguido de la cadena ", " y terminado por la cadena cad2 ("mundo").

Después, se comparan las cadenas cad2 y cad3 con equals(), que devuelve true, ya que su contenido es idéntico (aunque sean diferentes Strings). Observa como se invoca el método equals() a partir de una de las dos cadenas que queremos comparar, y se pasa como parámetro la otra cadena.

Luego se utiliza el método length(), que devuelve el número de caracteres del String, y en la siguiente línea el método concat(), que concatena, es decir, añade a continuación de una cadena (cad1) la otra (cad2). El resultado es "Holamundo", todo junto y sin espacios.

Luego se construye la cadena cad4 usando de nuevo concat(), pero, en esta ocasión, introducimos una coma y un espacio entre cad1 y cad2, para que el resultado sea "Hola, mundo".

Finalmente, probamos con cad4 los métodos toUpperCase(), que convierte los caracteres del String a mayúsculas ("HOLA, MUNDO") y subString(), que extrae un String de dentro de otro. En el ejemplo, se extrae el substring que empieza en la posición 0 de cad4 y termina en la posición 3, es decir, los cuatro primeros caracteres: "Hola".

Por lo tanto, la salida por pantalla de este programa será la siguiente:

```
¿Son cad2 y cad3 iguales? true
Longitud de cad1 = 4
HolaMundo
Hola, Mundo
HOLA, MUNDO
Hola
```

5.3   La clase StringBuffer

Los métodos de la clase String no modifican el String con el que trabajan, sino que devuelven un nuevo String que puede asignarse a otra variable si necesitamos conservarlo para usarlo después. Por ejemplo:

```
String cad2 = cad1.substring(5,10);
```

Si no asignamos el resultado de substring() a cad2, el valor se perderá. Esto puede llegar a ser un engorro si tenemos que realizar varias operaciones sobre el mismo string, y por eso existe la clase StringBuffer.

Un StringBuffer es un String con la peculiaridad de que los métodos actúan directamente sobre el propio string, modificándolo. Son métodos, por tanto, destructivos, porque alteran el contenido del string.

Los constructores de StringBuffer son similares a los de String. En cuanto a los métodos, aquí tienes una pequeña muestra:

- length(): devuelve el número de caracteres del string.

- capacity(): devuelve la capacidad máxima del string (que será 16 como mínimo, aunque hayamos especificado menos)

- append(argumento): añade el argumento al final de la cadena. El argumento puede ser un int, long, float, double, boolean, char, char[], String u Object. Da igual. Se lo traga y lo añade como puede.

- insert(int pos, argumento): inserta el argumento en la posición especificada.

- reverse(): invierte la cadena.

- delete(int i, int f): elimina los caracteres entre las posiciones i y f.

- replace(int i, int f, String s): reemplaza los caracteres entre las posiciones i y f por el string s.

- substring(int i, int f): devuelve el string que empieza en la posición i y termina en la posición f.

- chatAt(int i): devuelve el carácter situado en la posición i.

   •   setChar(int i, char c): reemplaza el carácter de la posición i.

5.4   La clase StringTokenizer

Mencionamos por último otra clase relacionada con las cadenas para ilustrar hasta que punto la biblioteca de clases de Java es completa. Se trata de StringTokenizer.

No intentamos se exhaustivos: ya hemos dicho que la biblioteca de clases del JDK es inabarcable. Solo queremos mostrarte el tipo de clases de utilidad muy específica que encontrarás en la misma. Tienes que aprender a bucear en la documentación oficial de Oracle para sacarle el partido.

La clase StringTokenizer permite dividir una cadena en elementos independientes, siempre que éstos estén separados por algún carácter particular. Este carácter puede ser un espacio en blanco, un retorno de carro (\r), un salto de linea (\n), un avance de página (\f) o un tabulador (\t). También puede servir cualquier otro carácter separador, pero en ese caso hay que indicarlo en el constructor.

La clase StringTokenizer está en el paquete java.util. Aquí puedes ver un pequeño ejemplo:

```
import java.util.StringTokenizer;
StringTokenizer str;
str = new StringTokenizer("Vamos con afán todos a la vez");
System.out.println("La cadena str tiene "+ str.countTokens() + " elementos, y
son:");
while (str.hasMoreTokens())
{
   System.out.println(str.nextToken());
}
```

La salida por pantalla será:

```
La cadena str tiene 7 elementos, y son:
Vamos
con
afán
todos
a
la
```

Tendrás que usar StringTokenizer en alguno de los ejercicios propuestos.

6   Arrays de objetos

Una extensión natural de todo lo visto hasta ahora son los arrays de objetos. Se trata de arrays unidimensionales, matrices o arrays de cualquier dimensión cuyos elementos no son tipos primitivos, sino clases. Por ejemplo, Strings.

Es un caso obvio de lo-junto-todo-para-obtener-algo-más-grande que deberías estar preparado/a para utilizar en este momento. Te mostramos a continuación un pequeño ejemplo. Trata de averiguar lo que hace antes de leerlo más abajo.

```
public class Test
{
   private static String[] lista;
   final static int POS = 10;    // Número de posiciones del array
   public static void muestra()
   {
      for (int i = 0; i < POS; i++)
         System.out.print(lista[i] + " ");
   }
   public static void main(String[] args)
   {
      lista = new String[POS];
      for (int i = 0; i < POS; i++)
      {
         String ln = System.console().readLine();
         lista[i] = ln.toString();
      }
      muestra();
   }
}
```

Solución: esta clase crea un array de 10 strings y pide al usuario que teclee 10 cadenas para rellenar el array. Posteriormente se muestra el contenido de los 10 strings por pantalla.

7   Apéndice: los ficheros JAR

Los programas que hemos hecho hasta ahora han sido pequeños tirando a
minúsculos, pero, cuando una aplicación crece, el número de ficheros fuente que
necesita empieza a dispararse inquietantemente. Entonces trasladar todo ese
código fuente de una máquina a otra puede ser un problema.

Para solucionarlo se crearon los archivos JAR. Son, simple y llanamente, archivos
comprimidos, como los ZIP o los RAR, que incorporan en sus tripas todos los
ficheros .java, .class, la estructura de directorios y cuantas cosas haya en tu
carpeta de trabajo.

Vamos a ver cómo se trabaja con los ficheros JAR desde una consola de texto. Por
supuesto, los IDEs incorporan herramientas para obviar todos estos farragosos
comandos, pero recuerda: te aconsejamos hacerlo con tus propias manos las
primeras veces por las razones que te hemos dado ya varias veces: aprenderás
qué es lo que sucede en realidad sin que el IDE te lo oculte. Además, no siempre
tendrás disponible un IDE y, por si fuera poco... ¡puedes fardar mucho más si lo
haces desde la consola!

Crear un JAR

Para crear, por ejemplo, un fichero hola.jar que contenga el archivo
holamundo.class, escribimos:

```
$ jar cfv hola.jar holamundo.class
```

Si queremos incluir todos los ficheros del directorio (y, si hay subdirectorios, se
añadirán también):

```
$ jar cfv hola.jar *
```

Agregar ficheros a un JAR

Para agregar, digamos, un adiosmundo.class a un fichero hola.jar que ya existe,
se usa el mismo comando que antes:

```
$ jar cfv hola.jar adiosmundo.class
```

Ver el contenido de un JAR:

Esto mostrará la lista de archivos contenidos en un JAR:

```
$ jar tfv hola.jar
```

Extraer los ficheros de un JAR:

Esto extraerá todos los ficheros:

```
$ jar xfv hola.jar
```

Y esto extraerá solo el fichero holamundo.class:

```
$ jar xfv hola.jar holamundo.class
```

Ejecutar la aplicación contenida en un JAR

Pues sí. Si tienes una aplicación completa en un JAR, puedes ejecutarla sin necesidad de extraerla, así:

```
$ java -cp hola.jar clasemain
```

8   Hemos aprendido...

En este capítulo hemos hecho un recorrido por las clases para almanamiento y manipulación de colecciones de datos más habituales.

Hemos profundizado con bastante detalle en los arrays clásicos (que en Java, por supuesto, son objetos), debido a que son estructuras muy útiles en una enorme variedad de circunstancias, y a que te las vas a encontrar en prácticamente cualquier lenguaje de programación con el que trabajes en el futuro, de modo que es buena idea aprender a manipularlos con soltura: hacer búsquedas, ordenaciones, recorridos, etc.

También hemos hablado de las colecciones de Java, en particular de ArrayList y su hermana, la clase Vector, con las que podemos hacer lo mismo que con cualquier array convencional, pero contando con la inestimable ayuda de su infinidad de métodos útiles.

Hemos profundizado en los Strings, que ya eran unos viejos amigos desde el capítulo 1, y hemos aprendido a construir archivos JAR para poder distribuir nuestras aplicaciones Java.

9 Ejercicios propuestos

Aquí va la batería de ejercicios propuestos. Como en anteriores capítulos, hemos marcado con un asterisco (*) los que encontrarás resueltos en la siguiente sección, y seguimos recomendándote que primero trates de hacerlos tú. No es necesario que los hagas todos, solo los que te parezcan más interesantes. También puedes construir otros programas que surjan de tus intereses. Recuerda que mantenerse motivado es fundamental.

Para plantear las soluciones, puedes utilizar indistintamente arrays convencionales o colecciones de tipo ArrayList o Vector.

9.1 Ejercicios de arrays unidimensionales

Ejercicio 5.1: Inicializar array

Escribe un programa en Java en el que se defina un array de 100 números enteros, se inicialicen todos los elementos al valor −1 y se impriman por pantalla.

Ejercicio 5.2: Inicializar array (más complejo) (*)

Define dos arrays de 100 números enteros, uno llamado pares y otro impares. Inicializa el primero con los 100 primeros números pares positivos (es decir, pares[0] contendrá el valor 2, pares[1] contendrá el valor 4, pares[2] contendrá el valor 6, y así sucesivamente). Inicializa el segundo con los 100 primeros números impares positivos. Imprímelo por pantalla para comprobar que lo has hecho correctamente.

Ejercicio 5.3: Lotería primitiva (*)

Escribe un programa que genere al azar una combinación para jugar a la lotería primitiva asegurándote de que ningún número se repite. Pista: puedes utilizar un array de 6 números enteros, asignando a cada posición un número entero aleatorio entre 1 y 49, y comprobando que el número asignado no es igual a ninguno de los asignados anteriormente.

Ejercicio 5.4: Estadística

Escribe un programa que pida al usuario 10 números enteros y calcule el valor medio de todos ellos, mostrando luego en la pantalla los números que están por encima de la media y los que están por debajo de ella. Utiliza arrays y trata de pensar en cómo lo resolverías sin ellos. ¿Y si fueran 100 números, o 1000, en lugar de 10?

Ejercicio 5.5: Sumas

Escribe un programa que pida al usuario 10 números reales positivos o negativos, y realice, por un lado, la suma de todos los positivos y, por otro, la suma de todos los negativos, mostrando al final el resultado.

Ejercicio 5.6: Ordenar array gigante (*)

Escribe un programa que defina un array de un millón de números enteros y lo inicialice con valores aleatorios entre 0 y 2.000.000. Posteriormente, el programa debe ordenar los elementos del array de menor a mayor, de manera que el que ocupe la posición 0 sea el menor de todos, el de la posición 1 sea el siguiente, y así sucesivamente. No utilices los métodos de ordenación de la biblioteca de Java, sino que debes programar uno tú mismo/a.

Ejercicio 5.7: Buscar en array gigante (*)

En el array generado en el ejercicio anterior, pide al usuario que introduzca un número entre 0 y 2.000.000. El programa debe buscar ese número en el array, comunicando al usuario la posición que ocupa (si lo encuentra) o un mensaje de error (si no lo encuentra). Usa un array convencional y un ArrayList para comparar los tiempos de ejecución.

Ejercicio 5.8: Ordenar array mega-gigante

Escribe un programa que cree un array de gran tamaño (de más de un millón de elementos), inicializándolo con números al azar. Luego, ordena el array con cada uno de los tres métodos de ordenación que hemos visto, contabilizando el tiempo que emplea cada uno. Por último, muestra en la pantalla el resultado de las mediciones y observa las notables diferencias entre ellos. Como antes, puedes usar arrays convecionales y ArrayList para comparar los tiempos de ejecución.

Ejercicio 5.9: Array creciente

Escribe un programa que defina un array de 10 enteros y lo rellene con números CRECIENTES al azar entre 1 y 100. Es decir, los números serán elegidos aleatoriamente pero siempre tienen que ser mayores que los anteriores: el número que ocupe la posición 1 debe ser mayor que el de la posición 0, el de la posición 2 mayor que el de la 1, y así sucesivamente.

Después de eso, se pedirá al usuario un número entre 1 y el número mayor que exista en el array. El número introducido por el usuario se insertará en la posición del array adecuada para conservar el orden, desplazando los demás elementos hacia la derecha, de manera que se pierda el último elemento.

Después de insertar el número introducido por el usuario, el contenido del array debe mostrarse por la pantalla. El proceso se repetirá hasta que el usuario introduzca un número negativo.

Por ejemplo, supongamos que el array generado al azar por el ordenador, después de ordenarlo, es este:

$$4 - 18 - 23 - 25 - 44 - 45 - 51 - 72 - 78 - 85$$

Como el número más alto es 85, el programa debe pedir al usuario:

```
Introduzca un número entre 1 y 85: _
```

Si el usuario teclea, por ejemplo, el número 67, éste debe ser insertado en la posición adecuada para conservar el orden, es decir, entre los números 51 y 72, desplazando a los demás números hacia la derecha, con lo cual se pierde el mayor de todos ellos (85). El array quedaría así:

$$4 - 18 - 23 - 25 - 44 - 45 - 51 - 67 - 72 - 78$$

Ejercicio 5.10: Enteros gigantes (*)

Como sabes, los números enteros utilizan, dependiendo del lenguaje, 16 ó 32 bits para su almacenamiento, lo que limita el número más alto que se puede utilizar a 216 o 232. Incluso aunque utilizásemos 64 ó 128 bits, los números enteros siempre tienen una limitación (suficiente para la mayor parte de los cálculos concebibles)

Escribe una clase capaz de sumar dos números enteros de gran tamaño. La puedes llamar EnteroGigante. Será capaz de manejar, por ejemplo, enteros de hasta 1000 dígitos.

Pista: puedes almacenar los números en arrays (un dígito en cada posición) y luego programar un método suma() que coja los arrays y los sume dígito a dígito.

Ejercicio 5.11: Más enteros gigantes

Amplía la clase anterior para que los enteros gigantes puedan también restarse, multiplicarse y dividirse. Puedes añadir nuevas funciones para calcular la raíz cuadrada de un entero gigante, la potencia, etc.

Ejercicio 5.12: Conjuntos

Un conjunto es un tipo de dato complejo parecido al array, pero sin ordenar. Es decir, la posición que ocupe cada dato individual en la estructura no es importante; lo único importante es poder saber si un determinado dato está o no está en la estructura.

Con los datos de tipo conjunto sólo se pueden hacer cuatro operaciones, que aquí expresamos como funciones:

- insertarElemento(e): añade un nuevo elemento e al conjunto

- borrarElemento(e): saca el elemento e del conjunto

- vaciarConjunto(): borra todos los elementos del conjunto

- esta(e): Comprobar si el elemento e está en el conjunto. Devuelve 1 si es así o 0 en caso contrario.

Escribe una clase abstracta llamada Conjunto que contenga esos cuatro métodos y sea capaz de trabajar con cualquier tipo de objeto. Después, escribe las clases ConjuntoDeCaracteres y ConjuntoDeEnteros que deriven de Conjunto y que no sean abstractas, es decir, que nos sirvan para crear y manipular conjuntos de enteros o de caracteres.

Luego escribe un pequeño programa de prueba que demuestre que tus conjuntos funcionan.

Ejercicio 5.13: Parejas de baile (*)

En el tradicional baile de Navidad del Torneo de los Tres Magos van a participar veinte personas (diez chicos y diez chicas) por cada uno de los colegios de magia del continente (Hogwarts, Beauxbatons y Durmstrang). Este ejercicio, por si no lo habías notado, requiere de un cierto grado de frikismo.

Queremos escribir un programa que haga aleatoriamente los emparejamientos y los muestre por la pantalla, más o menos así:

Pareja 1: Fleur Delacour (Beauxbatons) - Michael Corner (Hogwarts)

Pareja 2: Hermione Granger (Hogwarts) - Viktor Krum (Durmstrang)

Parjea 3: ...etc...

9.2   Ejercicios de matrices (arrays bidimensionales)

Ejercicio 5.14: Inicializar matriz simple (*)

Escribe un programa en el que se defina una matriz de 10x10 números enteros. Inicializa todos los elementos al valor −1.

Ejercicio 5.15: Inicializar matriz complejo

Repite el ejercicio anterior, inicializando ahora todas las filas pares al valor 0 y todas las filas impares al valor −1.

Ejercicio 5.16: Sumar líneas

Escribe un programa que defina una matriz de 3x3 números enteros y luego pida al usuario que introduzca los valores de cada elemento. Después, el programa debe sumar los tres números de cada fila y de cada columna, mostrando los resultados.

Ejercicio 5.17: Permutar filas

Escribe un programa que defina una matriz de 3x5 números enteros y luego pida al usuario que introduzca los valores de cada elemento. Después, debe permutar el contenido de la fila 3 por el de la fila 1, y mostrar por último el contenido de la matriz.

Ejercicio 5.18: Sumar matrices

Escribe un programa que defina dos matrices de 10x5 números enteros y las inicialice con números aleatorios entre 0 y 255. Posteriormente, cada elemento de la primera matriz debe ser sumado con el mismo elemento de la segunda matriz, guardando el resultado en una tercera matriz. Se deben sumar todas las parejas de elementos y mostrar el resultado en la pantalla.

Ejercicio 5.19: Geometría de matrices

Escribe un programa que utilice una matriz de 5x5 enteros para:

- Pedir por teclado el valor de todos sus elementos.

- Imprimir por pantalla la diagonal principal.

- Calcular la media de la triangular superior.

Ejercicio 5.20: Jugueteando con matrices (*)

Escribe un programa que genere al azar una matriz cuadrada de NxN números enteros (siendo N una constante definida al principio del programa con un valor cualquiera) y que luego muestre un pequeño menú de opciones al usuario. Cada opción debe invocar un método diferente. Supongamos, para ver qué tiene que hacer cada método, que la matriz generada al azar es de 4x4 y que contiene estos números:

$$4\ 6\ 7\ 8$$

$$2\ 4\ 3\ 9$$

$$0\ 1\ 3\ 4$$

$$7\ 3\ 3\ 5$$

Opción 1: mostrar matriz. Esta función sacará el contenido de la matriz por la pantalla de manera que se puedan visualizar claramente sus elementos.

Opción 2: perímetro. Mostrará los elementos que ocupan el borde de la matriz, partiendo de la esquina superior izquierda y recorriéndola hacia la derecha y luego hacia abajo. Por ejemplo, con la matriz anterior, el perímetro sería: 4 6 7 8 9 4 5 3 3 7 0 2.

Opción 3: espiral. Hará un recorrido en espiral por la matriz partiendo de la esquina superior izquierda. Con la matriz anterior, la espiral sería: 4 6 7 8 9 4 5 3 3 7 0 2 4 3 3 1.

Opción 4: salir. Hace que el programa finalice.

9.3   Ejercicios de cadenas

Ejercicio 5.21: Asteriscos (*)

Escribe un programa que lea una cadena por teclado y la escriba en la pantalla sustituyendo las vocales por asteriscos. Por ejemplo, si la cadena es "Hola, mundo", en la pantalla debe aparecer "H*l*, m*nd*". No utilices métodos de la clase String para resolver este ejercicio.

Ejercicio 5.22: Invertir

Escribe un programa que lea una cadena por teclado y la escriba en la pantalla al revés. Por ejemplo, si la cadena es "Hola, mundo", en la pantalla debe aparecer "odnum, aloH". No utilices métodos de la clase String para resolver este ejercicio.

Ejercicio 5.23: ¿Está ordenada?

Escribe un programa que lea una cadena por teclado y averigüe si los caracteres están dispuestos en orden alfabético. Por ejemplo, en la cadena "ABEGLT", los caracteres están en orden alfabético, pero en "XABCD" no, porque la "X" aparece delante de la "A", cuando alfabéticamente es posterior.

Ejercicio 5.24: Contar vocales

Escribe un programa que lea una cadena por teclado y cuente el número de vocales de cada tipo. Por ejemplo, si la cadena es "Hola, mundo", el resultado del programa debe ser: "A = 1, E = 0, I = 0, O = 2, U = 1"

Ejercicio 5.25: Palíndromos (*)

Un palíndromo es una frase que se lee igual de izquierda a derecha que de derecha a izquierda. El ejemplo más conocido de palíndromo en lengua castellana es "dábale arroz a la zorra el abad". Escribe un programa que lea una cadena por teclado y determine si es o no un palíndromo.

No utilices métodos de la clase String para resolver este ejercicio.

Ejercicio 5.26: Subcadena

Escribe un programa que lea dos cadenas, cad1 y cad2. Luego, debe buscar una ocurrencia de cad2 dentro de cad1. Si la encuentra, sustituirá esa ocurrencia por asteriscos. Por ejemplo, si cad1 es "El perro de San Roque" y cad2 es "perro", el resultado del programa debe ser "El ***** de San Roque"

No utilices métodos de la clase String para resolver este ejercicio.

Ejercicio 5.27: Separar palabras

Escribe un programa que lea un texto por teclado y separe las palabras que haya en él, escribiéndolas en líneas consecutivas. Además, el programa debe contar las palabras.

Por ejemplo, si el usuario teclea el texto "Hoy voy a tener suerte", la salida del programa debe ser:

```
Palabra 1 - Hoy
```

```
Palabra 2 - voy
Palabra 3 - a
Palabra 4 - tener
Palabra 5 — suerte
Total: 5 palabras
```

Ejercicio 5.28: Decimal a binario

Escribe un programa que lea en una cadena un número decimal y lo convierta a binario.

Ejercicio 5.29: Sopa de letras sencilla

Escribe un programa que pida al usuario que introduzca una palabra por teclado de un máximo de 8 caracteres, y luego la oculte en una sopa de letras de 8x8 caracteres generada al azar. La palabra debe aparecer en la sopa escrita de izquierda a derecha, a una altura seleccionada aleatoriamente.

La sopa de letras generada debe almacenarse en una matriz de caracteres y mostrarse por la pantalla.

Por ejemplo, si el usuario escribe la palabra "SIERRA", la sopa de letras generada podría ser esta:

```
X R V W E W H K
T Y E D G Z V G
S I E R R A K J
W U X S D J W H
W E I V S D K S
K L S J K D G T
W R J I O F R K
```

Ejercicio 5.30: Sopa de letras compleja

Como propuesta final, te invitamos a escribir un programa que genere sopas de letras aleatorias y con formas complejas.

Tendrás que disponer de un diccionario de palabras almacenado en una o varias variables, pero no hacen falta muchas (diez o veinte bastarán para empezar, de diferentes longitudes)

Las palabras podrán estar dispuestas en vertical, en horizontal o en diagonal. Podrán aparecer escritas al derecho o al revés. Como en las sopas de letras normales, vamos.

El programa preguntará al usuario tres cosas antes de generar la sopa:

- El tamaño de la sopa de letra que tiene que generar.

- El número de palabras que la sopa tiene que contener.

- La forma de la sopa de letras que se va a generar.

Y después mostrará la sopa generada en la consola. Al lado de la sopa tienen que verse las palabras que hay que buscar.

El programa debería ofrecer al menos la posibilidad de elegir entre crear una sopa cuadrada o una rectangular, pero puedes rizar el rizo ofreciéndole al usuario otras formas más fantasiosas, como la forma en cruz o la forma en diagonal.

EIDSIGO IGOWKCL DIVUEID KEYQBXS VODIDES SCOOIDD AAOIWOI	EIDSIGO IGOWKCL DIVUEID KEYQBXS	DSI OWK DIVUEID KEYQBXS VODIDES OOI OIW	EID GOW VUE QBX DES
Forma cuadrada (en este ejemplo, de 8x8 caracteres)	Forma rectangular (de 8x4 caracteres)	Forma en cruz	Forma diagonal

El problema debería resolverse de modo que:

- Más adelante podamos escribir el diccionario de palabras en otro lugar más fácil de ampliar, como un fichero o una base de datos, sin tener modificar de forma importante el código fuente.

- Más adelante, si lo deseamos, podamos añadir nuevas formas de sopa de letras sin tener que modificar de forma importante el código ya existente.

- El código se reutilice lo máximo que sea posible utilizando los instrumentos de la programación modular y de la programación orientada a objetos.

(**Nota**: aunque no te ofrecemos una solución completa de este proyecto, sí que podrás encontrar entre los ejercicios descargables de internet un boceto para que puedas usarlo como punto de partida)

10 Ejercicios resueltos

En estas soluciones utilizaremos más a menudo arrays convencionales en lugar de ArrayList, Vector o, incluso, String. El motivo es el que ya hemos expuesto varias veces: nuestra experiencia nos dice que es mejor para el aprendiz esforzarse por manipular las estructuras a bajo nivel, aunque le cueste más trabajo, que dejar que esas clases tan elaboradas resuelvan el problema por él.

Dicho de otra manera: el que sabe usar arrays convencionales, puede utilizar ArrayList, Vector o String sin ninguna dificultad. Pero lo contrario no siempre es cierto.

No obstante, también presentaremos algunas soluciones que hacen uso de ArrayList, String o StringBuffer para que eches un vistazo a cómo se trabaja con esas clases.

Como siempre, tienes disponibles los archivos fuente de estas soluciones en:

http://ensegundapersona.es/programar-en-java

Ejercicio 5.2: Inicializar array (más complejo)

Te proporcionamos dos soluciones para este ejercicio: una con arrays convencionales y otra con ArrayList.

```java
// Solución con ARRAYS CONVENCIONALES

public class ParesImpares {

  private final static int TAM = 10;

  public static void main(String[] args) {

    int[] aPares = new int[TAM];
    int[] aImpares = new int[TAM];

    int valor = 1;
    for (int i = 0; i < TAM; i++) {
      aPares[i] = valor+1;
```

```
      aImpares[i] = valor;
      valor = valor + 2;
    }

    System.out.println("PARES   IMPARES");
    for (int i = 0; i < TAM; i++) {
      System.out.format("%5d %5d %2.3f\n",
                          aPares[i], aImpares[i]);
    }
  }
}
```

```
// Solución con ArrayList

public class ParesImpares {

  public static void main(String[] args) {

    ArrayList<Integer> aPares = new ArrayList<Integer>();
    ArrayList<Integer> aImpares = new ArrayList<Integer>();

    int valor = 1;
    for (int i = 0; i < 10; i++) {
      aPares.add( valor+1); // Inserta en array aPares
      aImpares.add(valor);  // Inserta en array aImpares
      valor = valor + 2;
    }

    System.out.println("PARES   IMPARES");
    for (int i = 0; i < aPares.size(); i++) {
      System.out.format("%5d %5d %2.3f\n",
                          aPares.get(i), aImpares.get(i));
    }
  }
}
```

Ejercicio 5.3: Lotería primitiva

En esta ocasión, te presentamos las dos soluciones (con array convencional y con ArrayList) en una misma clase.

```
import java.util.*;

public class Primitiva {

  private final static int TAM = 10;

  public static void main(String[] args) {
```

```java
    int[] combinacion1 = generaPrimitivaArray();
    ArrayList combinacion2 = generaPrimitivaArrayList();

    System.out.println("Combinación generada con array clásico:");
    for (int i = 0; i < 6; i++) {
      System.out.print(combinacion1[i] + " ");
    }

    System.out.println("Combinación generada con ArrayList:");
    for (int i = 0; i < 6; i++) {
      System.out.print(combinacion2.get(i) + " ");
    }

    System.out.println("\n");

}

// Genera una combinación de lotería primitiva sin repetición
// de números.  Utiliza un array convencional.
public static int[] generaPrimitivaArray() {
  int a = 0;
  int[] combinacion = new int[6];
  boolean repetido = false;

  for (int i = 0; i < 6; i++) {
    do {
      a = (int)(Math.random() * 49 + 1);
      repetido = false;
      for (int j = 0; j < i; j++) {
        if (combinacion[j] == a) repetido = true;
      }
    }
    while (repetido);
    combinacion[i] = a;
  }

  return combinacion;
}


// Genera una combinación de lotería primitiva sin repetición
// de números. Utiliza un ArrayList.
public static ArrayList generaPrimitivaArrayList() {
  ArrayList<Integer> combinacion = new ArrayList<Integer>();
  int a = 0;

  for (int i = 0; i < 6; i++) {
    do {
      a = (int)(Math.random() * 49 + 1);
```

```
      }
      while (combinacion.indexOf(a) != -1);
      combinacion.add(a);
   }

   return combinacion;
   }

}
```

Ejercicio 5.6 y 5.7: Ordenar y buscar en array gigante

La clase MiArray permite generar un array aleatorio de cualquier dimensión, mostrarlo, ordenarlo (por el método de la burbuja) y hacer búsqueda secuencial en él. La clase Ordenación hace el test de la clase MiArray.

```java
public class MiArray {

   // Genera un array con valores aleatorios
   public static int[] generar(int tam) {
     int[] a = new int[tam];
     for (int i = 0; i < a.length; i++) {
       a[i] = (int)(Math.random()*tam*2) + 1;
     }
     return a;
   }

   // Muestra el contenido del array
   public static void mostrar(int[] a) {
     for (int i = 0; i < a.length; i++) {
       System.out.println(a[i]);
     }
   }

   // Ordena por el método de la burbuja
   public static void ordenar(int[] a) {
     for (int i = 0; i < a.length; i++) {
       for (int j = 0; j < a.length-1; j++) {
         if (a[j] > a[j+1]) {
           int aux = a[j];
           a[j] = a[j+1];
           a[j+1] = aux;
         }
       } // for j
     } // for i
   }

   // Busca el número n en el array. Devuelve la posición
   // de la primera ocurrencia  o -1 si no lo encuentra.
```

```java
public static int buscar(int[] a, int n) {
  int encontrado = -1;
  int i = 0;
  while (i < a.length && encontrado != -1) {
    if (a[i] == n) {
      encontrado = i;
    }
    i++;
  }
  return encontrado;
}
}
```

```java
public class Ordenacion {

  public static void main(String[] args) {

    int[] a = MiArray.generar(1000);
    MiArray.mostrar(a);
    MiArray.ordenar(a);
    MiArray.mostrar(a);

    int n = 500;
    int posicion = MiArray.buscar(a, n);
    if (posicion != -1) {
      System.out.println("El número estaba en la posición " +
                            posicion);
    }
    else {
      System.out.println("Numero no encontrado");
    }
  }
}
```

Ejercicio 5.10: Enteros gigantes

```java
/**
 * Clase EnteroGigante
 * Proporciona algunos métodos para aritmética básica
 * con enteros gigantes.
 */

class EnteroGigante {

    private int[] numero;   // Los dígitos del entero gigante
                            // se guardan en este array.
    private final int MAXIMO = 50;  // Número máximo de dígitos

    // El constructor inicializa el array de dígitos a 0
```

```java
public EnteroGigante() {
  numero = new int[MAXIMO];
  for (int i = 0; i < MAXIMO; i++) {
    numero[i] = 0;
  }
}

// Recibe en entero gigante en un String y lo convierte
// a un array de dígitos enteros.
public void leer(String n) {
  int contArray = MAXIMO-1;
  for (int i = n.length()-1; i >= 0; i--) {
    numero[contArray] = n.charAt(i) - 48;
    contArray--;
  }
}

// Muestra el entero gigante por la consola.
public void imprimir() {
  for (int i = 0; i < MAXIMO; i++) {
    System.out.print(numero[i]);
  }
  System.out.println();
}


// Suma el entero gigante con otro, dígito a dígito
public EnteroGigante sumar(EnteroGigante eg) {
  EnteroGigante egSuma = new EnteroGigante();
  int acarreo = 0;

  for (int i = MAXIMO-1; i >= 0; i--) {
    int s = numero[i] + eg.getDigito(i) + acarreo;
    if (s >= 10) {
      egSuma.setDigito(s-10, i);
      acarreo = 1;
    }
    else {
      egSuma.setDigito(s, i);
      acarreo = 0;
    }
  } // for

  return egSuma;
}


// Devuelve el dígito situado en una posición
public int getDigito(int posicion) {
  return numero[posicion];
```

```
    }

    // Modifica el dígito situado en una posición
    public void setDigito(int valor, int posicion) {
        numero[posicion] = valor;
    }
}
```

```
class EnteroGiganteTest {
    public static void main(String[] args) {
        EnteroGigante eg1 = new EnteroGigante();
        EnteroGigante eg2 = new EnteroGigante();
        System.out.println("Escribe el primer entero gigante");
        String n = System.console().readLine();
        eg1.leer(n);

        System.out.println("Escribe el segundo entero gigante");
        n = System.console().readLine();
        eg2.leer(n);

        EnteroGigante eg3 = eg1.sumar(eg2);
        System.out.println("La suma vale:");
        eg3.imprimir();
    }
}
```

Ejercicio 5.13: Parejas de baile

```
/**
 * Clase Estudiante
 * Cada uno de los estudiantes que participan en el baile.
 */
public class Estudiante {
    private String nombre;
    private char sexo;
    private String colegio;

    public Estudiante(String nombre, char sexo, String colegio) {
        this.nombre = nombre;
        this.sexo = sexo;
        this.colegio = colegio;
    }

    public String getNombre() {
        return nombre;
    }

    public void setNombre(String nombre) {
        this.nombre = nombre;
```

```
    }

    public char getSexo() {
        return sexo;
    }

    public void setSexo(char sexo) {
        this.sexo = sexo;
    }

    public String getColegio() {
        return colegio;
    }

    public void setColegio(String colegio) {
        this.colegio = colegio;
    }
}
```

```
/**
 * Esta clase asigna aleatoriamente parejas de baile para las tres
 * escuelas de magia de Harry Potter y El Cáliz de Fuego.
 * Se supone que hay un número igual de estudiantes en cada
 * escuela, y que las parejas tienen que ser de estudiantes
 * de diferentes escuelas.
 */
public class BaileNavidad {

    static Estudiante[] hogwarts;     // Estudiantes de Hogwarts
    static Estudiante[] beauxbatons;  // Estudiantes de Beauxbatons
    static Estudiante[] durmstrang;   // Estudiantes de Durmstrang

    // Listas de estudiantes ya seleccionados para el baile
    // en cada escuela (al principio están vacías).
    static int[] seleccionadosHogwarts;
    static int[] seleccionadosBeauxbatons;
    static int[] seleccionadosDurmstrang;

    // Número de estudiantes en cada escuela
    static final int NUM_ESTUDIANTES = 20;
    // Número de parejas de baile
    static final int NUM_PAREJAS = NUM_ESTUDIANTES +
                                   NUM_ESTUDIANTES / 2;

    /**
     * Crea las listas de estudiantes de cada escuela y, a partir
     * de ellas, las parejas de baile, mostrando el resultado
     * por consola.
     * @param args Argumentos de la línea de comandos (sin uso)
```

```java
    */
public static void main(String[] args) {
    crearListasEstudiantes();
    Estudiante[][] listaParejas = crearListaParejas();
    mostrar(listaParejas);
}


/**
 * Crea aleatoriamente las parejas de baile
 * @return La lista de parejas de baile como un
 * array bidimensional. La columna [0] contiene a los chicos
 * y la [1] las chicas.
 */
public static Estudiante[][] crearListaParejas() {
    // Creamos la lista de parejas
    Estudiante[][] listaParejas =
                    new Estudiante[NUM_PAREJAS][2];

    Estudiante chico = null, chica = null;
    String colegio = "Hogwarts"; // Valor inicial

    // Rellenamos la lista con estudiantes elegidos al azar
    for (int i = 0; i < NUM_PAREJAS; i++) {
        // Seleccionamos al chico
        chico = seleccionarEstudiante(colegio, 'H');
        // Cambiamos de colegio, para que las parejas
        // sean de estudiantes de colegios distintos.
        if (colegio.equals("Hogwarts"))
            colegio = "Durmstrang";
        else if (colegio.equals("Durmstrang"))
            colegio = "Beauxbatons";
        else
            colegio = "Hogwarts";

        // Seleccionamos a la chica
        chica = seleccionarEstudiante(colegio, 'M');

        // Cambiamos de colegio, para que las parejas sean
        // de estudiantes de colegios distintos.
        if (colegio.equals("Hogwarts"))
            colegio = "Durmstrang";
        else if (colegio.equals("Durmstrang"))
            colegio = "Beauxbatons";
        else
            colegio = "Hogwarts";

        // Asignamos al chico y a la chica a la
        // lista de parejas.
        listaParejas[i][0] = chico;
        listaParejas[i][1] = chica;
```

```
        }

    return listaParejas;
}

/**
 * Selecciona al azar un estudiante de la lista de
 * estudiantes especificada y con el sexo indicado
 * @param colegio Colegio del estudiante
 * @param sexo Sexo del estudiante
 * @return El estudiante seleccionado
 */
public static Estudiante seleccionarEstudiante
                            (String colegio, char sexo) {
    boolean correcto;
    int n;
    Estudiante estudiante = null;

    do {
        correcto = true;
        // Elegimos un estudiante al azar
        n = (int)(NUM_ESTUDIANTES * Math.random());

        if (colegio.equals("Hogwarts")) {
            // Comprobamos si el sexo del estudiante n
            // es el adecuado y si no está ya seleccionado.
            if (hogwarts[n].getSexo() != sexo ||
                seleccionadosHogwarts[n] == 1)  {
                correcto = false;
            }
            else {
                // El estudiante n es válido. Lo guardamos
                // en la variable estudiante y lo marcamos
                // como ya seleccionado.
                estudiante = hogwarts[n];
                seleccionadosHogwarts[n] = 1;
            }
        }
        if (colegio.equals("Beauxbatons")) {
            // Comprobamos si el sexo del estudiante n
            // es el adecuado y si no está ya seleccionado
            if (beauxbatons[n].getSexo() != sexo ||
                seleccionadosBeauxbatons[n] == 1) {
                correcto = false;
            else {
                // El estudiante n es válido. Lo guardamos
                // en la variable estudiante y lo marcamos
                // como ya seleccionado.
                estudiante = beauxbatons[n];
                seleccionadosBeauxbatons[n] = 1;
```

```java
                }
            }
            if (colegio.equals("Durmstrang")) {
                // Comprobamos si el sexo del estudiante n
                // es el adecuado y si no está ya seleccionado
                if (durmstrang[n].getSexo() != sexo ||
                    seleccionadosDurmstrang[n] == 1) {
                    correcto = false;
                }
                else {
                    // El estudiante n es válido. Lo guardamos
                    // en la variable estudiante y lo marcamos
                    // como ya seleccionado.
                    estudiante = durmstrang[n];
                    seleccionadosDurmstrang[n] = 1;
                }
            }
        }
        while (!correcto);

        return estudiante;
    }

    /**
     * Muestra la lista de parejas de baile por consola
     * @param listaParejas Array con la lista de parejas
     */
    public static void mostrar(Estudiante[][] listaParejas) {
        for (int i = 0; i < NUM_PAREJAS; i++) {
            System.out.printf("Pareja %2d: ", i+1);
            System.out.printf("%s (%s)(%c) - %s (%s)(%c)\n",
                              i+1,
                              listaParejas[i][0].getNombre(),
                              listaParejas[i][0].getColegio(),
                              listaParejas[i][0].getSexo(),
                              listaParejas[i][1].getNombre(),
                              listaParejas[i][1].getColegio(),
                              listaParejas[i][1].getSexo());
        }
    }

    /**
     * Crea las listas de estudiantes de cada colegio.
     * Este método debería tomar los datos de un fichero o
     * de una base de datos... pero aún no sabemos hacerlo,
     * así que lo teclearemos todo en plan artesanal.
     */
    public static void crearListasEstudiantes() {
        // Creamos los arrays de estudiantes
        hogwarts = new Estudiante[NUM_ESTUDIANTES];
```

```
    beauxbatons = new Estudiante[NUM_ESTUDIANTES];
    durmstrang = new Estudiante[NUM_ESTUDIANTES];

    // Creamos los arrays de estudiantes seleccionados
    seleccionadosHogwarts = new int[NUM_ESTUDIANTES];
    seleccionadosBeauxbatons = new int[NUM_ESTUDIANTES];
    seleccionadosDurmstrang = new int[NUM_ESTUDIANTES];

    // Creamos los estudiantes (esta información que
    // podría tomarse de un fichero o de una base de datos)
hogwarts[0] = new Estudiante("Harry Potter", 'H', "Hogwarts");
hogwarts[1] = new Estudiante("Ron Weasley", 'H', "Hogwarts");
hogwarts[2] = new Estudiante("Leville Longbottom", 'H', "Hogwarts");
hogwarts[3] = new Estudiante("Fred Weasley", 'H', "Hogwarts");
hogwarts[4] = new Estudiante("George Weasley", 'H', "Hogwarts");
hogwarts[5] = new Estudiante("Draco Malfoy", 'H', "Hogwarts");
hogwarts[6] = new Estudiante("Seamus Finnigan", 'H', "Hogwarts");
hogwarts[7] = new Estudiante("Dean Thomas", 'H', "Hogwarts");
hogwarts[8] = new Estudiante("Lee Jordan", 'H', "Hogwarts");
hogwarts[9] = new Estudiante("Cedric Diggory", 'H', "Hogwarts");
hogwarts[10] = new Estudiante("Hermione Granger", 'M', "Hogwarts");
hogwarts[11] = new Estudiante("Ginny Weasley", 'M', "Hogwarts");
hogwarts[12] = new Estudiante("Luna Lovegood", 'M', "Hogwarts");
hogwarts[13] = new Estudiante("Lavender Brown", 'M', "Hogwarts");
hogwarts[14] = new Estudiante("Parvati Patil", 'M', "Hogwarts");
hogwarts[15] = new Estudiante("Hanna Abbot", 'M', "Hogwarts");
hogwarts[16] = new Estudiante("Angelina Johnson", 'M', "Hogwarts");
hogwarts[17] = new Estudiante("Pansy Parkinson", 'M', "Hogwarts");
hogwarts[18] = new Estudiante("Katie Bell", 'M', "Hogwarts");
hogwarts[19] = new Estudiante("Cho Chang", 'M', "Hogwarts");

beauxbatons[0] = new Estudiante("Damien Bordeau", 'H', "Beauxbatons");
beauxbatons[1] = new Estudiante("Didier Girardon", 'H', "Beauxbatons");
beauxbatons[2] = new Estudiante("Edouard Pinaud", 'H', "Beauxbatons");
beauxbatons[3] = new Estudiante("Fabien Rousseau", 'H', "Beauxbatons");
beauxbatons[4] = new Estudiante("François Eluchans", 'H', "Beauxbatons");
beauxbatons[5] = new Estudiante("Gabriel Lombard", 'H', "Beauxbatons");
beauxbatons[6] = new Estudiante("Gaston Abbadie", 'H', "Beauxbatons");
beauxbatons[7] = new Estudiante("Adolphe Barraud", 'H', "Beauxbatons");
beauxbatons[8] = new Estudiante("Bastian Briand", 'H', "Beauxbatons");
beauxbatons[9] = new Estudiante("Colin Camus", 'H', "Beauxbatons");
beauxbatons[10] = new Estudiante("Fleur Delacour", 'M', "Beauxbatons");
beauxbatons[11] = new Estudiante("Catherine Leduc", 'M', "Beauxbatons");
beauxbatons[12] = new Estudiante("Audrey Vien", 'M', "Beauxbatons");
beauxbatons[13] = new Estudiante("Bérénice Dugès", 'M', "Beauxbatons");
beauxbatons[14] = new Estudiante("Laure Champollion", 'M', "Beauxbatons");
beauxbatons[15] = new Estudiante("Léonore Chifflet", 'M', "Beauxbatons");
beauxbatons[16] = new Estudiante("Lucette Toussaint", 'M', "Beauxbatons");
beauxbatons[17] = new Estudiante("Magadlène Lemond", 'M', "Beauxbatons");
beauxbatons[18] = new Estudiante("Nélie Levallois", 'M', "Beauxbatons");
beauxbatons[19] = new Estudiante("Nicole Fontaine", 'M', "Beauxbatons");

durmstrang[0] = new Estudiante("Viktor Krum", 'H', "Durmstrang");
durmstrang[1] = new Estudiante("Andrei Boyanov", 'H', "Durmstrang");
durmstrang[2] = new Estudiante("Anton Chilikov", 'H', "Durmstrang");
durmstrang[3] = new Estudiante("Boris Andreev", 'H', "Durmstrang");
durmstrang[4] = new Estudiante("Damyan Mihov", 'H', "Durmstrang");
durmstrang[5] = new Estudiante("Dragomir Nikolaev", 'H', "Durmstrang");
durmstrang[6] = new Estudiante("Emil Petrov", 'H', "Durmstrang");
durmstrang[7] = new Estudiante("Georgi Maksimov", 'H', "Durmstrang");
durmstrang[8] = new Estudiante("Milen Ivov", 'H', "Durmstrang");
durmstrang[9] = new Estudiante("Pavel Kaloyanchev", 'H', "Durmstrang");
durmstrang[10] = new Estudiante("Anka Lazarov", 'M', "Durmstrang");
durmstrang[11] = new Estudiante("Dana Marinov", 'M', "Durmstrang");
```

```
durmstrang[12] = new Estudiante("Donka Minkov", 'M', "Durmstrang");
durmstrang[13] = new Estudiante("Emiliya Hristov", 'M', "Durmstrang");
durmstrang[14] = new Estudiante("Irina Vanev", 'M', "Durmstrang");
durmstrang[15] = new Estudiante("Ivana Viktorov", 'M', "Durmstrang");
durmstrang[16] = new Estudiante("Katerina Vasilev", 'M', "Durmstrang");
durmstrang[17] = new Estudiante("Nevelka Popov", 'M', "Durmstrang");
durmstrang[18] = new Estudiante("Nikol Zahariev", 'M', "Durmstrang");
durmstrang[19] = new Estudiante("Olga Vodenicharov", 'M', "Durmstrang");


    // Inicializamos a 0 las listas de estudiantes
    // seleccionados para el baile
    for (int i = 0; i < NUM_ESTUDIANTES; i++) {
        seleccionadosHogwarts[i] = 0;
        seleccionadosBeauxbatons[i] = 0;
        seleccionadosDurmstrang[i] = 0;
    }
  }
}
```

Ejercicio 5.14: Inicializar matriz simple

Ofrecemos una solución más general, con una clase MiMatriz capaz de
inicializarse a cualquier valor que le pasemos como parámetro en el constructor,
y no solo a -1.

```java
public class MiMatriz {
  String str1, str2;
  public static int[][] inicializar(int filas, int cols,
                                    int valorInicial) {
    // Generamos un array asignando el mismo valor inicial
    // a todas las posiciones.
    int[][] m = new int[filas][cols];
    for (int f = 0; f < filas; f++) {
      for (int c = 0; c < cols; c++) {
        m[f][c] = valorInicial;
      }
    }
    return m;
  }

  public static void mostrar(int[][] m) {
    // Mostramos el contenido de la matriz
    for (int f = 0; f < m.length; f++) {
      for (int c = 0; c < m[f].length; c++) {
          System.out.printf(m[f][c]);
      }
      System.out.println();
    }
  }
}
```

```
public class MiMatrizPrueba {
  public static void main(String[] args) {
    int[][] m;
    // Crea una matriz de tamaño 10x5 y la inicializa a -1
    m = MiMatriz.inicializar(10,5,-1);
    MiMatriz.mostrar(m);
  }
}
```

Ejercicio 5.20: Jugueteando con matrices

```
class Matriz {
  private int N = 4;    // Tamaño de la martriz cuadrada
  private int[][] m;    // Matriz

  public Matriz() {
    int f, c;
    m = new int[N][N];

    // Rellenamos la matriz con números al azar
    for (f = 0; f < N; f++)
      for (c = 0; c < N; c++)
        m[f][c] = (int)(Math.random() * 10);
  }


  // Muestra por la pantalla la matriz
  public void mostrar() {
    int f, c;

    for (f = 0; f < N; f++) {
      for (c = 0; c < N; c++) {
        System.out.format("%4d", m[f][c]);
      }
      System.out.println();
    }
  }

  // Muestra el perímetro de la matriz completa
  public void perimetro() {
    perimetro(0, N, 0, N);
  }

  // Muestra el perímetro de la matriz comenzando por la posición
  // (arr, izq) y terminando en (aba, der)
  public void perimetro(izq, der, arr, aba) {
    int f, c;
```

```java
        System.out.println("El perímetro es:\n");

        /* Mostramos fila superior (de izquierda a derecha) */
        for (c = izq; c < der; c++)
            System.out.print(m[arr][c] + " ");
        /* Mostramos columna derecha (de arriba a abajo) */
        for (f = arr + 1; f < aba; f++)
            System.out.print(m[f][der-1] + " ");
        /* Mostramos fila inferior (de derecha a izquierda) */
        for (c = der-2; c >= izq; c--)
            System.out.print(m[aba-1][c] + " ");
        /* Mostramos columna izquierda (de abajo a arriba) */
        for (f = aba-2; f >= arr+1; f--)
            System.out.print(m[f][izq] + " ");

        System.out.println();
    }


    // Muestra la espiral de la matriz. Usaremos un perímetro de la
    // matriz completa y luego acortaremos los límites para hacer
    // perímetros de las matrices internas.
    void espiral()
    {
        int f, c, cont, izq, der, arr, aba;

        System.out.println("La espiral es:");

        izq = 0;     /* Límites del perímetro */
        der = N;
        arr = 0;
        aba = N;

        for (cont = 0; cont <= N/2; cont++) {
            perimetro(izq, der, arr, aba);
            izq++;          /* Actualizamos límites del perímetro */
            der--;
            arr++;
            aba--;
        }

        System.out.println();
    }

}


public class MatrizTest {
 public static void main(String[] args) {
   int opc;
```

```
    Matriz matriz = new Matriz();

    // Menú de opciones
    do
    {
       System.out.println("1. Mostrar matriz");
       System.out.println("2. Perímetro");
       System.out.println("3. Espiral");
       System.out.println("4. Salir");
       System.out.println();
       System.out.print("Introduzca opción (1-4): ");
       opc = Integer.parseInt(System.console().readLine());

       switch(opc) {
          case 1: matriz.mostrar(); break;
          case 2: matriz.perimetro(); break;
          case 3: matriz.espiral(); break;
       }
    }
    while (opc != 4);

  }
}
```

10.1 Cadenas

Ejercicio 5.21: Asteriscos

Te ofrecemos tres soluciones alternativas a este ejercicio: una implementada con arrays de caracteres (Asteriscos1), otra con la clase StringBuffer (Asteriscos2) y otra con la clase String (Asteriscos3).

```
/**
 * Esta clase sustituye las vocales de una cadena por asteriscos.
 * En esta implementación, el string es un array de caracteres.
 */
public class Asteriscos1 {

   char[] caracteres;

   public Asteriscos(String s) {
      // Convertimos el string en un array de caracteres
      caracteres = s.toCharArray();
   }
```

```java
    // Muestra el contenido del array de caracteres
    public void mostrar(){
        for(int i = 0; i < caracteres.length; i++){
            System.out.println(caracteres[i]);
        }
    }

    // Convierte las vocales en asteriscos
    public void convertir(){
        for(int i = 0; i < caracteres.length; i++){
            if (caracteres[i]=='a'||caracteres[i]=='e'||
            caracteres[i]=='i'||caracteres[i]=='o'||
            caracteres[i]=='u'){
                caracteres[i] = '*';
            }
        }
    }
}
```

```java
/**
 * Esta clase sustituye las vocales de una frase por asteriscos.
 * En esta solución utilizamos un StringBuffer.
 */
public class Asteriscos2 {

    StringBuffer frase;

    public Asteriscos2(String s) {
        // Creamos un StringBuffer a partir del String
        frase = new StringBuffer(s);
    }

    // Muestra el contenido del string
    public void mostrar(){
        System.out.println(frase);
    }

    // Reemplaza las vocales por asteriscos
    public void convertir(){
        for(int i = 0; i < frase.length(); i++){
            if (frase.charAt(i)=='a'||frase.charAt(i)=='e'||
            frase.charAt(i)=='i'||frase.charAt(i)=='o'||
            frase.charAt(i)=='u'){
                frase.replace(i, i, "*");
            }
        }
    }
}
```

```java
/**
 * Esta clase sustituye las vocales de una frase por asteriscos.
 * En esta solución utilizamos un String convencional.
 */
public class Asteriscos3 {

    String frase;

    public Asteriscos3(String s) {
        frase = s;
    }

    // Mostramos el estado actual de String
    public void mostrar(){
        System.out.println(frase);
    }

    // Sustituimos las vocales por asteriscos
    public void convertir(){
        frase = frase.replace('a', '*');
        frase = frase.replace('e', '*');
        frase = frase.replace('i', '*');
        frase = frase.replace('o', '*');
        frase = frase.replace('u', '*');
    }
}
```

```java
public class AsteriscosTest {

    public static void main(String[] args) {

        String str = "Hola, Mundo";
        Asteriscos1 a1 = new Asteriscos1(str);
        Asteriscos2 a2 = new Asteriscos2(str);
        Asteriscos3 a3 = new Asteriscos3(str);

        a1.convertir();
        a2.convertir();
        a3.convertir();

        a1.mostrar();
        a2.mostrar();
        a3.mostrar();
    }

}
```

Ejercicio 5.25: Palíndromos

También te ofrecemos aquí dos soluciones alternativas: una que utiliza un array
de caracteres (Palindromo1) y otra que hace uso de las funciones de String y
StringBuffer (Palindromo2), por lo que resulta mucho más sencilla de programar.

```java
/**
 * Esta clase determina si una frase es palindroma o no.
 * Esta solución utiliza arrays de caracteres.
 */
import java.io.*;

public class Palindromo1
{
    private char[] frase;

    /**
     * Lee un string y lo convierte a array de caracteres
     */
    public void leer()
    {
        String str = null;
        BufferedReader buff =
            new BufferedReader(new InputStreamReader(System.in));
        try {
            str = buff.readLine();
        }
        catch (IOException e) {}
        frase = str.toCharArray();
    }

    /**
     * Cuenta el numero de caracteres validos (no espacios).
     */
    private int contarCaracteresValidos()
    {
        int cont = 0;
        for (int i = 0; i < frase.length; i++) {
            if (frase[i] != ' ') cont++;
        }
        return cont;
    }

    /**
     * Elimina los espacios de la frase
     */
    public void quitarEspacios()
    {
```

```
        char[] nuevo = new char[contarCaracteresValidos()];

        int i = 0;
        int j = 0;
        for (i = 0; i < frase.length; i++) {
            if (frase[i] != ' ') {
                nuevo[j] = frase[i];
                j++;
            }
        }
        frase = nuevo;
    }


    /**
     * Muestra el contenido del array
     */
    public void mostrar() {
        int i;
        for (i = 0; i < frase.length; i++) {
            System.out.print(frase[i]);
        }
        System.out.println();
    }



    /**
     * Comprobamos si la frase es palindroma recorriéndola desde
     * el extremo izquierdo (variable i) y desde
     * el derecho (variable j). Si encontramos alguna pareja
     * diferente, sabremos que la frase no es palindroma.
     */
    public boolean esPalindromo() {
        int i = 0;
        int j = frase.length-1;
        boolean palindromo = true;

        while (i < j && palindromo) {
            if (frase[i] != frase[j])
                palindromo = false;
            i++;
            j--;
        }

        return palindromo;
    }
}
```

```java
/**
 * Esta clase determina si una frase es palindroma o no.
 * Esta solución utiliza String y StringBuffer.
 */
import java.io.*;

public class Palindromo2
{
    private String frase;

    /**
     * Lee un string y lo convierte a array de caracteres
     */
    public void leer()
    {
        BufferedReader buff =
            new BufferedReader(new InputStreamReader(System.in));
        try {
            frase = buff.readLine();
        }
        catch (IOException e) {}
    }

    /**
     * Cuenta el numero de caracteres validos (no espacios)
     */
    private int contarCaracteresValidos()
    {
        return frase.length();
    }

    /**
     * Elimina los espacios de la frase
     */
    public void quitarEspacios()
    {
        frase = frase.replaceAll(" ", "");
    }


    /**
     * Muestra el contenido del array
     */
    public void mostrar() {
        System.out.println(frase);
    }
```

```
    /**
     * Comprobamos si la frase es palindroma recorriéndola desde
     * el extremo izquierdo (variable i) y desde
     * el derecho (variable j). Si encontramos alguna pareja
     * diferente, sabremos que la frase no es palindroma.
     */
    public boolean esPalindromo() {
        StringBuffer str1 = new StringBuffer(frase);
        String fraseInvertida = str1.reverse().toString();

        return frase.equals(fraseInvertida);

    }
}
```

```
public class PalindromoTest {

    public static void main(String[] args) {
        // Sustituir por Palindromo2 para probar la otra clase
        private Palindromo1 palindro1;
        private Palindromo1 palindro2;

        palindro1 = new Palindromo1();
        palindro1.leer();
        palindro1.mostrar();
        palindro1.quitarEspacios();
        palindro1.mostrar();
        palindro1.esPalindromo();

        palindro2 = new Palindromo2();
        palindro2.leer();
        palindro2.mostrar();
        palindro2.quitarEspacios();
        palindro2.mostrar();
        palindro2.esPalindromo();
    }

}
```

CAPÍTULO 6:
FLUJOS Y
FICHEROS

Hasta este momento, todas las operaciones de entrada y salida de datos de nuestros programas se han hecho a través del teclado (entrada) y la pantalla (salida). Estos son los dispositivos de entrada y salida por defecto, pero también se pueden enviar datos hacia un archivo, o recibirlos de él.

Además, todos los datos que hemos manejado, ya sea mediante tipos de datos simples o estructuras complejas, han estado alojados en la memoria principal del ordenador, de manera que al apagar éste, o antes, al terminar el programa, toda esa información se perdía. Como es natural, también es posible almacenar datos en memoria secundaria, es decir, en dispositivos tales como discos duros, discos flexibles, discos ópticos, memorias USB, etc. Estas memorias se caracterizan por ser más lentas que la memoria principal del ordenador, pero también disponen de más espacio de almacenamiento, y no son volátiles, es decir, no pierden su contenido al desconectar el ordenador.

Para almacenar datos en estas memorias secundarias es necesario agruparlos en estructuras que denominaremos archivos o ficheros (del inglés *files*).

Seguro que estás acostumbrado/a a manejar ficheros, pero quizá no sepas lo que tienen por dentro. Antes de crear y manipular nuestros propios ficheros desde nuestros programas, tendremos que ver las formas más habituales en las que se estructura la información en el interior de los ficheros, así que comenzaremos el capítulo hablando de ficheros secuenciales, directos, aleatorios e indexados. Cuando acabes esa sección, comprenderás que incluso el concepto de *hashing* no es tan complicado como parece a primera vista.

Después pasaremos a estudiar las clases del JDK que nos permiten trabajar con flujos en general, para centrarnos en las que manipulan flujos desde y hacia ficheros. Terminaremos el capítulo dando algunas pautas sobre cómo se procesan en Java los ficheros secuenciales, de acceso directo e indexados.

1 Archivos (ficheros)

1.1 Conceptos fundamentales: archivos, registros y campos

Un archivo o fichero es un conjunto de información relacionada entre sí y estructurada en unidades más pequeñas, llamadas **registros**.

Cada registro debe contener datos pertenecientes a una misma cosa. Además, cada registro es un estructura de datos, es decir, está compuesto de otros datos más simples, que llamaremos campos.

Un **campo** es cada uno de los elementos que constituyen un registro. Cada campo se caracteriza por un identificador que lo distingue de los otros campos del registro, y por el tipo de dato que tiene asociado, que, a su vez, puede ser simple (número entero, carácter, lógico, etc) o compuesto (cadena de caracteres, fecha, vector, etc).

Observa el siguiente ejemplo de fichero. Contiene información relacionada entre sí: los datos personales de un conjunto de personas. Toda esa información está distribuida en registros, que son cada una de las filas de la tabla. Cada registro, por tanto, contiene los datos pertenecientes a una sola persona. Los registros se dividen en campos, que son cada una de las unidades de información que contiene cada registro.

NIF	Nombre	Apellidos	Teléfono	Dirección
1111-H	Salvador	Pérez Pérez	2309201	Av. Del Mar 105
3333-J	Margarita	Sánchez Flor	2301213	C/ Juela 33
...	...	...	...	...

En esta tabla, la fila "1111-H, Salvador Pérez Pérez, 2309201, Av. del Mar 105" constituye un **registro**, y cada registro está dividido en cinco **campos**: NIF, Nombre, Apellidos, Teléfono y Dirección.

Si el tipo de dato de un campo es complejo, el campo puede dividirse en subcampos. Por ejemplo, si un campo contiene una fecha, se puede dividir en tres subcampos que contengan, respectivamente, el día, el mes y el año.

Para diferenciar a un registro de otro es conveniente que alguno de los campos tenga un valor distinto en todos los registros del archivo. Este campo, que identifica unívocamente cada registro, se denomina campo clave o, simplemente, clave. En el ejemplo anterior, el campo clave puede ser NIF, ya que será diferente para cada una de las personas que forman el archivo.

1.2 Operaciones con archivos

En un archivo se puede realizar operaciones sobre cada registro individual o bien sobre todo el archivo, es decir, sobre todos los registros a la vez.

1.2.1 Operaciones con registros individuales

- Inserción (alta): consiste en añadir un registro al fichero. El registro puede añadirse al final del fichero o entre dos registros que ya existieran previamente.

- Borrado (baja): consiste en eliminar un registro existente.

- Modificación: consiste en cambiar el dato almacenado en uno o varios de los campos del registro

- Consulta: consiste en leer el dato almacenado en uno o varios de los campos del registro.

1.2.2 Operaciones sobre el archivo completo

Además de manipular cada componente del archivo (registros y campos), también se pueden llevar a cabo operaciones con la totalidad del archivo, como:

- Creación: La creación del archivo consiste en crear una entrada en el soporte de memoria secundaria y asignarle un nombre para identificar en el futuro a los datos que contiene.

- Apertura: Antes de trabajar con un archivo es necesario abrirlo, creándose así un canal de comunicación entre el programa y el archivo a través del cuál se pueden leer y escribir datos. Los archivos sólo deben permanecer abiertos el tiempo estrictamente necesario.

- Cierre: Es importante cerrar el canal de comunicación con el archivo cuando no va a usarse en un futuro inmediato, porque todos los sistemas limitan el número máximo de archivos que pueden estar abiertos simultáneamente. También es importante porque evita un acceso accidental al archivo que pueda deteriorar la información almacenada en él.

- Ordenación: Permite establecer un orden entre los registros del archivo.

- Copiado: Crea un nuevo archivo con la misma estructura y contenido que el fichero original.

- Concatenación: Consiste en crear un archivo nuevo que contenga los registros de otros dos archivos previamente existentes, de manera que primero aparezcan todos los registros de un archivo y, a continuación, todos los del otro.

- Mezcla: Parecida a la concatenación, pero el archivo resultante contendrá todos los registros de los dos archivos originales mezclados y ordenados.

- Compactación: Esta operación sólo se realiza sobre archivos en los cuales el borrado de registros se ha realizado sin eliminar físicamente el registro, sino únicamente marcándolo como borrado para no procesarlo. Después de la compactación, todos los registros marcados como borrados quedan borrados físicamente, con lo que se libera espacio en el dispositivo de almacenamiento.

- Borrado: Es la operación contraria a la creación, ya que elimina la entrada en el dispositivo de almacenamiento, con lo que se pierde toda la información almacenada en el archivo.

2 Organización de archivos

La organización de los archivos es la forma en que los datos son estructurados y almacenados en el dispositivo de almacenamiento. El tipo de organización se establece durante la fase de creación del archivo y es invariable durante toda su vida. La organización puede ser secuencial o relativa (o una combinación de ambas), como enseguida veremos.

El tipo de acceso al archivo es el procedimiento que se sigue para situarnos sobre un registro concreto para hacer alguna operación con él. Esto es lo que realmente le interesa al programador: cómo acceder a los registros de archivo. El tipo de acceso está condicionado por el tipo de organización física del archivo.

A lo largo de todo este apartado estudiaremos los tipos de organización. En los apartados siguientes veremos como se las apaña Java para acceder y manipular los ficheros, y cómo podemos operar desde Java con los distintos tipos de organización.

2.1 Archivos de organización secuencial

La forma más simple de estructura de archivo es el **archivo secuencial**. En este tipo de archivo, los registros se sitúan físicamente en el dispositivo en el orden en el que se van escribiendo, uno tras otro y sin dejar huecos entre sí. El acceso a los registros también debe hacerse en orden, de modo que para acceder al registro N es necesario pasar primero por el registro 1, luego por el 2, luego por el 3, y así hasta llegar al registo N.

Los archivos secuenciales se utilizaban mucho cuando el soporte de almacenamiento masivo más usual era la cinta magnética. Hoy día siguen siendo utilizados por su simplicidad y porque son suficientemente útiles en muchas ocasiones (por ejemplo, en aplicaciones de proceso de lotes). Pero si el programa necesita acceder a registros individuales y no consecutivos, los archivos secuenciales ofrecen un rendimiento pobre y son preferibles los archivos directos, que luego veremos.

Los archivos secuenciales tienen un indicador de posición (o cursor) que señala qué registro fue el último que se accedió. Al abrir el archivo, el indicador se sitúa en el primer campo del primer registro. Cada acceso sobre el archivo desplazará el indicador de posición hacia el siguiente registro, hasta que ya no haya más registros que leer.

Cuando un archivo secuencial se abre para escribir datos en él, el indicador de posición se sitúa justo después del último byte del mismo, de manera que los datos sólo se pueden añadir al final.

La organización secuencial cuenta con varias **ventajas**:

-   Es la más sencilla de manejar para el programador.

-   Si hay que acceder a un conjunto de registros consecutivos, o a todo el archivo, es el método más rápido.

-   No deja espacios entre registro y registro, por lo que se optimiza el uso del espacio en la memoria secundaria.

Pero también tiene algunos **inconvenientes** serios:

-   Para consultar datos individuales, hay que recorrer todo el archivo desde el principio. Es decir, el acceso a registros individuales es, en general, lento.

-   Las operaciones de inserción y eliminación de registros solo pueden hacerse al final del archivo. Hacerlas con registros intermedios representa mover grandes bloques de información y, por lo tanto, consumir mucho tiempo.

2.2   Archivos de organización relativa: hashing

La **organización relativa** es más compleja que la secuencial.

Consiste en guardar físicamente los registros en lugares de la memoria secundaria no consecutivos. Pero, entonces, ¿cómo podemos encontrar dónde está cada registro?

La única solución es utilizar un campo clave de entre todos los del registro. Ese campo clave, que suele ser numérico, permite averiguar la dirección física donde está almacenado el registro en la memoria secundaria mediante un algoritmo de transformación. Por eso, la clave suele denominarse dirección de memoria lógica, para distinguirlo de la dirección de memoria física donde efectivamente se encuentra guardado el registro.

Esta transformación de claves para obtener direcciones físicas se denomina *hashing*. Más abajo encontrarás un ejemplo muy sencillo de hashing que te ayudará a entender todo esto.

Los archivos relativos son más versátiles que los secuenciales porque permiten acceder a cualquier parte del fichero en cualquier momento, como si fueran arrays. Las operaciones de lectura y escritura pueden hacerse en cualquier punto del archivo.

Los archivos con organización relativa tienen dos variantes: los archivos directos y los archivos aleatorios (o indirectos). En los siguientes epígrafes estudiaremos cada tipo por separado.

2.2.1 Ejemplo de hashing

Antes de continuar, vamos a tratar de entender bien la técnica de hashing con un sencillo ejemplo.

Supongamos que un archivo almacenado en una memoria secundaria contiene 5 registros, que llamaremos R1, R2, R3, R4 y R5. En un archivo secuencial, los cinco registros estarán almacenados en posiciones consecutivas de la memoria. Si R1 se guarda, por ejemplo, en la dirección 1000 de la memoria secundaria y cada registro lógico ocupa exactamente un registro físico, tendremos que los registros estarán guardados en estas direcciones:

Dirección	1000	1001	1002	1003	1004
Registro almacenado en esa posición	R1	R2	R3	R4	R5

En cambio, si el archivo es relativo, cada registro estará almacenado en posiciones no consecutivas de la memoria secundaria. Por ejemplo, podrían estar en estas direcciones:

Dirección	1000	...	1200	...	5720	...	6304	...	6318
Registro almacenado en esa posición	R1	...	R2	...	R3	...	R4	...	R5

El problema con este sistema de almacenamiento es cómo localizar los registros en la memoria secundaria. Para eso se utiliza el hashing. Cada registro debe tener un campo clave (que denominaremos R1.clave, R2.clave, etc). El hashing consiste en aplicar una función de transformación a cada clave.

Supongamos que las claves de los registros de este ejemplo son:

$$R1.clave = 500$$

$$R2.clave = 600$$

$$R3.clave = 2860$$

$$R4.clave = 3152$$

$$R5.clave = 3159$$

Entonces, la función hash aplicada a este archivo para averiguar la dirección de cada registro ha sido:

$$f(clave) = clave \times 2$$

Probemos a aplicar la función hash al primer registro (R1):

$$f(R1.clave) = 500 \times 2 = 1000$$

Efectivamente, aplicando la función hash a la clave de R1 (500), hemos obtenido su dirección de almacenamiento en memoria secundaria (1000).

Si probamos con otros registros, esta función hash también nos devuelve la dirección. Por ejemplo, con R3:

$$f(R3.clave) = 2860 \times 2 = 5720$$

Si lo compruebas, 5720 es la dirección donde está guardado el registro R3.

2.3   Archivos de organización relativa directa

Entre los archivos con organización relativa los más sencillos son los **archivos directos**.

En ellos, el campo clave de cada registro debe ser de tipo numérico, e identifica directamente el registro físico donde está almacenado. La función hash, en este caso, es la más simple posible, ya que no transforma la clave:

$$f(clave) = clave$$

En el ejemplo anterior, el registro R1 se almacenaría en la dirección 500, el R2 en la 600, el R3 en la 2860, etc, ya que:

$$f(R1.clave) = clave = 500$$

$$f(R2.clave) = clave = 600$$

$$f(R3.clave) = clave = 2860$$

El valor de la clave está en relación con la capacidad máxima del dispositivo de almacenamiento, no pudiendo almacenar registros cuya clave esté por encima de este límite.

En estos archivos no puede haber dos registros con la misma clave, porque ambos ocuparían la misma posición física, solapándose. Esto es lo que se llama una colisión y debe ser evitada.

Las ventajas de los archivos directos son:

- Permite acceder al archivo de dos maneras: directamente (a través de la clave de cada registro) y secuencialmente.

- Permite realizar operaciones de lectura y escritura simultáneamente.

- Son muy rápidos al tratar registros individuales.

Los inconvenientes principales son:

- El acceso secuencial, del principio al fin del fichero, puede ser muy lento porque podemos encontrarnos con muchos huecos, es decir, posiciones que no están siendo usadas. Existen técnicas de programación avanzadas para el acceso secuencial eficiente a ficheros directos.

• Relacionado con la anterior, pueden quedar muchos huecos libres en el dispositivo de memoria secundaria, desaprovechándose el espacio.

2.4 Archivos de organización relativa aleatoria (o indirecta)

Se denominan **archivos aleatorios** a los archivos relativos que empleen alguna función hash para transformar la clave y conseguir así la dirección física.

La función hash puede ser muy sencilla, como la del ejemplo que vimos en el apartado 2.2 (que consistía en multiplicar la clave por 2 para obtener la dirección física) o más complicada (por ejemplo, una función hash más realista es: f(clave) = clave * num_primo + clave, donde "num_primo" es el número primo más cercano que exista a 2n, siendo n el número de bits de la clave). Pero el principio es el mismo: transformar la clave para obtener la dirección física.

Dependiendo de la función hash empleada pueden surgir colisiones, es decir, claves que proporcionan la misma dirección física.

Por ejemplo, si la función hash es f(clave) = clave / 2 (división entera), tendremos que los registros con clave 500 y 501 intentarán ocupar la misma dirección física: la 250. Es responsabilidad del programador evitar estas colisiones y, en caso de que lleguen a producirse, detectarlas y programar algún mecanismo que las resuelva.

Otras funciones hash, como la ya vista f(clave) = clave x 2, no producen colisiones, pero en cambio provocan que muchas direcciones físicas no sean utilizadas, con lo que se desaprovecha el espacio de almacenamiento.

Por lo tanto, la elección de una función hash adecuada es crucial para el correcto rendimiento y funcionamiento de este tipo de archivos. Existen multitud de funciones hash adaptadas a los más diversos problemas que ofrecen un máximo aprovechamiento del espacio y un mínimo número de colisiones, pero su estudio excede a las posibilidades de este libro.

Las ventajas de los archivos aleatorios son similares a las de los directos, y entre los inconvenientes podemos quitar el de dejar muchos huecos libres, siempre que, como hemos visto, la función hash elegida sea adecuada.

2.5 Archivos de organización indexada

Se denominan **archivos indexados** así a una mezcla entre la organizaciones secuencial y relativa, que pretende aprovechar las ventajas de las dos organizaciones, evitando al mismo tiempo sus inconvenientes.

Los archivos indexados están divididos en tres zonas o áreas:

1) **El área primaria**. En esta área se encuentran almacenados los registros del archivo secuencial. Es decir, el área primaria es, en realidad, un archivo secuencial corriente (aunque también puede hacerse con un archivo directo). Los registros deben estar ordenados (normalmente, se hará en orden creciente según sus claves)

El área primaria suele estar segmentada, es decir, dividida en trozos o segmentos. En cada segmento se almacenan N registros en posiciones de memoria consecutivas. Para acceder a un registro individual, primero hay que acceder a su segmento y, una vez localizado el segmento, buscar secuencialmente el registro concreto.

2) **El área de índices**. Se trata, en realidad, de un segundo archivo secuencial agregado al primero. Pero es un archivo especial, cuyos registros solo tienen dos campos: uno contiene la clave del último registro de cada segmento, y otro contiene la dirección física de comienzo de cada segmento.

3) **El área de excedentes**. Puede ocurrir que los segmentos del área primaria se llenen y no puedan contener algún registro. Esos registros van a parar a un área de excedentes u overflow.

Para acceder a un registro concreto en un archivo indexado, el procedimiento es el siguiente:

- Primero, buscamos secuencialmente en el área de índices la dirección de comienzo del segmento donde está el registro que queremos buscar.

- Segundo, hacemos un acceso directo al primer registro del segmento.

- Después hacemos un recorrido secuencial dentro del segmento hasta localizar el registro.

- Si el registro no se encuentra, acudimos al área de excedentes y hacemos un nuevo recorrido secuencial en ella para intentar localizarlo allí.

Observa que los archivos indexados mezclan los accesos secuenciales con los accesos directos.

2.5.1 Ejemplo de archivo indexado

Vamos a mostrar un ejemplo para tratar de entender correctamente esta organización de archivo.

Supongamos un archivo de datos personales de los alumnos que conste de estos 10 registros:

DNI (clave)	Nombre	Teléfono
1111	Arturo Pérez	348734
1232	Miguel Ruiz	349342
2100	Antonia Camacho	209832
2503	Silvia Ortiz	349843
3330	Sonia del Pino	987349
5362	José Anguita	978438
6300	Ana Zamora	476362
6705	Susana Hernández	473239
7020	Rodrigo Sánchez	634838
9000	Natalia Vázquez	362653

Imaginemos que cada segmento tiene 4 registros. Por lo tanto, el archivo se dividirá en 3 segmentos. Si suponemos que cada registro ocupa 50 bytes en memoria secundaria, y que el principio del archivo está en la dirección 100 de dicha memoria, el archivo físico tendrá este aspecto:

Área primaria			
Dirección física	Clave (DNI)	Contenido del registro	
100	1111	Arturo Pérez	348734
150	1232	Miguel Ruiz	349342
200	2100	Antonia Camacho	209832
250	2503	Silvia Ortiz	349843
300	3330	Sonia del Pino	987349
350	5362	José Anguita	978438
400	6300	Ana Zamora	476362
450	6705	Susana Hernández	473239
500	7020	Rodrigo Sánchez	634838
550	9000	Natalia Vázquez	362653
600	Sin usar		
650	Sin usar		

Área de índices		
Segmento	Dirección de comienzo	Clave del último registro
1	100	2503
2	300	6705
3	500	9000

Observa primero el área primaria: los registros están dispuestos en orden creciente según la clave (que, en este caso, es el campo NIF). A la izquierda aparece la dirección física donde comienza cada registro. Fíjate también en que los registros están agrupados en tres segmentos.

Luego fíjate en el área de índices: contienen una lista de segmentos, guardando la dirección de comienzo del segmento y la clave del último registro de ese segmento.

Para acceder, por ejemplo, al registro cuya clave es 5362, el proceso es el siguiente:

- Buscar en el área de índices secuencialmente, es decir, desde la primera fila, hasta localizar un registro mayor que el que estamos buscando. Eso ocurre en la segunda fila, pues la clave del último registro es 6705. Por lo tanto, sabemos que el registro buscado debe de estar en el segmento 2.

- Acceder de forma directa a la dirección 300 del área primaria, que es de comienzo del segmento 2. Esa dirección la conocemos gracias a que está guardada en el área de índices.

- Buscar en el área primaria secuencialmente a partir de la dirección 300, hasta localizar el registro buscado, que ocupa la segunda posición dentro de ese segmento.

Fíjate que han sido necesarios, en total, 4 accesos secuenciales y 1 directo. Si hubiésemos hecho una búsqueda secuencial, hubiéramos necesitado 6 accesos secuenciales desde el principio del archivo. Esto puede no parecer una gran ventaja, pero ahora piensa qué pasaría si el archivo tuviera más segmentos y el registro buscado estuviera muy lejos del principio del archivo. Cuanto mayor es el tamaño del archivo y más lejos del principio está el registro, más ventajosa resulta la organización indexada frente a la secuencial.

3   Los archivos en Java

Hasta ahora hemos visto las formas de organización de archivos. En este apartado y el siguiente vamos a estudiar qué clases nos ofrece el JDK de Java para manejar estos archivos, y cómo utilizarlas.

3.1   Los flujos de datos

Java utiliza un único objeto, con múltiples variantes, para manejar ficheros: **el flujo o *stream***.

En realidad, Java utiliza flujos para manejar cualquier tipo de entrada o salida de datos de la aplicación, sea cual sea su origen o su destino. Así, la consola (salida) y el teclado (entrada) también se manejan como flujos, y, de hecho, lo has estado usando así hasta ahora sin saberlo. Otras conexiones de datos son asimismo flujos. Por ejemplo, una salida de datos a través de un puerto de red, o una entrada de datos procedente de otro programa.

El flujo es una forma conveniente de abstraer los detalles de implementación, de manera que al programador le resulta más fácil manejar cualquier medio de entrada o salida. Es evidente que no es lo mismo enviar una cadena de caracteres a la pantalla que enviarla por el interfaz de red. Pero si disponemos de dos clases derivadas de Stream que nos proporcionan métodos idénticos para enviar nuestra salida a ambos sitios, y ellas solitas se encargan de traducirlo al "lenguaje" propio de cada uno de los destinatarios, la labor del programador se simplifica enormemente.

Todos los flujos se programan, pues, del mismo modo. Si lo que queremos en **escribir** información en el flujo, haremos lo siguiente:

```
Abrir el flujo
Mientras exista información para enviar al flujo {
    Escribir la información en el flujo
}
Cerrar el flujo
```

Del mismo modo, para **leer** información procedente de un flujo, el algoritmo básico es:

```
Abrir el flujo
Mientras exista información procedente del flujo {
    Leer la información del flujo
}
Cerrar el flujo.
```

3.2   Clases para manejar flujos en memoria

En el paquete java.io están todas las clases relativas a flujos de la biblioteca estándar de Java. El paquete contiene interfaces, clases y excepciones relacionadas con la entrada salida.

Hay una auténtica montaña de clases dentro de java.io, con flujos de lo más variopinto y con nombres kilométricos en muchas ocasiones. Lo principal para nosotros será escoger las clases que nos van a resultar útiles para leer y escribir ficheros, y aprender a usarlas.

Insistimos en la idea: los flujos permiten enviar y recibir información desde y hacia *cualquier sitio*. Y todos ellos están en java.io. Por eso hay tantas clases.

Pero, a pesar de su elevado número, básicamente solo existen dos conjuntos: las que se utilizan para leer y escribir cadenas de caracteres, y las que se utilizan para leer y escribir información binaria. Insistimos: leer y escribir en cualquier dispositivo.

Todas las clases que sirven para **leer caracteres** derivan de la clase **Reader** (abstracta). Por ejemplo:

- FileReader: para leer caracteres de un fichero (esta es la que nos interesa)

- StringReader: para leer cadenas.

- CharArrayReader: para lee arrays de caracteres.

Y todas las clases que sirven para **escribir caracteres** derivan de la clase **Writer** (también abstracta), entre otras:

- FileWriter: para escribir caracteres en un fichero (esta es la que nos interesa)

- StringWriter: para escribir cadenas.

- CharArrayWriter: para escribir arrays de caracteres.

En cambio, si estamos hablando de **escribir información binaria** en general (no codificada en forma de caracteres Unicode), la clase madre de la jerarquía de flujos es InputStream (abstracta), de la que derivan, entre otras:

- FileInputStream: para leer de ficheros de memoria secundaria (esta es la que nos interesa)

- StringBufferInputStream: para leer la información convertida en cadenas de caracteres.

- ByteArrayInputStream: para leer directamente los bytes del flujo binario.

- PipedInputStream: para leer datos procedentes de otro programa (pippeling)

Y, para **escribir información binaria**, tenemos en la raíz de la jerarquía a **OutputStream** (clase abstracta), de la que derivan, entre otras:

- FileOutputStream: para escribir en ficheros de memoria secundaria (esta es la que nos interesa)

- StringBufferOutputStream: para escribir la información binaria a partir de cadenas de caracteres.

- ByteArrayOutputStream: para escribir directamente los bytes binarios en el flujo.

- PipedOutputStream: para escribir en una tubería datos destinados a otro programa (pippeling)

De todas estas clases, para manejar ficheros solo nos interesa un flujo de cada categoría, a saber: para caracteres, FileReader y FileWriter; para datos binarios, FileInputStream y FileOutputStream. Pero la cosa no acaba aquí. Aún nos faltan varias clases en nuestra caja de herramientas. Sigue leyendo y verás.

3.3   Clases para modificar el comportamiento de los flujos

Además de las clases de entrada/salida anteriores, existe otra colección de clases para alterar el comportamiento de los flujos. Por ejemplo, pueden realizar una conversión de tipos, añadir un filtro o crear un buffer. Algunas de estas clases son:

3.3.1 Para flujos de caracteres

- BufferedReader y BufferedWriter: añaden un buffer o memoria temporal al flujo, de modo que los caracteres se van almacenando en el buffer hasta que éste se llena o recibe la orden de vaciado, momento en el cual los caracteres siguen su trayecto. Un ejemplo de flujo con buffer que has usado varias veces hasta hoy sin saberlo es este:

```
br = new BufferedReader(new InputStreamReader(System.in));
cadena = br.readLine();
```

    ¿Te suena? Es la forma estándar de hacer la entrada por teclado. Se crea un flujo de entrada procedente de System.in, y se modifica con BufferedReader para que tenga buffer. Así, el flujo puede almacenar todos los caracteres tecleados hasta que, por ejemplo, se pulsa Intro, momento en el cual el buffer se libera y envía sus datos al receptor.

- InputStreamReader y OutputStreamWriter: transforman flujos de bytes en flujos de caracteres. Por eso es la otra clase utilizada en la entrada por teclado. Los teclados envían códigos binarios al puerto de entrada del ordenador, y éstos se transforman en caracteres dentro del flujo.

- FilterReader y FilterWriter. Permiten aplicar filtros al flujo de datos.

- PushbackReader. Puede mirar cuál es el siguiente carácter del flujo antes de leerlo efectivamente y rechazarlo si no es aceptado (unread)

- PrintWriter. Permite escribir las variables de Java con apariencia "normal". Se usa para la depuración.

3.3.2 Para flujos binarios

- BufferedInputStream y BufferedOutputStream: añaden un buffer al flujo.

- ObjectInputStream y ObjectOutputStream: serializan y deserializan un objeto. La serialización es un proceso necesario para poder enviar un objeto en forma binaria a otro dispositivo (por ejemplo, para almacenarlo en una base de datos)

- FilterInputStream y FilterOutputStream. Permiten aplicar filtros al flujo de datos.

- DataInputStream y DataOutputStream. Permiten modificar datos desde y hacia los formatos propios de Java procedentes o destinados a otras arquitecturas.

- PushbackInputStream. Puede mirar cuál es el siguiente carácter del flujo antes de leerlo efectivamente y rechazarlo si no es aceptado (unread)

- PrintStream. Permite escribir las variables de Java con apariencia "normal". Se usa para la depuración.

- SequenceInputStream. Tiene capacidad de concatenar las entradas.

3.4   ¿Con buffer o sin buffer?

Los flujos, como ves, pueden tener o no un buffer. Pero, ¿qué demonios es un buffer?

Se puede pensar en un buffer como si fuera un array donde se van almacenando los datos dirigidos al flujo, o los datos que el flujo envía hacia el programa. Esos datos se van colocando en el buffer hasta que éste se llena, y sólo entonces pasan efectivamente a su destinatario. También es posible forzar el vaciado del buffer antes de que se llene.

En resumen: cuando se envían datos a través de un flujo con buffer, éstos llegan inmediatamente a su destinatario, sino que se van acumulando en el buffer, y sólo cuando el buffer está lleno los datos se envían realmente. En ese momento el buffer queda vacío y listo para seguir recibiendo datos. El mismo proceso, pero a la inversa, se produce con los flujos de entrada.

En cambio, si el flujo no tiene buffer, los datos enviados al flujo son transmitidos a su destinatario de forma inmediata. Esto produce una comunicación más fluida pero también requiere el consumo de más recursos, y que el receptor de la información este continuamente procesando la información que le llega del flujo.

La decisión de usar uno u otro tipo de flujo dependerá del tipo de entrada y salida que queramos hacer, y del dispositivo al que estemos enviando o del que estemos recibiendo información. Por ejemplo, la entrada por teclado siempre se hace con buffer, porque, de lo contrario, los caracteres llegarían al programa inmediatamente después de la pulsación de cada tecla, y no en cadenas completas enviadas al pulsar Intro. Y la salida por pantalla se hace sin buffer, para que se refleje en la misma en el instante en el que se envían los datos. Si hubiese un buffer, las salidas no aparecerían hasta que éste estuviese lleno.

Como regla general, siempre que queramos leer de un flujo cadenas de caracteres completas (hasta el fin de línea o retorno de carro), necesitaremos usar un buffer. En caso contrario, tendremos que leer carácter a carácter.

Al cerrar un flujo con buffer, éste se vacía, es decir, se terminan de enviar los últimos datos que pudieran quedar en él. También es posible forzar el vaciado prematuro con un método que suele denominarse flush().

4 Clases para manejar ficheros

Después de este recorrido por las múltiples clases que pueden resultarnos útiles para manipular flujos, ahora aterrizamos en la realidad.

Ya habrás deducido que la manipulación de flujos es un asunto complejo que en Sun Microsystems se tomaron muy en serio cuando diseñaron la biblioteca de clases de Java. Una de las críticas que se le hacen a Java es que, en su afán por contemplar todas las posibilidades, los diseñadores de la biblioteca estándar incorporaron demasiadas clases a la misma. Tal vez ahora empieces a estar de acuerdo con esta crítica.

Las clases que permiten manejar flujos con ficheros no son una excepción. Podemos distinguir, al menos, cuatro grupos de clases. Los clasificamos a continuación para que tengas un mapa del territorio. Después, las describiremos de una en una.

- Clase genérica: File

- E/S binaria: FileOutputStream y FileInputStream

- E/S de texto: FileWriter y FileReader

- E/S de tipos primitivos: DataOutputStream y DataInputStream

- E/S de objetos (serialización): ObjectOutputStream y ObjectInputStream.

- Y la clase que resolverá (casi todos) tus problemas: RandomAccessFile para acceso directo aleatorio.

4.1 La clase File

La clase File es la manera más directa para trabajar con ficheros, pero no para leer y escribir información en ellos. ¿Para qué sirve, entonces? Calma, muy pronto lo verás.

La clase File tiene métodos para realizar cualquier operación con el fichero, pero no con su contenido. ¿Recuerdas que, al principio de este capítulo, hablábamos de dos tipos de operaciones? Estaban las operaciones con el fichero en su conjunto (crear, eliminar, renombrar, etc), y las operaciones con los datos del interior del fichero. Pues bien, la clase File está pensada para el primer tipo de operaciones.

Tiene, como es costumbre, el constructor sobrecargado. Aquí tienes los constructores más útiles:

- File(String rutaAbsoluta): abre un flujo a un fichero. Hay que especificar la ruta completa, incluyendo el nombre del fichero.

- File(String ruta, String nombreFichero): abre un flujo a un fichero. En el primer argumento se especifica la ruta de directorios y, en el segundo, el nombre del fichero.

A continuación te presentamos algunos de los métodos de la clase File para manejar ficheros:

- isDirectory(): devuelve true si el fichero es un directorio.

- isFile(): devuelve true si el fichero es un fichero de datos.

- exists(): devuelve true si el fichero existe.

- createNewFile(): si el fichero no existe, lo crea. Observa que es perfectamente posible abrir un flujo a un fichero inexistente para crearlo después.

- delete(): borra el fichero. Devuelve true si lo consigue y false si se produce un error al borrar.

- renameTo(): cambia el nombre del fichero. También devuelve true o false.

- canRead(): devuelve true si el fichero tiene permisos de lectura.

- canWrite(): devuelve true si el fichero tiene permisos de escritura.

- getPath(): devuelve la ruta al archivo en un String.

- getAbsolutePath(): devuelve la ruta completa al archivo, incluyendo el nombre del mismo.

- getName(): devuelve el nombre del archivo.

- getParent(): devuelve el nombre del directorio padre.

- length(): devuelve el tamaño del archivo en bytes.

También hay algunos métodos específicos para manejar directorios (File puede trabajar tanto con ficheros como con directorios, puesto que los directorios sin un caso particular de fichero):

- mkdir(): crea un directorio. Devuelve true si lo consigue.

- list(): devuelve un array String[] con los nombres de los ficheros del directorio actual.

- list(String filtro): devuelve un array String[] con los ficheros que cumplen el filtro (por ejemplo, "*.txt")

- listFiles(): devuelve un array File[] con los ficheros del directorio actual.

A continuación puedes ver un ejemplo sencillo que ilustra el uso de algunos de estos métodos. Intenta comprender lo que hace antes de seguir leyendo.

```java
public class PruebaFile {
    public static void main(String[] args) {
        File f = null;
        String[] ficheros = {"test1.txt", "test2.txt"};
        try{
            // Para cada String en el array ficheros...
            for(String nombre_fich:ficheros)
            {
                // Crea el flujo
                f= new File(nombre_fich);

                // Si el fichero no existe, lo creamos
                if (!f.exists())
                    f.createNewFile();

                // Comprueba si el fichero tiene permisos de escritura
                boolean w = f.canWrite();

                // Recupera la ruta absoluta
                String r = f.getAbsolutePath();

                // Muestra los datos recuperados
                System.out.print("Ruta: " + r + ". Permiso escritura: " + w);
            }
        }
        catch(Exception e) { e.printStackTrace(); }
    }
}
```

En este programa se definen una serie de nombres de ficheros en el array ficheros, cuyos elementos son Strings. El array se recorre con un bucle for (observa la forma del for: sí, en Java pueden recorrerse los arrays de ese modo), asignando cada elemento a la variable nombre_fich.

Con cada fichero, se comprueba si existe en el directorio actual y, si no existe, se crea. Luego se comprueba si la aplicación tiene permisos de escritura sobre el fichero y se obtiene la ruta absoluta. Finalmente, muestra la información recuperada por consola.

La salida del programa puede ser algo así:

```
Ruta: /home/amv/java/test1.txt. Permiso escritura: true
Ruta: /home/amv/java/test2.txt. Permiso escritura: true
```

Lógicamente, la lista de nombres de fichero que se van a chequear puede alterarse modificando el array ficheros.

4.2   E/S binaria

Como vimos más arriba, existe una clase derivada de OutputStream que se llama FileOutputStream, y que nos permitirá escribir información binaria en un fichero, es decir, bytes con cualquier información codificada en ellos. Análogamente, hay una clase derivada de InputStream llamada FileInputStream que nos permitirá leer información binaria de un fichero.

4.2.1 FileOutputStream

Los constructores de FileOutputStream son:

- FileOutputStream(String nombreFichero): abre un flujo de salida hacia el fichero indicado. Si el fichero ya existe, lo borra. Si no existe, se produce una excepción.

- FileOutputStream(File fichero): como el anterior, pero abriendo el flujo a partir de un objeto File.

- FileOutputStream(String nombreFichero, boolean añadir): abre un flujo de salida hacia el fichero indicado. Si el fichero ya existe, añade información a continuación del último byte (es decir, no lo borra). Si no existe, se produce una excepción.

- FileOutputStream(File fichero, boolean añadir): como el anterior, pero abriendo el flujo a partir de un objeto File.

Se trata de una clase bastante simple. Sus métodos más usuales son:

- write(byte b): escribe el byte b en el flujo, a continuación del último byte escrito. Apto para el acceso secuencial.

- write(byte[] b, int offset, int cant): escribe cant bytes en el flujo, comenzando en la posición offset (desplazamiento calculado desde el principio). Apropiado para el acceso directo y aleatorio.

- close(): cierra el flujo.

A continuación, ilustramos el uso de FileOutputStream con un ejemplo. Es un ejemplo importante, porque aparecen muchas de las cosas que son habituales en las operaciones de escritura en fichero. Como en ocasiones anteriores, te aconsejamos que trates de leerlo y comprender lo que hace antes de continuar leyendo:

```java
import java.io.*;

public class EjemploFileOutputStream {
  public static void main(String[] args) {
    FileOutputStream fop = null;
    File file;
    String contenido = "Esto es lo que escribiremos en el fichero";
    try {
      file = new File("mi_fichero.txt");
      fos = new FileOutputStream(file);

      // Si el fichero no existe, lo creamos
      if (!file.exists()) {
        file.createNewFile();
      }

      // Convertimos el string en bytes para poder escribirlo
      // (FileOutputStream solo admite bytes)
      byte[] contentInBytes = content.getBytes();

      fos.write(contentInBytes);
      fos.flush();
      fos.close();

      System.out.println("Escritura realizada con éxito");
    }
    catch (IOException e) { e.printStackTrace(); }
    finally {
      try {
        if (fop != null) { fop.close(); }
```

```
    }
    catch (IOException e) { e.printStackTrace(); }
  }
 }
}
```

Lo que ocurre en este programa es lo siguiente: se abre el fichero para escritura creando un objeto FileOutputStream a partir de un objeto File anterior. Es cierto que el FileOutputStream puede abrirse directamente con el nombre del fichero, pero hacerlo con el objeto File nos permite comprobar si el fichero existe o no y, en caso de que no exista, crearlo antes de continuar.

Una vez abierto el flujo, usaremos el objeto de tipo FileOutputStream (que hemos llamado "fos" en un alarde de originalidad) para escribir en el fichero. Observa que nos hemos tomado la molestia de convertir el String que queremos escribir en el fichero a una secuencia de bytes, ya que los FileOutputStream solo admiten arrays de bytes.

Ten en cuenta que la escritura no se hace efectiva hasta que invocamos el método write(). Luego se llama a flush(). Esto no es estrictamente necesario, pero nos asegura que todos los bytes han sido escritos en el fichero antes de cerrar el flujo con close().

Es muy importante protegerlo todo con un bloque try-catch. De hecho, Java te obligará a ello desde el mismo momento en el que crees el objeto FileOutputStream (o cualquier otro que abra un flujo desde o hacia un fichero), por la sencilla razón de que, cuando trabajamos con ficheros, hay un millón de cosas que pueden fallar en tiempo de ejecución: la unidad de memoria secundaria puede no estar lista, o haberse desconectado, o el fichero puede no existir, o puede tener los permisos incorrectos, o llamarse de otro modo, o algún otro proceso puede borrarlo mientras nosotros accedemos a él... La lista de imponderables es infinita.

Por lo tanto, hay que envolver todas esas operaciones con un try-catch. La manera en la que se hace en el ejemplo es bastante habitual: se coloca un bloque finally que trata de cerrar el fichero en caso de que el bloque try haya fallado después de abrir el flujo, de modo que no se quede abierto cuando el programa termine. Obviamente, esa llamada a close() también hay que encerrarla en su propio try-catch.

Recuerda que las llamadas a printStackTrace() dentro del bloque catch son habituales durante el desarrollo del programa para que el programador obtenga información acerca de qué ha fallado. Más adelante, cuando el programa esté terminado, deberían haber sido sustituidas por otro código. En este ejemplo bastaría con emitir un mensaje de error personalizado, algo del tipo: System.out.println("Oops, parece que algo ha ido mal con el fichero. Por favor, inténtelo de nuevo en unos minutos");

4.2.2 FileInputStream

Para la clase FileInputStream es la complementaria de la anterior, ya que recupera arrays de bytes a través de un flujo, en lugar de enviarlos. Tiene estos constructores:

- FileInputStream(String nombreFichero): abre un flujo de entrada desde el fichero indicado.

- FileInputStream(File fichero): abre un flujo de entrada a partir de un objeto File, que se estudiará más adelante.

Los métodos más usuales son:

- available(): devuelve el número de bytes que restan por leer en lectura secuencial.

- read(): lee un byte del flujo. Apropiado para el acceso secuencia. Devuelve -1 si no hay datos en el flujo.

- read(byte[] b, int offset, int cant): lee cant bytes del flujo, comenzando por la posición offset (desplazamiento contado desde el comienzo del flujo). Apropiado para el acceso directo y aleatorio.

- skip(int n): salta n bytes adelante en la lectura del flujo.

- close(): cierra el flujo.

A continuación, ilustramos la lectura de un fichero mediate FileInputStream con un ejemplo sencillo. Observa como se recorre el flujo con un bucle while cuya condición es que el byte leído del flujo sea distinto de -1. Esto es porque, cuando en el flujo no quedan datos, el método read() devuelve -1. Así sabemos que hemos alcanzado el fin del fichero:

```java
public class EjemploFileInputStream {
  public static void main(String[] args) {
    File file = new File("mi_fichero.txt");
    FileInputStream fis = null;
    try {
      fis = new FileInputStream(file);
      System.out.println("Tamaño del fichero: " + fis.available());
      int content;
      while ((content = fis.read()) != -1) {
        // Convierte el byte leído en un carácter para mostrarlo
        System.out.print((char) content);
      }
    }
    catch (IOException e) { e.printStackTrace(); }
    finally {
      try {
        if (fis != null)
          fis.close();
      }
      catch (IOException ex) { ex.printStackTrace(); }
    }
  }
}
```

Seguro que lo has adivinado: este programa muestra el contenido de un fichero en la consola. Abre el flujo FileInputStream (en una variable llamada "fis"), nos muestra el tamaño del fichero y empieza a recorrerlo con un bucle while, leyendo byte a byte, hasta que la operación de lectura devuelve -1, que es la señal de que se ha alcanzado el fin de fichero.

Cada byte se convierte a char para mostrarlo por la consola. Esto quiere decir que si el fichero contiene texto se verá correctamente, pero si contiene cualquier otra cosa se verán símbolos extraños.

Observa como la estructura try-catch que protege todas las operaciones con el fichero es muy similar a la del ejemplo anterior. Ya dijimos que es bastante habitual hacerlo así, o con pequeñas variaciones, cuando se trata de acceso a ficheros.

4.3   E/S de caracteres

Que quede claro: leer y escribir bytes con en un fichero es todo lo que cualquier programador necesita para manipular la memoria secundaria, ya que cualquier información puede codificarse, en última instancia, como un flujo de bytes. No importa si es un carácter, una cadena o un objeto completo: al final podrás apañártelas para codificarlo como una secuencia de bytes, escribirlo y después leerlo para recuperarlo.

Por lo tanto, siendo estrictos, podríamos apañárnoslas con FileIntputStream y FileOutputStream.

Pero existen otras clases diseñadas específicamente para leer y escribir información codificada de otros modos habituales. Estas clases, en cierto sentido, son un regalo de Java al programador con el fin de ahorrarle trabajo de conversión.

Las primeras de ellas son FileWriter y FileReader. Están pensadas para enviar y recibir caracteres, de modo que son las más cómodas si se trata de manejar ficheros de texto. En los ejemplos anteriores ya hemos visto que se pueden manejar ficheros de texto con FileOutputStream y FileInputStream, pero realmente es mucho más cómodo hacerlo con FileWriter y FileReader.

4.3.1   FileWriter

La clase FileWriter se utiliza para abrir un flujo de salida hacia un fichero de texto. Algunos de sus constructores son:

- FileWriter(File f): construye el objeto a partir de otro objeto File. Si el fichero ya existe, lo borra.

- FileWriter(File f, boolean añadir): igual que el anterior, pero permite indicar si queremos añadir datos al final de un fichero ya existente o borrarlo.

- FileWriter(String nombreFichero): construye el objeto a partir del nombre del fichero.

- FileWriter(String nombreFichero, boolean añadir): como el anterior, pero permite indicar si queremos añadir datos al final de un fichero ya existente o borrarlo.

En cuanto a los métodos, son similares a los de FileOutputStream, pero modificados para admitir caracteres en lugar de bytes:

- write(char c): escribe el carácter c en el flujo, a continuación del último carácter escrito. Apto para el acceso secuencial.

- write(char[] c): escribe una cadena de caracteres.

- write(String s): escribe el contenido de un String.

- write(char[] c, int offset, int cant): escribe cant caracteres en el flujo, comenzando en la posición offset (desplazamiento calculado desde el principio). Apropiado para el acceso directo y aleatorio.

- write(String s, int offset, int cant): como el anterior, pero usando un String en lugar de un char[].

- close(): cierra el flujo.

Veremos un ejemplo de código que usa FileWriter conjuntamente con el ejemplo para FileReader, en el siguiente apartado.

4.3.2 FileReader

La clase FileReader sirve para manejar flujos de entrada procedentes de ficheros de caracteres.

Sus constructores más habituales son:

- FileReader(File f): construye el objeto a partir de otro objeto File. Si el fichero ya existe, lo borra.

- FileReader(String nombreFichero): construye el objeto a partir del nombre del fichero.

Y sus métodos no deberían causar ninguna sorpresa a estas alturas:

- read(): lee un carácter del flujo, el siguiente del último carácter leído. Apto para el acceso secuencial.

- read(char[] c): lee todos los caracteres disponibles en el flujo de entrada y los coloca en el array c. Devuelve el número de caracteres leídos, o -1 si no pudo leer nada.

- read(char[] c, int offset, int cant): lee cant caracteres en el flujo, comenzando en la posición offset (desplazamiento calculado desde el principio), y los coloca en el array char[]. Devuelve el número de caracteres leídos, o -1 si no pudo leer nada. Apropiado para el acceso directo y aleatorio.

- close(): cierra el flujo.

A continuación mostramos un ejemplo sencillo de uso de las clases FileWriter y FileReader para manejar ficheros de texto. Usaremos un objeto de FileReader para leer, carácter a carácter, un fichero de texto. Iremos almacenando esos caracteres en cadenas de hasta 100 caracteres, y escribiéndolas a través de un FileWriter en otro fichero. Al final, obtendremos una copia del primer fichero.

```java
import java.io.*;

public class EjemploEntradaSalidaTexto {
   public static void main(String[] args) {
      int c = 0;
      int i = 0;
      char[] cad = new char[100];
      try {
         FileReader finput = new FileReader("fichero_origen.txt");
         FileWriter foutput = new FileWriter("fichero_destino.txt");

         // El valor c == -1 indicará fin del fichero de entrada
         while (c != -1) {
            i = 0;  // Contador para indexar el array de caracteres
            c = finput.read();
            while ((c != -1) && (i < 100)) {
               cad[i] = (char)c;  // Guardamos el carácter en el array
               i++;
               c = finput.read();
            }
            foutput.write(cad);  // Escribimos en el array
         }
         if (finput != null) finput.close();
         if (foutput != null) foutput.close();
      }
      catch (IOException e) { e.printStackTrace(); }
   }
}
```

4.3.3 FileReader y BufferedReader, una buena pareja

La clase FileReader se usa muy a menudo en combinación con BufferedReader, que habilita un buffer de lectura. Si no sabes qué es un buffer, tal vez sería buena idea que revisases el apartado 3.4 antes de continuar.

Usar un buffer con FileReader siver para algo tremendamente útil: permite leer líneas completas del archivo de texto, hasta el siguiente retorno de carro.

Observa en el ejemplo como se crea un FileReader que conecta con el fichero de texto, y luego se monta un BufferedReader a partir del FileReader. Las líneas se leen cómodamente con el método readLine() de BufferedReader, hasta alcanzar el fin de fichero. Puedes ver que el fichero se cierra a través del BufferedReader, no del FileReader.

Esta es la forma habitual de proceder para leer ficheros de texto completos.

```java
public class TestLecturaConBuffer {
    public static void main(String [] args) {

        // El nombre del fichero que vamos a utilizar
        String nombreFich = "temp.txt";

        // Esta variable contendrá el texto de cada línea del fichero
        String linea = null;

        try {
            FileReader fr = new FileReader(nombreFich);
            BufferedReader buff = new BufferedReader(fr);

            while((linea = buff.readLine()) != null) {
                // Mostramos el contenido del fichero en pantalla
                System.out.println(linea);
            }
            buff.close();
        }
        catch(FileNotFoundException ex) {
            System.out.println("No se puede abrir el archivo");
        }
        catch(IOException ex) {
            System.out.println("Error en la lectura del archivo");

            // Y ya sabes que siempre puedes hacer esto:
            // ex.printStackTrace();
        }
```

```
        }
    }
```

4.4 E/S de tipos primitivos

A veces necesitamos enviar a un fichero datos de naturaleza diversa: enteros, reales, caracteres... Siempre podemos convertirlos a un formato binario y usar FileOutputStream, o crear un fichero de texto (un XML o JSON, por ejemplo) para almacenar la información usando FileWriter. Pero también podemos optar por enviarlos directamente a un fichero en su formato original, es decir: los enteros como enteros, los reales como reales, etc.

Pues bien, en ese caso disponemos de la clase DataOutputStream para que se encargue de convertirlos por nosotros todos los datos en una secuencia correcta de bytes, para que luego FileOutputStream los guarde en un fichero.

Lógicamente, también existe la clase hermana, DataInputStream, para leer los datos escritos y recuperarlos.

4.4.1 DataOutputStream

La clase DataOutputStream crea un flujo de salida para escribir tipos primitivos. Los convierte automáticamente a bytes.

El constructor más habitual es:

- DataOutputStream(FileOutputStream f): construye el objeto a partir de otro objeto FileOutputStream.

Sus métodos son:

- writeBoolean(boolean b): para escribir un dato booleano.

- writeByte(byte b): para escribir un dato de tipo byte.

- writeChar(char c), writeShort(shor s), writeInt(int i), writeLong(long l), writeFloat(float f), writeDouble(double d), para escribir datos de cada uno de estos tipos.

- writeBytes(byte[] b): para escribir un array de bytes.

- writeChars(char[] c): para escribir un array de caracteres.

- writeUTF8(chat[] c): para escribir un array de caracteres formateado en UTF8 (Unicode)

Veremos un ejemplo conjunto de uso de DataOutputStream y DataInputStream un poco más abajo.

4.4.2 DataInputStream

La clase DataInputStream crea un flujo de entrada para leer tipos primitivos.

El constructor más habitual es:

- DataInputStream(FileInputStream f): construye el objeto a partir de otro objeto FileInputStream.

Sus métodos son:

- readBoolean(): para leer un dato booleano.

- readByte(byte b): para leer un dato de tipo byte.

- readChar(), readShort(), readInt(), readLong(), readFloat(), readDouble(), para leer datos de cada uno de estos tipos.

- readUTF(): para leer un array de caracteres formateado en UTF8 (Unicode)

A continuación puedes ver un ejemplo sencillo de uso de DataOutputStream y DataInputStream. Observa como estas clases se encargan de leer y escribir en un flujo, pero necesitan un FileOutputStream y un FileInputStream para que ese flujo comunique con un fichero.

Se trata de un programa que pide los datos (nombre y edad) de un conjunto de alumnos de un instituto y los vuelca en un fichero llamado alumnado.txt. Posteriormente, lee el fichero y muestra la información por pantalla.

Fíjate como, en el último bloque try-catch, se captura una excepción específica (FileNotFound) para dar un mensaje de error personalizado. Es decir, no todos los catch se refieren a una excepción genérica (Exception), ni acaban haciendo aquello de e.printStacktTrace(). Del mismo modo, podrías capturar otras excepciones para proporcionar otros mensajes de error, tales como EOFException

(EOF   =   End   Of   File),   CharConversionException,
InterruptedByTimeoutException, etc. Como siempre, la lista completa la tienes
disponible en docs.oracle.com.

```java
import java.io.*;

public class EjemploESTiposPrimitivos {
    private static FileOutputStream fOutput;
    private static FileInputStream fInput;
    private static DataOutputStream datosOutput;
    private static DataInputStream datosInput;
    private static File f;

    public static void main(String[] args) {
        // Escritura del fichero
        try {
            fOutput = new FileOutputStream("alumnado.txt");
            datosOutput = new DataOutputStream(fOutput);
            for (int i=0; i<2; i++) {
                System.out.println("Alumno/a núm. " + i);
                String nombre = System.console().readLine("Nombre? ");
                int edad = Integer.parseInt
                            (System.console().readLine("Edad? "));
                datosOutput.writeUTF(nombre);
                datosOutput.writeInt(edad);
            }
            if (datosOutput != null) {
                datosOutput.close();
                fOutput.close();
            }
        }
        catch (IOException e) { e.printStackTrace(); }

        // Lectura del fichero
        try {
            f = new File("alumnado.txt");
            if (f.exists()) {
                fInput = new FileInputStream(f);
                datosInput = new DataInputStream(fInput);
                String nombre;
                int edad;
                System.out.println("Contenido del fichero alumnado.txt:");
                while (fInput.available() > 0) {
                    nombre = datosInput.readUTF();
                    System.out.println("Nombre: " + nombre);
                    edad = datosInput.readInt();
                    System.out.println("Edad: " + edad);
                }
            }
            if (datosInput != null) {
```

```
            datosInput.close();
            fInput.close();
        }
    }
    catch (FileNotFoundException e) {
        System.out.println("Fichero alumnado.txt no encontrado");
    }
    catch (IOException e) { e.printStackTrace(); }
  }
}
```

4.4.3 Una nota importante sobre usar excepciones de forma poco excepcional

En el ejemplo anterior ocurre algo importante: observa cómo se construye el bucle que recorre el fichero para leerlo.

```
while (finput.available() > 0) {
    nombre = datos.readUTF();
    System.out.println("Nombre: " + datos.nombre);
    edad = datos.readInt();
    System.out.println("Edad: " + datos.edad);
}
```

El objeto DataInputStream no nos dirá cuántos objetos quedan en el flujo, pero sí que lo hará el FileInputStream con el método available().

Pero, ¡ojo! Algunos, muchos (¡demasiados!) programadores plantearían este bucle así:

```
while (true) {
    nombre = datos.readUTF();
    System.out.println("Nombre: " + datos.nombre);
    edad = datos.readInt();
    System.out.println("Edad: " + datos.edad);
}
catch (EOFExcepcion e) {
    System.out.println("Fichero procesado con éxito");
}
```

Es decir, leerían todos los datos del flujo sin medida (while(true)), y dejarían que se provocase una excepción EOF (End Of File) cuando ya no quedasen más datos que leer.

Esta es una forma incorrecta y bastante perversa de usar las excepciones, por dos motivos:

- Las excepciones deben reservarse para casos excepcionales. De ahí su nombre. Solo para errores graves y excepcionales, por favor. La ejecución normal de un algoritmo jamás debería pasar por una excepción, o el diseño de algoritmos se convertirá en un infierno peor que el código espagueti de los antiguos GoTos.

  (La instrucción GoTo de salto incondicional fue la principal causante de la crisis del software de los años 1970 y responsable del ingreso en instituciones psiquiátricas de un buen número de programadores a lo largo de la historia de la informática. Esto último es una broma. O no).

- Usada así, la excepción EOF no nos sirve para distinguir un fin de fichero normal de un fin de fichero prematuro. Es decir, una excepción EOF nos puede indicar que un fichero está corrupto, pero no si la usamos como mecanismo de salida de un bucle no nos permitirá distinguir un caso del otro.

4.5 E/S de objetos: serialización

La serialización (o seriación) de objetos consiste en transformar su estado en una secuencia de bytes que puedan enviarse a un flujo (típicamente, a un fichero). Esto permite guardar el estado de un objeto, es decir, el valor de sus atributos, en un fichero de memoria secundaria, y reconstruir el objeto más tarde para dejarlo exactamente en el mismo estado en el que estaba.

Es posible impedir la serialización de ciertos atributos añadiendo el modificador *trasient* a la declaración. Esto se hace con aquellos atributos que no tienen importancia de cara al estado del objeto y que, por tanto, no es necesario que participen en la serialización. Por ejemplo:

```
public trasient int dato;
```

Para poder serializar un objeto, es necesario que su clase implemente el interfaz java.io.Serializable, de este modo:

```
public class Test implements java.io.Serializable
```

Para enviar el estado del objeto a un flujo y para recuperarlo se usan las clases ObjectOutputStream y ObjectInputStream, que describimos a continuación.

4.5.1 ObjectOutputStream

El objeto ObjectOutputStream se construye a partir de un FileOutputStream, ya que lo utiliza para conectar con un fichero:

- ObjectOutputStream(FileOutputStream f): construye el objeto a partir de un FileOutputStream.

Utilizaremos básicamente este método:

- writeObject(objeto): envía al flujo el objeto indicado, que debe implementar el interfaz java.io.Serializable.

4.5.2 ObjectInputStream

El objeto ObjectInputStream se construye a partir de un FileInputStream preexistente, a semejanza del objeto de salida:

- ObjectInputStream(FileInputStream f): construye el objeto a partir de un FileInputStream.

Y el método que usaremos será éste:

- readObject(): devuelve un objeto leído del flujo. Es necesario usar casting para hacer la asignación (ver ejemplo)

Veamos un sencillo ejemplo, en el que varios objetos de la clase Persona (que implementará el interfaz java.io.Serializable) se van a enviar a un fichero y luego a recuperar.

```java
public class Persona implements java.io.Serializable {
    protected String nombre;
    protected int edad;
    public Persona(String n, int e) {
        nombre = n;
        edad = e;
    }
    public mostrar() {
        System.out.println("Nombre " + nombre, "edad " + edad);
    }
}
```

```java
import java.io.*;

public class EjemploESObjetos {
    static File f;
    static FileOutputStream fo;
    static ObjectOutputStream oos;
    static FileInputStream fi;
    static ObjectInputStream ois;

    public static void main(String[] args) {
        String[] nombres = {"Pepe Tardo",
                            "Ana Bolizante",
                            "Jaime Tralleta"};
        int[] edades = {15, 29, 47};

        // Escritura del fichero
        try {
            fo = new FileOutputStream("personas.txt");
            oos = new ObjectOutputStream(fo);
            for (int i = 0; i < nombres.length; i++) {
                persona p = new persona(nombres[i], edades[i]);
                oos.writeObject(p);
            }
            if (oos != null) {
                oos.close();
                fo.close();
            }
        }
        catch (IOException e) { e.printStackTrace(); }

        // Lectura del fichero
        try {
            f = new File("personas.txt");
            if (f.exists()) {
                fi = new FileInputStream(f);
                ois = new ObjectInputStream(fi);
                persona p = null;

                while (fi.available() > 0) {
                    p = (persona)ois.readObject();
                    p.mostrar();
                }
            }
        }
        catch (IOException e) { e.printStackTrace(); }
        catch (ClassNotFoundException cnf) { cnf.printStackTrace(); }
    }
}
```

4.6   Ficheros de acceso directo aleatorio

Por último, vamos a ver una clase que nos servirá para hacer simultáneamente lectura y escritura binaria y de texto y, además, acceso secuencial o aleatorio al fichero. Es, por lo tanto, una clase muy poderosa (y, por lo tanto, muy útil) aunque, como veremos, también tiene algunas limitaciones.

Estamos hablando de la clase RandomAccessFile. Los constructores de la clase son:

- RandomAccessFile(String path, String modo);

- RandomAccessFile(File objetoFile, String modo);

El argumento "modo" indica el modo de acceso en el que se abre el fichero. Algunos de los valores permitidos para este parámetro son:

- "r": Abre el fichero en modo solo lectura. El fichero debe existir.

- "rw": Abre el fichero para lectura y escritura. Si el fichero no existe, lo crea.

Para acceder de forma aleatoria a los datos contenidos en el fichero, la clase RandomAccessFile dispone de varios métodos, como, por ejemplo:

- long getFilePointer(): Devuelve la posición actual del puntero del fichero. Indica la posición (en bytes) donde se va a leer o escribir.

- long length(): Devuelve la longitud del fichero en bytes.

- void seek(long pos): Coloca el puntero del fichero en la posición indicada, medida como desplazamiento en bytes desde el comienzo del fichero. La posición 0 es el principio del fichero, y la posición length() es el final.

- int read(): Devuelve el byte leído en la posición marcada por el cursor de lectura. Devuelve -1 si alcanza el final del fichero.

- String readLine(): Devuelve una cadena de caracteres leída desde la posición actual del cursor hasta el próximo salto de línea.

- xxx readXxx(): Exiten versiones del método read para cada tipo de dato primitivo: readChar, readInt, readDouble, readBoolean, etc.

- void write(int b): Escribe en el fichero un byte.

- void writeBytes(String s): Escribe en el fichero una cadena de caracteres.

- void writeXxx(argumento): También existe un método write para cada tipo de dato primitivo: writeChar, writeInt, writeDouble, writeBoolean, etc.

Por ejemplo, el siguiente programa pide un número entero por teclado y lo añade al final de un fichero binario que contiene números enteros. El programa utiliza un método verFichero() que se llama dos veces. La primera muestra el contenido del fichero antes de añadir el nuevo número y la segunda llamada muestra el fichero después de añadirlo.

Decíamos antes que la clase RandomAccessFile es muy útil, pero no perfecta. En el método verFichero() puedes contemplar uno de sus problemas: no permite saber automáticamente, tras una operación de lectura, si se ha alcanzado el fin de fichero o no, ya que la lectura no puede devolvernos -1 en caso de error porque el valor -1 es correcto para muchos tipos de datos (enteros, reales, etc.)

De modo que RandomAccessFile solo nos informará de que hemos alcanzado el fin de fichero lanzando una excepción EOF. Así que hay dos soluciones:

1) Hacer un bucle while(true) para provocar un error de ejecución, y capturar la excepción EOF para cerrar allí el fichero y continuar con la ejecución normal (es decir, justo para lo que decíamos que debían usarse las excepciones)

2) Inventarse algo como lo que hacemos nosotros en el ejemplo: comprobar si la posición de lectura actual en el fichero es menor que el tamaño del mismo, ya que, si fuera igual o superior, sería la señal que indicaría que se ha alcanzado el final del fichero.

```
public class FicheroDeEnteros {

    static RandomAccessFile fichero = null;
```

```java
public static void main(String[] args) {
    int numero;
    try {
        // Abrimos el fichero para lectura y escritura
        fichero = new RandomAccessFile("mi-fichero", "rw");
        verFichero();

        System.out.print("Introduzca un número entero: ");
        numero = Integer.parseInt(System.console().readLine());
        // Nos situamos al final del fichero
        fichero.seek(fichero.length());
        fichero.writeInt(numero);        // Escribimos el entero

        verFichero();
        fichero.close();
    } catch (Exception e) {
        e.printStackTrace();
    }
}

public static void verFichero() {
    int n = 0;
    try {
        fichero.seek(0); // Nos situamos al principio del fichero
        long posicionActual = fichero.getFilePointer();
        while (posicionActual < fichero.length()) {
            n = fichero.readInt();  // Leemos un entero del fichero
            System.out.println(n);
            posicionActual = fichero.getFilePointer();
        }
    } catch (Exception e) {
        e.printStackTrace();
    }
}
}
```

5 Procesamiento en Java de archivos secuenciales

En este apartado vamos a estudiar la implementación en Java de los algoritmos
que habitualmente se utilizan para procesar los archivos secuenciales.

5.1 Escritura

Los registros, en un archivo secuencial, se añaden siempre al final. Es necesario crear el flujo con un constructor que permita añadir datos al final del fichero. Si queremos destruir el contenido del archivo, podemos usar el constructor convencional.

Una vez hecho esto, usaremos sucesivas llamadas al método de escritura para insertar los registros (si el archivo es binario) o los caracteres (si es de texto). Ten en cuenta que los datos se grabarán en el archivo exactamente en el mismo orden en el que los escribas.

Las clases que debes usar dependen de la naturaleza del problema y de las preferencias del programador, pero recuerda que, en general:

- FileOutputStream y FileInputStream sirven para cualquier cosa, pero suelen utilizarse con E/S binaria sencilla (flujos de bytes). Si deseas escribir registros complejos, es más cómodo optar por combinarlas con DataOutputStream y DataInputStream (E/S de tipos primitivos) o con ObjectOutputStream y ObjectInputStream (serialización de objetos)

- FileWriter y FileReader sirven para E/S de caracteres.

- Finalmente, la clase File sirve de apoyo a todas ellas (todos los flujos pueden crearse a partir de un File), y para operaciones con ficheros y directorios (crear, borrar, renombrar, etc)

Para escribir los datos usaremos siempre el método write() en su versión sencilla, por ejemplo:

- write(byte b) (FileOutputStream)

- write(String s) (FileWriter)

Estos métodos añaden la información a continuación del último dato escrito, es decir, en forma secuencial.

5.2 Lectura

Cuando se abre un archivo secuencial, el indicador de posición (cursor) se sitúa en el primer byte del archivo. Cada vez que se lea un dato, el cursor se desplaza automáticamente tantos bytes adelante como se hayan leído. Las lecturas se pueden continuar haciendo hasta que se alcance el final del archivo.

La lectura de archivos secuenciales siempre se plantea como un bucle en el que la condición de salida es haber alcanzado el fin de fichero (EOF). Cómo hacer esto dependerá de la clase que estemos usando:

- Si la clase dispone del método available(), podemos utilizarlo para que nos diga cuántos bytes restan por leer en el fichero. Cuando nos devuelva un 0, habremos alcanzado el EOF.

- Algunas clases, como FileInputStream, nos devuelven un valor específico (-1) cuando tratamos de lanzar una lectura y se ha alcanzado el EOF. Esa también es una buena señal para cejar en nuestro empeño de leer datos del flujo.

- Por último, con RandomAccessFile tendremos que comprobar manualmente si el cursor de lectura está situado más allá del fin del fichero o no. Aunque RandomAccessFile suele emplearse para acceso aleatorio, también permite hacer acceso secuencial.

- Lo que no se debe hacer, insistimos, es capturar la excepción EOF para finalizar la lectura de un fichero. Las excepciones son eso, excepcionales, y el flujo de ejecución habitual no debería pasar por ellas, sino tan solo los errores en tiempo de ejecución.

Hemos visto ejemplos de las tres posibilidades a lo largo del capítulo. Aquí te volvemos a mostrar un caso típico: una lectura secuencial de bytes sobre un FileInputStream, que nos devolverá un -1 cuando alcancemos el EOF.

```java
fis = new FileInputStream(file);
byte content;
while ((content = fis.read()) != -1)) {
  System.out.println((char)content);
}
```

5.3 Búsqueda

En un archivo secuencial el único método de búsqueda posible es el secuencial, es decir, que hay que leer todos los registros, partiendo del primero, hasta encontrar el que buscamos.

En el siguiente fragmento recorreremos un archivo de forma secuencial buscando el carácter X mayúscula. Si lo encontramos, diremos en qué posición del archivo se encuentra su primera ocurrencia y terminaremos.

Observa que, cuando el carácter no se encuentra, es necesario recorrer todo el archivo antes de determinar que el dato no está en el mismo. Esto es muy ineficiente y representa el mayor problema de la búsqueda secuencial. Su principal ventaja, desde luego, es que resulta tremendamente simple de implementar.

Si el archivo estuviera ordenado podríamos mejorar el mecanismo de búsqueda, ya que no sería necesario recorrer todo el archivo para determinar que un elemento no está: bastaría con encontrar un elemento mayor para poder detener la búsqueda en ese instante. Con los archivos de texto, el concepto de ordenación no tiene mucho sentido, pero con archivos que almacenen datos binarios (por ejemplo, datos del alumnado del instituto ordenados por número de expediente, donde estemos buscando por número de expediente) esto empieza a ser factible y hace que la búsqueda sea, en promedio, mucho más rápida.

```java
fis = new FileInputStream(file);
byte content;
int pos = 0;
boolean encontrado = false;
while ((((content = fis.read()) != -1)) && (encontrado == false)) {
  if ((char)content == "X") {
     encontrado = true;
  }
  pos++;
}
if (encontrado) {
  System.out.println("Hemos encontrado el carácter X");
  System.out.println("Posición: " + pos);
}
else
  System.out.println("El carácter X no está en este fichero");
```

5.4   Borrado

El borrado (de registros dentro del fichero, no de ficheros completos) es una operación problemática en ficheros secuenciales. Existen dos formas de hacer el borrado en un archivo secuencial:

1) Crear un segundo archivo secuencial y copiar en él todos los registros del archivo original excepto el que se pretende borrar. Después, se borra el archivo original y se renombra el archivo nuevo con el nombre que tenía el original

Como puedes imaginarte, este método, aunque funciona, es muy lento, sobre todo si el archivo es largo.

2) Marcar el registro que se pretende borrar como "no válido" y, aunque siga existiendo, ignorarlo a la hora de procesar el archivo. Este segundo método requiere acceso directo, así como utilizar registros de estructura compleja (no simples archivos de texto). Practicaremos con ello en los ejercicios propuestos.

5.5   Modificación

En los archivos secuenciales sólo puede escribirse al final del archivo. Por lo tanto, para modificar un registro hay que actuar de forma similar al primer método de borrado: creando un segundo archivo en el que se copiarán todos los registros exactamente igual que en el archivo original, excepto el que se pretende cambiar.

Para hacer una modificación directamente sobre los datos existentes necesitamos acceso directo y no solo secuencial.

5.6   Procesamiento de archivos con registros complejos

Los registros complejos son aquellos que contienen varios datos en cada uno de ellos. En un archivo de texto, cada registro es un único carácter. En un archivo binario, en cambio, los bytes no suelen seguir una secuencia azarosa, sino que se organizan en campos que se repiten registro tras registro, dando estructura al archivo (ver apartado 6.1)

Por ejemplo, si queremos guardar en un archivo la información personal (digamos nombre, edad y número de expediente) de los alumnos de un instituto, lo lógico es que destinemos una cantidad fija de espacio a cada uno de estos datos (digamos 100 bytes para el nombre, 2 bytes para la edad y 4 bytes para el expediente, es decir, char[100], short e int, en terminología de Java)

Esto quiere decir que raramente usaremos un FileOutputStream o un FileInputStream para escribir o leer secuencias de byte sin estructura, sino que generalmente lo montaremos sobre un DataOutputStream o un ObjectOutputStream. En Java, ambos mecanismos son válidos para leer y escribir archivos binarios con registros complejos.

En caso de usar DataOutputStream / DataInputStream, necesitaríamos disponer de tantas variables (y de los tipos adecuados) como tenga cada registro. Por ejemplo:

```
char[] nombre = new char[100];
short edad;
int expediente;
```

Necesitaremos crear el objeto de tipo DataOutputStream o DataInputStream sobre un FileOutputStream o FileInputStream (consulta los apartados correspondientes más arriba si tienes dudas sobre cómo hacerlo). Utilizando esas variables como fuente o destino de la información del fichero, resulta muy fácil gestionar archivos complejos.

En caso de usar ObjectOutputStream / ObjectInputStream, definiremos una clase que implemente el interfaz java.io.Serializable, para poder serializar las instancias de la misma. Esta clase contendrá, como variables miembro, todos los campos de cada registro del fichero. Algo así:

```
class Alumno implements java.io.Serializable {
   char[] nombre;
   short edad;
   int expediente;
   // A continuación, irían los getters y setters para estos atributos
}
```

Como en el caso anterior, el objeto de tipo ObjectOutputStream u ObjectInputStream se crea a partir de un FileOutputStream o FileInputStream. Se crea entonces una instancia de Alumno y se le asignan valores mediante los métodos setters antes de serializarlo para enviarlo al fichero. Consulta más arriba el apartado correspondiente a estas clases si tienes dudas sobre cómo se realiza este proceso.

6   Procesamiento en Java de archivos directos

Recuerda que en los archivos directos el campo clave coincide con la dirección de memoria secundaria donde se almacena el registro (repasa el apartado 6.2 si no sabes de qué estamos hablando)

A la hora de implementar estos archivos en Java no usaremos realmente la direcciones absolutas de almacenamiento, sino la posición relativa de cada registro respecto del comienzo del archivo. El primer registro tendrá la posición 0, el segundo la posición 1, el tercero la 2, etc. Como los métodos write() nos permite colocarnos al comienzo de cualquier registro, podremos usar los archivos directos como si fueran vectores sin necesidad de conocer la dirección física de almacenamiento.

6.1   Lectura y escritura

El método write() tiene versiones que permiten indicar un desplazamiento sobre la posición actual de escritura:

```
write(char[] c, int offset, int cant)
```

El offset (desplazamiento) indica cuántos bytes hay que adelantar la posición de escritura antes de realizarla efectivamente, contando desde el principio del archivo (posición 0).

De forma análoga, el método read() tiene versiones de este tipo:

```
read(byte[] b, int offset, int cant)
```

Por lo tanto, conocida la posición actual en el archivo, es posible leer o escribir en cualquier otra posición del mismo.

Todo esto es válido tanto para los objetos de las clases FileOutputStream / FileInputStream (archivos binarios) como los FileWriter / FileReader (archivos de texto).

Por ejemplo, si tenemos abierto un fichero de texto para lectura con FileReader y queremos acceder al carácter situado en la posición 100 del mismo, bastará con hacer esto:

```
char c[] = new char[20];   // La longitud del array debe ser mayor que 1
f.read(c, 100, 1);         // f es el FileReader
```

6.2   Búsqueda

Si los registros no están ordenados hay que hacer una búsqueda secuencial.

Si el archivo tiene los registros ordenados por algún campo tenemos dos opciones:

- Realizar una búsqueda secuencial mejorada, de las que se detienen en cuanto encuentran un elemento mayor que el que estábamos buscando

- Realizar una búsqueda binaria como la que aprendimos al estudiar los arrays. Se puede aplicar fácilmente a los archivos directos si identificamos cada registro del archivo con una posición del vector. Es un entrenamiento muy interesante que plantearemos entre los ejercicios del capítulo.

6.3   Borrado

Borrar registros puede ser complicado, ya que habría que desplazar el resto del archivo hacia atrás para sobreescribir la posición del registro desaparecido.

Como en el caso de los archivos secuenciales, disponemos de dos métodos para hacerlo:

- Copiar todos los registros en otro archivo auxiliar, excepto el que se desea borrar.

- Marcar el registro que se va a borrar como "no válido".

Como al estudiar los archivos secuenciales nos centramos en el primer método, ahora vamos a referirnos al segundo. Consiste en marcar los registros como borrados o no válidos. Para ello, todos los registros deben contar con un campo extra de tipo booleano. Por ejemplo, si hemos optado por manejar los registros con un ObjectStreamOutput, podríamos hacer esto:

```
class Alumno implements java.io.Serializable {
    char[] nombre;
    short edad;
    int expediente;
    boolean borrado;    // Este es el campo que hemos añadido
    // A continuación, irían los getters y setters para estos atributos
}
```

Si el campo borrado vale "false", podemos considerar que el registro es válido. Si vale "true", el registro se considerará borrado, aunque realmente seguirá existiendo en el archivo. De este modo, para borrar un registro sólo hay que cambiar el valor de ese campo. Hemos convertido el borrado en una modificación.

Si se quiere elaborar más este método, se puede mantener un fichero auxiliar con la lista de los registros borrados. Esto tiene un doble propósito:

- Que se pueda diseñar un método write() o read() más eficiente de modo que se tengan en cuenta los registros marcados.

- Que al insertar nuevos registros, se puedan sobreescribir los anteriormente marcados como borrados, si existe alguno, y así aprovechar el espacio.

Lo normal es implementar una combinación de los dos métodos de borrado: durante la ejecución normal del programa se borran registros con el método de marcarlos, y cuando se cierra la aplicación, o se detecta que el porcentaje de registros borrados es alto, se compacta el fichero usando el segundo método.

6.4   Modificación

La modificación consiste en realidad en una sobreescritura de un registro que ya existe. Al principio de este apartado dedicado a los archivos directos explicábamos como se hacía, al hablar de la lectura y la escritura.

7 Procesamiento en Java de archivos indexados

Lo más ingenioso de los archivos indexados es la zona de índices. Repasa el apartado 6.2.5 si no lo recuerdas con exactitud. Los índices pueden guardarse en un archivo independiente o bien en un array de memoria. La utilización de arrays hace que los registros se encuentren más rápidamente, pero perderíamos la tabla de índices al cerrar el programa.

Lo más habitual es utilizar una combinación de los dos métodos: mantener los índices en un archivo independiente y cargarlo en un array de memoria al inicio del programa, para volver a grabarlos cuando hayamos terminado.

En los siguientes ejemplos supondremos que el área de índices se encuentra en un archivo independiente. El archivo de índices se llamará "índice" y, el de datos, "datos". Qué original.

7.1   Búsqueda

Para leer un registro primero hay que localizarlo. El procedimiento es el siguiente:

1) Buscamos secuencialmente en el área de índices la dirección de comienzo del segmento donde está el registro que queremos buscar. Usaremos la clave del registro buscado para localizar el segmento.

2) Hacemos un acceso directo al primer registro del segmento.

3) Hacemos un recorrido secuencial dentro del segmento hasta localizar el registro.

4) Si el registro no se encuentra, acudimos al área de excedentes y hacemos un nuevo recorrido secuencial en ella para intentar localizarlo allí.

A la hora de implementar todo esto en Java es conveniente escribir un método que, recibiendo como parámetro la clave del registro buscado, devuelva su contenido.

7.2   Otras operaciones sobre archivos indexados

Manejar archivos indexados es bastante más complejo que hacerlo con archivos secuenciales, pero si se entiende bien el funcionamiento de las búsquedas no será problema implementar el resto de operaciones.

Si hubiera que insertar datos nuevos en el archivo, puede hacerse en la zonas vacías del segmento correspondiente (si hay espacio), o puede añadirse un nuevo segmento, siempre que las claves continúen ordenadas. Si hubiera que añadir un registro intermedio, habría que hacerlo en el área de excedentes, que para eso está.

Para eliminar un registro basta con borrarlo del área primaria, quedando el hueco vacío con la posibilidad de ser ocupado por otro registro en el futuro, siempre que no se desordenen las claves. Los métodos de borrado son los mismos que en el caso de los archivos secuenciales y directos.

Si se hacen muchas inserciones y borrados, es conveniente reordenar el archivo periódicamente, con el fin de compactar los segmentos y recolocar los registros que hayan ido a parar al área de excedentes.

El principal problema de la organización indexada es que el índice puede llegar a ser muy grande y consumir bastante memoria secundaria. Además, como el índice se recorre de manera secuencial, si es muy largo puede tardarse bastante en llegar a las últimas posiciones. Una solución a este problema es hacer un

índice secundario, que sirve para indexar la tabla de índices primaria, que a su vez indexa el área primaria del archivo.

Otra posibilidad para reducir el tamaño del índice es aumentar el tamaño del segmento, es decir, el número de registros que hay en cada segmento, pero entonces aumentan las búsquedas secuenciales que hay que hacer en el área primaria. Por tanto, hay que buscar un compromiso entre el tamaño del segmento y el tamaño del índice para hacer que el número de búsquedas secuenciales sea el mínimo posible.

8   Hemos aprendido...

En este capítulo hemos comprendido la estructura interna de la mayor parte de los ficheros de datos: secuencial, de acceso directo, de acceso aleatorio o indexados.

Hemos introducido el concepto de flujo de datos tal y como lo entiende Java, y hemos visto las clases básicas para operar con flujos, centrándonos en algunas de las más importantes de entre las que permiten leer y escribir datos en ficheros de memoria secundaria:

- FileInputStream y FileOutputStream para flujos binarios.

- FileReader y FileWriter para flujos de caracteres.

- DataInputStream y DataOutputStream para flujos binarios de tipos simples.

- ObjectInputStream y ObjectOutputStream para flujos binarios de objetos serializados.

- RandomAccessFile para acceso aleatorio.

Por supuesto, no nos hemos olvidado de otras clases importantes, como File (para crear ficheros y hacer comprobaciones sobre ellos, como tipo, permisos, existencia, etc) o BufferedReader (para construir *buffers* sobre flujos de entrada).

Finalmente, hemos visto algunas pautas sobre cómo implementar acceso secuencial, directo o indexado a ficheros con Java. Todo ello es lo que vamos a practicar enseguida en los ejercicios propuestos.

9 Ejercicios propuestos

En esta colección encontrarás menos ejercicios, pero más complejos. A partir del 6.14, lo que te proponemos son auténticos proyectos de programación, con aplicaciones de corte realista que te puede llevar bastantes días terminar con éxito. De modo que si hasta ahora nuestra recomendación era que no tratases de hacerlos todos, con más razón te lo repetimos aquí: resuelve solo los ejercicios que te parezcan interesantes y hacia los que te sientas motivado, y, si se te ocurre algo que programar y no está en la lista, mucho mejor: la motivación es lo más importante.

Como siempre, hemos marcado con un asterisco (*) los ejercicios que puedes encontrar resueltos en la siguiente sección, y el código fuente de los mismos, además de aquí, lo puedes descargar de:

http://ensegundapersona.es/programar-en-java

9.1   Ejercicios de archivos de texto

Ejercicio 6.1: Tabla de multiplicar (*)

Escribe un programa que pida un número N por teclado y escriba en un archivo de texto la tabla de multiplicar del número N del 1 al 10. Comprueba que el programa funciona abriendo el archivo de texto con un editor.

Ejercicio 6.2: Descomponer texto (*)

Escribe un programa que lea un texto por teclado, hasta que se pulse Intro, y después descomponga el texto en palabras, generando un archivo de texto que contenga cada palabra en una línea diferente. Cuando ejecutes el programa, comprueba su correcto funcionamiento abriendo el archivo de texto con un editor.

Ejercicio 6.3: Recomponer texto

Escribe un programa que lea el archivo generado en el ejercicio anterior y muestre su contenido en la pantalla, eliminando los saltos de línea para que el texto vuelva a aparecer en una sola línea.

Ejercicio 6.4: Concatenar archivos (*)

Escribe un programa que pregunte el nombre de dos archivos de texto (que deben de existir previamente) y genere un tercer archivo que contenga la concatenación de los dos archivos originales (concatenar = colocar el contenido del segundo archivo a continuación del contenido del primero)

Ejercicio 6.5: Contar letras (*)

Escribe un programa que abra un archivo de texto (el nombre lo especificará el usuario por teclado) y cuente la frecuencia de aparición de letras en el mismo. La salida del programa será algo así:

```
Núm. de caracteres del archivo: 82640
Letra     Núm. De veces que aparece        Frecuencia (%)
------------------------------------------------------------
  A              6288                          7.61 %
  B               675                          0.82 %
  C              3412                          4.13 %
 ...             ...                           ...
no imprimibles   1145                          1.38 %
```

Ejercicio 6.6: Buscar palabra (*)

Escribe un programa que abra un archivo de texto cuyo nombre indicará el usuario, y pida a éste que introduzca una palabra. Después, mostrará por pantalla sólo las líneas del archivo que contengan la palabra introducida.

Ejercicio 6.7: Archivo matemático

Escribe un programa que ofrezca al usuario un menú de dos opciones: (1) Introducir datos nuevos y (2) Leer datos del archivo.

Si se selecciona la primera opción, el programa pedirá 5 números enteros por teclado y calculará la suma y la media de todos ellos. Luego creará un archivo de texto y en él guardará los cinco números, la suma y la media. El archivo debe tener esta disposición (debes respetar los textos y los saltos de línea):

```
Números:
4
5
6
7
3
Suma: 25
Media: 5,0
```

La segunda opción servirá para abrir el archivo anterior y mostrar por la pantalla lo que contiene, aunque debes cambiar el formato para que lo que aparezca en la pantalla tenga este aspecto:

```
Los cinco números son: 4, 5, 6, 7 y 3
La suma es: 25
La media es: 5,0
```

Ejercicio 6.8: Generador de páginas web (*)

(Para realizar este ejercicio son necesarios unos pocos conocimientos de HTML)

Realiza un programa en Java capaz de generar una página web sencilla preguntando varias cosas al usuario:

- El texto que aparecerá en el encabezado de la página.

- Los atributos de este texto (tamaño, color, tipo de letra, negrita, etc.)

- El texto que aparecerá en el cuerpo de la página.

- Los atributos de este texto.

Cuando el usuario haya introducido toda esta información, el programa debe generar de forma automática un archivo de texto con extensión html que pueda ser correctamente visualizado en cualquier navegador web.

Ejercicio 6.9: Encriptador

La criptografía es una parte fascinante de las ciencias de la información dedicada al cifrado y descifrado de información mediante técnicas matemáticas. La criptografía es tan antigua como la civilización humana.

De entre los numerosos y curiosísimos métodos criptográficos, uno de los más simples es el de sustitución directa. Consiste en cambiar cada letra del alfabeto por la siguiente (la "A" se cambia por la "B", la "B" por la "C", y así sucesivamente hasta la "Z", que se cambia por la "A"). Así, el texto "HOLA MUNDO" se encripta como "IPMB NVÑEP".

Una sencilla variación, más difícil de desencriptar, es el método que cambia cada letra por otra letra situada a una distancia N de la primera en el alfabeto. Por ejemplo, si N = 3, la letra "A" se sustituirá por la "D", la "B" por la "E", la "C" por la "F", etc. El primer método del que hemos hablado es, pues, un caso particular de este, en el que N = 1. Este método de encriptación se suele denominar método César, porque el político romano Julio César lo utilizaba en las comunicaciones escritas con sus oficiales.

En el método césar, N es la clave de encriptación, y, conociéndola, podemos cifrar cualquier texto y posteriormente descifrarlo.

Este ejercicio consiste en, en realidad, en escribir dos programas:

- El primer programa será el encriptador. Debe pedir un nombre de un archivo de texto sin cifrar y una clave de encriptación (N), procediendo a su cifrado. El resultado se guardará en otro archivo de texto con extensión "cfr" (de "cifrado")

- El segundo programa será el desencriptador. Pedirá un nombre de archivo cifrado y una clave para descifrarlo, procediendo a mostrarlo por pantalla. Si la clave es incorrecta, el resultado será un galimatías. Además, si el usuario lo desea, el texto descifrado también podrá guardarse en otro archivo de texto.

(Nota: este método de cifrado, aunque genera archivos en principio ilegibles, es muy primitivo y cualquier especialista puede desentrañarlo en poco tiempo aunque no conozca la clave N)

Ejercicio 6.10: Asteriscos

Escribe un programa que abra un archivo de texto (cuyo nombre debe introducir el usuario por teclado) y sustituya todas las vocales por asteriscos. Haz dos versiones del programa: una que emplee exclusivamente acceso secuencial y otra que utilice acceso directo.

Ejercicio 6.11: Censura (*)

Se pretende escribir un programa que censure ciertas letras o palabras presentes en los archivos. El nombre del archivo se pedirá por teclado, y la lista de palabras o letras prohibidas estará en otro archivo de texto. El programa leerá el archivo original y sustituirá las letras o palabras prohibidas por asteriscos en el mismo archivo.

Haremos el ejercicio en tres pasos:

a) Primero, solo censuraremos letras sueltas.

b) En una segunda fase, censuraremos palabras o frases completas.

c) Por fin, y solo para quien le sobre tiempo, haremos que las palabras o frases censuradas desaparezcan por completo del archivo (no que se sustituyan por asteriscos ni por ninguna otra cosa)

9.2   Ejercicios sobre archivos secuenciales binarios

Ejercicio 6.12: miCopy (*)

Escribe un programa que copie archivos de cualquier tipo (ejecutables, imágenes jpg, música mp3: lo que sea). Para ello, tiene que preguntar primero el nombre del archivo de origen (que debe de existir) y luego el de destino. Después, leerá byte a byte el archivo de origen e irá escribiendo esos bytes en el archivo de destino.

Comprueba que el archivo copiado es idéntico al primero intentando abrirlo: si era un mp3, debería reproducirse sin errores; si era un jpg, la imagen debería permanecer inalterada; si era un ejecutable, el programa que contiene debería funcionar; etc.

Ejercicio 6.13: Liga de fútbol (*)

Se pretende escribir un programa para manejar la información de la liga de fútbol española. La información que se pretende guardar es: nombre de los equipos, partidos jugados, partidos ganados, empatados y perdidos y puntos acumulados en la liga.

El programa pedirá todos esos datos por teclado y los enviará a un archivo binario llamado "liga.dat". Ten en cuenta que en la liga de primera división hay 20 equipos.

Después de teclear los datos, el programa los recuperará del fichero y los mostrará por pantalla con este formato:

```
Equipo          Jugados    Ganados    Empatados    Perdidos    Puntos
Castañazo F.C.  15         10         3            2           33
Atlético Penoso 15         8          3            4           27
Rec. Geriátrico 15         7          5            3           26
...etc...       ..         ..         ..           ..          ..
```

Ejercicio 6.14: Liga de fútbol v2 (*)

Vamos a completar el ejercicio anterior (el de la liga de fútbol). Programa un sencillo menú de opciones que tenga este aspecto en pantalla:

```
PROGRAMA DE LA LIGA DE FÚTBOL

MENÚ DE OPCIONES

1. Introducir datos
2. Mostrar datos
3. Ordenar datos
4. Buscar un equipo
5. Borrar un equipo
6. Modificar un equipo
7. Salir del programa

Elija una opción (1-8)
```

Después, y según la opción elegida por el usuario, debes llamar a una función por cada opción.

- Introducir datos: esta función permitirá al usuario introducir por teclado nuevos datos, que serán añadidos al fichero de datos (liga.dat)

- Mostrar datos: leerá el archivo de datos (liga.dat) y mostrará su contenido en la pantalla.

- Buscar un equipo: pide al usuario un nombre de equipo y lo busca en el archivo. Si lo encuentra, muestra sus datos por la pantalla.

- Borrar un equipo: pide al usuario un nombre de equipo y, si existe, lo borra del archivo.

- Modificar un equipo: pide al usuario un nombre de equipo y, si existe, muestra por la pantalla sus datos actuales y pide al usuario unos datos nuevos. Después, sustituye los datos del equipo por los nuevos y lo guarda todo en el archivo.

Algunas funciones del programa, como la de la opción 2, ya las tienes programadas en los ejercicios anteriores y debes reutilizarlas.

Ejercicio 6.15: Liga de futbol deLuxe

Añade al programa anterior una opción para ordenar los registros del archivo por orden decreciente de puntuación total.

9.3   Ejercicios con archivos directos

Ejercicio 6.16: Búsquedas

Escribe un programa que sea capaz de realizar una búsqueda sobre el archivo "liga.dat" que ordenaste en el ejercicio 15. Esa búsqueda puede ser al principio secuencial pero, cuando te funcione, cámbiala por una búsqueda binaria aprovechado que el archivo está ordenado. Tal vez necesites repasar el concepto de búsqueda binaria y adaptarlo para archivos, usando las funciones de acceso directo.

Ejercicio 6.17: Agenda de contactos

Se pretende crear una agenda de contactos con información de nuestros amigos y conocidos. Según el tipo de persona de que se trate guardaremos más o menos información. Podemos distinguir, en principio, tres tipos de contacto, pero debemos construir la aplicación de forma que sea sencillo añadir más tipos en el futuro:

1) Familiares: guardaremos nombre, domicilio, teléfono, email y cuenta de twitter y de facebook.

2) Compañeros de trabajo: nombre, teléfono, email.

3) Amigos: nombre, teléfono, email, twitter y facebook.

El programa debe disponer ahora de un menú de opciones que le permita:

Añadir nuevos contactos. Asígnale un número de orden a cada contacto. El primero será el 1, el segundo el 2, etc. Añade ese número a los datos del contacto. Luego, graba los contactos en un archivo binario. El número del contacto debe coincidir con la posición que el registro ocupa en el archivo.

- Buscar un contacto. Habrá dos formas de hacer la búsqueda: escribiendo el número del contacto, en cuyo caso se puede hacer una búsqueda directa (rapidísima), o escribiendo su nombre, que obligará a hacer una búsqueda secuencial (muy lenta si el archivo llega a hacerse muy grande).

- Listar todos los contactos. Hay que recorrer el archivo desde el principio, mostrando en la pantalla toda la información guardada en él.

- Modificar un contacto. Se podrá hacer una búsqueda directa o secuencial de un registro; luego se mostrará su contenido en la pantalla y se pedirá al usuario que introduzca de nuevo los datos del registro. Por último, se escribirán los nuevos datos en el archivo en el lugar donde estaban los antiguos.

- Borrar un contacto. El borrado se hará mediante un campo especial que indique si un registro está borrado o no, como se indica en los apuntes.

Ejercicio 6.18: Inserción en huecos

Modifica el método de inserción de datos el programa anterior para permitir que se inserten los nuevos registros en el lugar que ocupan los registros borrados (si los hay; si no, se hará una inserción al final del archivo, como siempre).

Ejercicio 6.19: Compactación

Añade una nueva opción al programa anterior para compactar el archivo, es decir, para eliminar los huecos dejados por los registros borrados. Así no se desperdiciará espacio en la memoria secundaria, pero el número de cada contacto ya no corresponderá con la posición que ocupa en el archivo, por lo que no podremos hacer una búsqueda directa. Para evitar esto, debes completar el método de compactación con otro método que reasigne los números de contacto.

Ejercicio 6.20: Ordenación

Escribe un método de ordenación del archivo de la agenda de contactos que ordene los registros por orden alfabético. Después, aplícale la función de reasignación de números de contacto del ejercicio anterior.

9.4   Archivos secuenciales indexados

Ejercicio 6.21: Videoclub

Este ejercicio debe resolverse mediante archivos secuenciales indexados. Recuerda que éstos unen las ventajas de los archivos secuenciales y de los directos. Para implementar archivos secuenciales indexados hay que comprender antes cómo funcionan los otros dos, lo que equivale a resolver correctamente los ejercicios anteriores.

Este programa nos permitirá gestionar una pequeña base de datos de un videoclub (sí, ya podemos considerar que estamos programando un sencillo gestor de bases de datos: muy, muy simple, vale, pero gestor de datos al fin y al cabo).

Cada película tiene los siguientes campos:

- Título de la película (50 caracteres)

- Director (20 caracteres)

- Reparto (200 caracteres)

- Género (20 caracteres)

- Nacionalidad (10 caracteres)

- Duración (número entero)

- Borrado (carácter). Contiene "*" si el registro está borrado, o "-" si no lo está.

- Código (número entero). Es diferente para cada película

El programa que tienes que escribir debe comenzar mostrando un menú de opciones al usuario, más o menos así:

```
GESTION DE VIDEOCLUB

Menú de Opciones
----------------

(1) Buscar película
(2) Añadir película
(3) Borrar película
(4) Modificar película
(5) Listar todas las películas
(6) Reconstruir índice
(7) Salir

¿Qué desea hacer (1-7)? : _
```

Lo que debe hacer cada opción está claro. Pero, ¡cuidado!, ninguna de las 3 primeras debería funcionar hasta que no se haya construido el índice, es decir, hasta que no se haya ejecutado al menos una vez la opción 6

- Buscar película. El programa preguntará el código de la película que queremos buscar y luego intentará localizarla usando el archivo de índices y el de datos, mostrando en la pantalla el resultado. Fíjate que si hubiéramos creado un archivo de índices para, por ejemplo, el campo "título" en lugar del campo "código", podríamos hacer búsquedas por título, lo cual es mucho más cómodo para el usuario.

- Añadir película. El programa preguntará los datos de la película, se introducirán por teclado, y luego la añadirá al archivo de datos, actualizando el de índices si es necesario. Ten en cuenta que algunos registros tendrán que ir a parar al área de excedentes.

- Borrar película. Eliminar una película del archivo de datos. El código de la película que se quiere eliminar se introducirá por teclado.

- Modificar película. Cambiar los datos de un registro. Antes habrá que localizar el registro.

- Listar películas. Mostrar en la pantalla una tabla con todas las películas del archivo de datos. Aquí no es preciso usar el índice.

- Reconstruir índice. Es la función más compleja (es posible que tengas que dividirla en varias subfunciones). Se debe crear un nuevo archivo de datos que incluya todos los datos actuales (eliminando los que estén marcados como borrados) más los del área de excedentes, manteniendo el orden correcto de los registros. Después, se borrará el archivo de índices (si existe) y se volverá a crear. Utiliza un tamaño de segmento de 5 registros.

- Salir del programa.

Ejercicio 6.22: Biblioteca

Este ejercicio (sería mejor llamarlo "proyecto") debe resolverse mediante archivos secuenciales indexados. Recuerda que éstos unen las ventajas de los archivos secuenciales y de los directos y que, para implementarlos, hay que comprender antes cómo funcionan los otros dos.

Se trata de escribir un programa para gestionar los libros de una biblioteca.

Cada registro tiene los siguientes campos:

- Apellidos del autor (100 caracteres)

- Nombre del autor (50 caracteres)

- Título del libro (100 caracteres)

- Editorial (30 caracteres)

- Clave CDU (15 caracteres)

- Borrado (un carácter). Contiene "B" si el registro está borrado, o "-" si no lo está.

- Código (número entero). Es diferente para cada libro.

Versión básica del programa

Para considerar que el ejercicio está hecho, el programa tendría que realizar, como mínimo, las opciones del siguiente menú de usuario utilizando archivos secuenciales indexados:

```
GESTION DE BIBLIOTECA

Menú de Opciones
----------------

(1) Buscar libro
(2) Añadir libro
(3) Borrar libro
(4) Modificar libro
(5) Listar todos los libros
(6) Reconstruir índice
(S) Salir

¿Qué desea hacer (1-7)? : _
```

¡Cuidado!: como sucedía en el videoclub, ninguna de las 3 primeras opciones debería funcionar hasta que no se haya construido el índice, es decir, hasta que no se haya ejecutado al menos una vez la opción 6.

- Buscar libro. El programa preguntará el código del libro que queremos buscar y luego intentará localizarla usando el archivo de índices y el de datos, mostrando en la pantalla el resultado.

- Añadir libro. El programa preguntará los datos del libro, que se introducirán por teclado, y luego lo añadirá al archivo de datos, actualizando el de índices si es necesario. Ten en cuenta que algunos registros tendrán que ir a parar al área de excedentes.

- Borrar libro. Eliminar un libro del archivo de datos. El código del libro que se quiere eliminar se introducirá por teclado.

- Modificar libro. Cambiar los datos de un registro. Antes habrá que localizar el registro.

- Listar libros. Mostrar en la pantalla una tabla con todos los libros del archivo de datos. Aquí no es preciso usar el índice.

- Reconstruir índice. Es la función más compleja (es posible que tengas que dividirla en varias subfunciones). Se debe crear un nuevo archivo de datos que incluya todos los datos actuales (eliminando los que estén marcados como borrados) más los del área de excedentes, manteniendo el orden correcto de los registros. Después, se borrará el archivo de índices (si existe) y se volverá a crear. Utiliza un tamaño de segmento de 50 registros, pero que pueda ser fácilmente modificable (lo mejor es que definas el tamaño de segmento como una constante con #define)

- Salir del programa.

Versión avanzada del programa

Para hacer la versión avanzada, primero habrá que finalizar la versión básica.

El objetivo de la versión avanzada es hacer el programa más flexible y útil para el usuario.

Trata de imaginar cómo se podría lograr que, creando nuevos archivos de índices, pudiéramos acceder al archivo de datos mediante el título del libro o los apellidos del autor, en lugar de hacerlo siempre por el código del libro. Esto sería, entonces, como si tuviéramos ordenado el archivo de datos por varios campos a la vez.

Cuando se te haya ocurrido algún modo de hacerlo, modifica el programa para que, al seleccionar la opción 1 (Buscar libro), nos aparezca un submenú de este estilo:

```
GESTION DE BIBLIOTECA

Buscar libro
---------------
```

```
(1) Buscar por código
(2) Buscar por título
(3) Buscar por autor
(S) Volver al menú principal

¿Qué desea hacer (1-3)? : _
```

Cada opción de este submenú utilizará un archivo de índices diferente para acceder a los datos, y permitirá hacer búsqueda indexada (que es muy rápida) en todos los casos.

Esto exigirá cambiar también la opción de Añadir Datos (ahora habrá que actualizar los tres índices) y la de Reconstruir Índices (por la misma razón)

Y, por supuesto, en la opción 5 (Listar todos los libros), también deberá aparecer un submenú del mismo estilo para preguntarnos por qué criterio de ordenación queremos hacer el listado:

```
GESTION DE BIBLIOTECA

Listar todos los libros
--------------------------

(1) Ordenados por código
(2) Ordenados por título
(3) Ordenados por autor
(S) Volver al menú principal

¿Qué desea hacer (1-3)? : _
```

Llegados a este punto, puede ser muy interesante permitir que los códigos de libros estén ordenados pero *no sean necesariamente consecutivos*.

Para lograrlo, se podría implementar la opción "Añadir libro" de tres formas distintas que, en orden decreciente de dificultad, son:

* Que el usuario introduzca el código (puede ser necesario usar área de excedentes)

* Que el programa busque huecos (libros borrados pero no compactados)

* Que el programa añada siempre al final del archivo de datos, incrementando el código de libro y desechando los código intermedio sin uso.

En cualquier caso, la operación de compactación debe *mezclar* antes los archivos de datos y de excedentes. Y cuidado: el archivo de excedentes no tiene por qué estar ordenado.

9.5   Juntándolo todo

Ejercicio 6.23: Minitrivial

Vamos a terminar proponiendo una versión *ligth* del popular juego de preguntas y respuestas. Solo vamos a desarrollar la parte que genera las preguntas y comprueba las respuestas.

En este ejercicio-proyecto no solo practicarás con ficheros, sino que tendrás que hacer uso de muchas características relacionadas con la programación orientada a objetos.

Para desarrollar el juego utilizaremos dos ficheros de datos:

1) Preguntas: en este fichero habrá una colección de preguntas identificadas por un id, una categoría y un tipo. Habrá 6 categorías posibles (como en el Trivial original). El tipo puede ser "respuesta simple", "respuesta múltiple" o "sí/no". Esto hace referencia al tipo de respuesta que se espera, no al tipo de pregunta. He aquí un ejemplo de cada tipo:

- Pregunta de respuesta simple: "¿En qué año nació Francisco Ibáñez?" (respuesta: 1936)

- Pregunta de respuesta múltiple: "¿En qué año nació Francisco Ibáñez? (1936, 1939 o 1942)" (la respuesta correcta debe ser una de las tres opciones)

- Pregunta de tipo sí/no: "¿Francisco Ibáñez nació en 1936?"

2) Respuestas: en este fichero estarán las respuestas correctas de cada una de las preguntas anteriores, identificadas por el mismo id.

Creando la batería de preguntas

La versión básica del juego debería disponer de las siguientes funcionalidades:

- Añadir nuevas preguntas (con sus respuestas correspondientes, claro)

- Listar todas las preguntas y respuestas disponibles en la aplicación hasta el momento.

- Buscar una pregunta y su respuesta correspondiente a partir del Id.

- Modificar una pregunta y/o su respuesta.

- Borrar una pregunta y su respuesta.

- Elegir una pregunta al azar, formularla y pedir al usuario la respuesta. El programa nos dirá si hemos acertado o no.

Habrá una clase Respuesta con métodos comunes (como toString() o comprobar()), pero que no implementaremos en esa clase, que será abstracta, sino en sus tres hijas (RespuestaSimple, RespuestaMúltiple, RespuestaSiNo).

Observa que esta distinción no es estrictamente necesaria en el caso de la clase Pregunta, porque no existen tres tipos de pregunta, sino tres tipos de respuesta.

Jugando al Minitrivial

Ahora planteamos la creación de un segundo programa para poder jugar con la batería de preguntas preparada anteriormente.

El programa permitirá a dos jugadores competir. Realizará 10 preguntas a cada uno, en turnos alternos, sumando un punto por cada pregunta acertada.

Al principio de cada turno, el ordenador elegirá al azar la categoría de entre las seis disponibles, y luego elegirá al azar una pregunta de esa categoría. Después pedirá la respuesta e informará al jugador de si ha acertado o no.

Vence el jugador que consiga más puntos al término de la ronda de 10 preguntas. Si se produce un empate, el programa seguirá haciendo preguntas hasta que uno de los dos jugadores falle.

10 Ejercicios resueltos

Te presentamos una nueva colección de ejercicios resueltos. Recuerda que solo son propuestas de solución, no verdades eternas e inmutables. Y recuerda también que, para trastear cómodamente con los archivos fuente, te ofrecemos la posibilidad de descargarlos de aquí:

http://ensegundapersona.es/programar-en-java

Ejercicio 6.1: Tabla de multiplicar

```java
import java.io.*;

public class TablaMultiplicar {

    public static void main(String[] args) {
        // Genera tabla del número pasado como parámetro
        hazTabla(3);

        // Lee el archivo de texto "tabla.txt"
        //y lo muestra por la pantalla.
        leeArchivo();
    }

    public static void hazTabla(int n) {
        try {
            FileWriter f = new FileWriter("tabla.txt");
            for (int i = 1; i <= 10; i++) {
                f.write(n + " x " + i + " = " + n*i + "\n");
            }
            f.close();
        }
        catch (IOException e) { e.printStackTrace(); }
```

```
    }

    public static void leeArchivo() {
        try {
            FileReader f = new FileReader("tabla.txt");
            int c;
            c = f.read();
            // La forma resumida habitual de recorrer ficheros
            // es esta: while ( (c = f.read()) != -1)
            while (c != -1) {
                if (c != -1) System.out.print((char)c);
                c = f.read();
            }
            f.close();
        }
        catch (IOException e) { e.printStackTrace(); }
    }
}
```

Ejercicio 6.2: Descomponer texto

```
import java.io.*;

public class DescomponerTexto {

    public static void main(String[] args) {
        System.out.println("Escribe una frase, anda: ");
        String frase = System.console().readLine();
        System.out.println("Voy a guardar tu frase en salida.txt");
        System.out.println("Pondré cada palabra en una línea.");

        try {
            FileWriter f = new FileWriter("salida.txt");
            // La solución fácil es usar el replace() de String, así:
            //frase = frase.replaceAll(" ", "\n");
            //f.write(frase);

            // Nosotros procesaremos el String carácter a carácter:
            for (int i = 0; i < frase.length(); i++) {
                if (frase.charAt(i) == ' ')
                    f.write('\n');
                else
                    f.write(frase.charAt(i));
            }
            f.close();
        }
        catch (Exception e) { e.printStackTrace();
        }
    }
}
```

Ejercicio 6.4: Concatenar archivos

```java
import java.io.*;

public class Concatenar {

    public static void main(String[] args) {
        try {
            FileReader fi1 = new FileReader("uno.txt");
            FileReader fi2 = new FileReader("dos.txt");
            FileWriter fo  = new FileWriter("tres.txt");
            char[] c = new char[1024];
            int i;
            String s = null;

            System.out.println("Voy a procesar el primer archivo");
            while ( fi1.read(c, 0, 1024) != -1 ) {
              s = s + new String(c);
            }
            fo.write(s);

            System.out.println("Voy a procesar el segundo archivo");
            while ( (i = fi2.read()) != -1 ) {
              fo.write(i);
            }

            fi1.close();
            fi2.close();
            fo.close();
            System.out.println("Fichero creado con éxito");
        }
        catch (Exception e) { e.printStackTrace(); }
    }
}
```

Ejercicio 6.5: Contar letras

En esta solución utiliaremos un array con los caracteres que queremos contabilizar (abecedario). Cualquier carácter que no esté en ese array se considerará "no imprimible" y no lo contaremos.

Un segundo array llamado contCaracteres nos servirá para llevar la cuenta de cada uno de los caracteres que aparecen en el array abecedario.

Posteriormente, a la hora de mostrar el recuento, habremos de tener en cuenta que cada letra ocupa dos posiciones en el array (una para su forma mayúscula y otra para la minúscula). Por ejemplo, para mostrar el total de letras "B" que hay

en el archivo, tendremos que sumar las correspondientes a la letra "b" minúscula
y a la letra "B" mayúscula.

Con las vocales es algo más complicado, porque cada una ocupa cuatro posiciones
en el array debido a la posibilidad de que aparezcan con tilde. Así, la letra "A"
puede aparecer de estas cuatro formas: "A", "Á", "a" y "á". Y la "U" tiene seis
formas posibles, porque puede aparecer con diéresis ("Ü" y "ü").

```java
import java.io.*;

class ContarLetras {

  private char[] abecedario = {'A', 'a', 'Á', 'á', 'B', 'b',
        'C', 'c', 'D', 'd', 'E', 'e', 'É', 'é', 'F', 'f',
        'G', 'g', 'H', 'h', 'I', 'i', 'Í', 'í', 'J', 'j',
        'K', 'k', 'L', 'l', 'M', 'm', 'N', 'n', 'Ñ', 'ñ',
        'O', 'o', 'Ó', 'ó', 'P', 'p', 'Q', 'q', 'R', 'r',
        'S', 's', 'T', 't', 'U', 'u', 'Ú', 'ú', 'Ü', 'ü',
        'V', 'v', 'W', 'w', 'Z', 'z'};
  private int[] contCaracteres = new int[abecedario.length];
  private int contador = 0;
  private int contNoImprimibles = 0;

  public void ContarLetras(){
    for(int i = 0;i < abecedario.length; i++) {
        contCaracteres[i]=0;
    }
  }

  public void procesarArchivo(){
    try{
      //Abre el fichero indicado en la variable nombreFichero
      FileReader finput = new FileReader("mi-fich.txt");

      //Leee el primer carácter.
      int caract = finput.read();

      // Recorre el fichero hasta encontrar el carácter -1
      // que es el que marca el EOF.
      while(caract != -1) {
        // Obtenemos el índice de ese carácter en el array
        int pos = getPosicion(caract);
        if (pos != -1) {
          // Incrementamos el contador de ese carácter
          contCaracteres[pos]++;
        }
        else {
          contNoImprimibles++;
        }
```

```
        caract = finput.read();

        // Contamos cuantos caracteres tenemos en total
        contador++;
      } // while

      //Cerramos el fichero
      if (finput != null)  finput.close();
    } //try
    catch (IOException e) {
      System.out.println("Error de lectura del fichero");
    }
}

private int getPosicion(int car) {
  int i = 0;
  while (i < abecedario.length && abecedario[i] != car) {
      i++;
  }
  if (i < abecedario.length)
      return i;        // Devolvemos la posicion del caracter
  else
      return -1;       // Carácter no encontrado
}

public void mostrarResultados(){
  System.out.println("Núm. de caracteres: " + contador);
    System.out.println("Letra    Cantidad    Frecuencia (%)");
    System.out.println("------------------------------");
    int i = 0;
    while (i < abecedario.length) {
    System.out.print("     ");
    System.out.print(abecedario[i]);
    System.out.print("\t");
    int cont;

    // Las vocales pueden tener cuatro formas
    if (abecedario[i] == 'A' || abecedario[i] == 'E' ||
        abecedario[i] == 'I' || abecedario[i] == 'O') {
        cont = contCaracteres[i] + contCaracteres[i+1] +
               contCaracteres[i+2] + contCaracteres[i+3];
        i = i + 4;
    }
    // Pero la U puede tener hasta seis formas
    else if (abecedario[i] == 'U') {
        cont = contCaracteres[i] + contCaracteres[i+1] +
               contCaracteres[i+2] + contCaracteres[i+3] +
               contCaracteres[i+4] + contCaracteres[i+5];
        i = i + 6;
    }
```

```
        // El resto de caracteres solo tienen dos formas
        else {
            cont = contCaracteres[i] + contCaracteres[i+1];
            i = i + 2;
        }
        System.out.format("%5d\n\t", cont);
        System.out.format("%20.2f\n",
                (double)(cont*100)/(contador-contNoImprimibles));
    }
    System.out.println("Caractes no imprimibles: " +
                            contNoImprimibles);
    }
}
```

```
public class ContarLetrasPrueba {
    public static void main(String[] args) {
      ContarLetras cl = new ContarLetras();
      cl.procesarArchivo();
      cl.mostrarResultados();
    }
}
```

Ejercicio 6.6: Buscar palabra

```
import java.io.*;

public class BuscarPalabra {
    public static void main(String[] args) {
        FileReader fr = null;
        BufferedReader br = null;
        try {
            fr = new FileReader("entrada.txt");
            br = new BufferedReader(fr);
            String palabraBuscada = "pantufla";
            String linea = null;
            int numLinea = 1;

            while ((linea = br.readLine())!=null) {
                if (linea.contains(palabraBuscada)) {
                    System.out.format("Línea %d: %s\n",
                                        numLinea, linea);
                }
                numLinea++;
            }
            fr.close();
        }
        catch (Exception e) { e.printStackTrace(); }
    }
}
```

Ejercicio 6.8: Generador de páginas web

```java
import java.io.*;

public class GeneraHTML{

    private String textoTitulo, colorTitulo, tamTitulo;
    private String textoCuerpo, colorCuerpo, tamCuerpo;

    public void leerDatos() {
        System.out.println("Introduce el texto del título:");
        textoTitulo = System.console().readLine();
        System.out.println("Introduce el color del título:");
        colorTitulo = System.console().readLine();
        System.out.println("Introduce el tamaño del título:");
        tamTitulo = System.console().readLine();

        System.out.println("Introduce el texto del cuerpo:");
        textoCuerpo = System.console().readLine();
        System.out.println("Introduce el color del cuerpo:");
        colorCuerpo = System.console().readLine();
        System.out.println("Introduce el tamaño del cuerpo:");
        tamCuerpo = System.console().readLine();
    }


    public void generarHTML() {
      try {
        FileWriter fw = new FileWriter("pagina.html");

        fw.write("<html>\n\t<head>\n\t\t<meta charset='UTF-8'>\n\t\
t<title>Ejemplo Java</title>\n\t</head>\n");
        fw.write("<body><p style = 'font-size: " + tamTitulo +
                " ; color:" + colorTitulo + "'>" +
                    textoTitulo + "</p>");

        fw.write("<p style = 'color:" + colorCuerpo +
                "; font-size: " + tamCuerpo + "'>" + textoCuerpo +
"</p></body></html>");
        fw.close();
      }
      catch (IOException e) { e.printStackTrace(); }

    }
}


public class GeneraHTMLTest {
    public static void main(String[] args) {
```

```
    GeneraHTML g = new GeneraHTML();
    g.leerDatos();
    g.generarHTML();
    }
}
```

Ejercicio 6.11: Censura

```
public class Censurador {

  /**
   * Este método resuelve la primera versión del problema:
   * censura caracteres individuales sustituyéndolos
   * por asteriscos.
   *
   * @param nombreArch El nombre del archivo para censurar
   */
  public static void censurarCaracteres(String nombreArch) {

      // Esta es la lista de caracteres que vamos a censurar.
      // (En realidad, el ejercicio pide leerla de
      // otro archivo de texto).
      String caracteresCensura = "a";

      try {
          RandomAccessFile f = new
                          RandomAccessFile(nombreArch, "rw");
          long cont = 0;
          int c;

          while ((c = f.read()) != -1) {
              cont++;
              if (c != -1) {
                  if (caracteresCensura.contains(
                          Character.toString((char) c))) {
                      f.seek(cont-1);
                      f.write('*');
                  }
              }
          }
          f.close();
      } catch (Exception e) {
          e.printStackTrace();
      }
  }


  /**
   * Este método censura frases completas
   * sustituyéndolas por asteriscos.
```

```
    *
    * @param nombreArch Nombre del archivo que hay que censurar
    */
public static void censurarFrases(String nombreArch) {
    // Esta es la lista de cadenas que vamos a censurar.
    // (el ejercicio pide leerla de otro archivo de texto)
    String[] frasesCensura = {"Tolkien", "agujero", "hobbit"};

    try {
        RandomAccessFile f =
                    new RandomAccessFile(nombreArch, "rw");
        long cont = 0;
        String linea = null;

        while ((linea = f.readLine()) != null) {
            if (linea != null) {
                if (contiene(linea, frasesCensura)) {
                    String nuevaLinea =
                        sustituye(linea, frasesCensura) + "\n";
                    f.seek(cont);
                    f.writeBytes(nuevaLinea);
                }
            }
            cont = cont + linea.length() + 1;
        }
        f.close();
    } catch (Exception e) {
        e.printStackTrace();
    }
}


/**
 * Comprueba si alguna de las frases o palabras censuradas
 * están una línea del archivo
 * @param linea La línea leída del archivo
 * @param frasesCensura Lista de frases o palabras censuradas
 * @return True si alguna frase censurada está en la línea,
 *         false si no está ninguna
 */
private static boolean contiene(String linea,
                                String[] frasesCensura) {
    boolean esta = false;
    for (int i = 0; i < frasesCensura.length; i++) {
        if (linea.contains(frasesCensura[i]))
            esta = true;
    }

    return esta;
}
```

```java
/**
 * Sustituye las frases o palabras censuradas por asteriscos
 * en el string de una línea del archivo
 * @param linea La línea leída del archivo
 * @param frasesCensura Lista de frases o palabras censuradas
 * @return La línea del archivo con las palabras censuradas
 *             con asteriscos
 */
private static String sustituye(String linea,
                                    String[] frasesCensura) {
    for (int i = 0; i < frasesCensura.length; i++) {
        if (linea.contains(frasesCensura[i])) {
            String s = "*";
            for (int j = 0; j < frasesCensura[i].length() - 1;
                j++) {
                s = s + "*";
            }
            linea = linea.replace(frasesCensura[i], s);
        }
    }
    return linea;
}
}
```

```java
public class Censura {
    public static void main(String[] args) {
        if (args.length < 1) {
            System.out.println("Error: debe especificar el nombre
                                del fichero en la línea de comandos.");
        } else {
            Censurador.censurarFrases(args[0]);
            //También: Censurador.censurarCaracteres(args[0]);
        }
    }

}
```

Ejercicio 6.12: miCopy

```java
import java.io.*;

public class MyCopy
{
    public static void copy(String nombreOrigen,
                                String nombreDestino) {
        FileInputStream finput = null;
        FileOutputStream foutput = null;
        try {
            finput = new FileInputStream(nombreOrigen);
```

```
            foutput = new FileOutputStream(nombreDestino);
            int b;
            int cont = 0;
            int tamFichero = finput.available();

            while ((b = finput.read()) != -1) {
                foutput.write((byte)b);
            }
        }
        catch (IOException e) {
            System.out.println("Ha ocurrido algún error
                            al procesar el archivo");
            e.printStackTrace();
        }
        finally {
            try {
                if (finput != null) finput.close();
                if (foutput != null) foutput.close();
            }
            catch (IOException e2) {
              System.out.println("Ha ocurrido algún error
                            al cerrar los archivos");
            }
        }
    }
}
```

```
public class MyCopyMain
{
    public static void main(String[] args) {
        MyCopy.copy("apuntes.pdf", "copia.pdf");
    }
}
```

Ejercicios 6.13 y 6.14: Liga de fútbol (v1 y v2)

Este es uno de los ejercicios-proyecto que se proponen en el capítulo. El código
fuente es voluminoso, pero creemos que merece la pena que lo tengas a mano. No
resolveremos los demás ejercicios-proyecto (como el videoclub, la agenda de
contactos, el minitrivial, etc) porque el número de páginas del libro se dispararía,
pero creemos que en éste encontrarás suficientes ideas para enfrentarte a los
problemas típicos derivados del uso de ficheros.

Puedes observar muchas cosas interesantes en esta solución, pero te llamamos la
atención sobre algunas de ellas:

- Fíjate en cómo se han sacado todas las operaciones de interacción con el usuario a un clase llamada Vista. Esta es una buena solución para aislar el interfaz de usuario del resto de la aplicación. Así es mucho más fácil cambiar el interfaz sin que afecte a ninguna otra parte del código (por ejemplo, para proporcionar un interfaz gráfico al programa)

- Observa cómo a veces utilizamos RandomAccessFile y otras veces DataInputStream (o DataOutputStream), a pesar de estar trabajando todo el rato con el mismo fichero. Esto es así porque, a veces, nos resultará más cómodo utilizar una clase y a veces otra.

- Todas las operaciones con cada equipo de fútbol, incluyendo la lectura del fichero y la escritura en el mismo, se realizan desde dentro de la clase Equipo. Es decir, es el propio objeto de tipo Equipo quien se encarga de escribirse y recuperarse del fichero.

```java
/**
 * Una implementación del ejercicio de la Liga de Fútbol
 */
public class LigaFutbol {

    /**
     * Controlador principal. Elige el método que se ejecutará
     * según la opción de menú elegida por el usuario
     *
     * @param args the command line arguments
     */
    public static void main(String[] args) {
        int opcion = -1;

        do {
            // Muestra el menú de opciones
            opcion = Vista.mostrarMenu();

            switch (opcion) {
                case 0:
                    break;
                case 1:
                    mostrarListaEquipos();
                    break;
                case 2:
                    anadirEquipo();
                    break;
                case 3:
                    buscarEquipo("BUSCAR EQUIPO");
                    break;
```

```java
                    case 4:
                        modificarEquipo();
                        break;
                    case 5:
                        borrarEquipo();
                        break;
                    case 6:
                        ordenarFichero();
                        break;
                    default:
                        Vista.error("Error: opción no reconocida");
            }
        } while (opcion != 0);
    }


    /**
     * Muestra el contenido del archivo de datos en forma tabular
     */
    private static void mostrarListaEquipos() {
        Vista.mostrarCabeceraTabla();
        try {
            // Abre un flujo de datos de entrada
            DataInputStream dis =
             new DataInputStream(new FileInputStream("liga.dat"));
            // Recorre el flujo hasta el final
            while (dis.available() > 0) {
                // Lee un equipo del flujo
                Equipo eq = new Equipo();
                eq.loadFromFile(dis);
                // Si el equipo no está marcado como borrado,
                // lo muestra.
                if (!eq.isBorrado()) {
                    Vista.mostrarEquipo(eq);
                }
            }
            dis.close();
        } catch (Exception e) {
            e.printStackTrace();
        }
    }

    /**
     * Añade un equipo al fichero de datos.
     */
    private static void anadirEquipo() {
        Equipo eq = Vista.entrarDatosEquipo("AÑADIR EQUIPO.\n
         Por favor, introduzca la información del nuevo equipo:");
        try {
            // Abre el flujo de salida y escribe el equipo
```

```
            DataOutputStream dos =
                new DataOutputStream(
                    new FileOutputStream("liga.dat", true));
            eq.saveToFile(dos);
            dos.close();
        } catch (Exception e) {
            e.printStackTrace();
        }
    }


    /**
     * Busca un equipo (por nombre) en el fichero de datos
     * @param msj El mensaje que se mostrará al usuario antes
     *            de la búsqueda (BUSCAR, MODIFICAR, BORRAR...)
     * @return El número de registro del equipo, o -1 si no existe
     */
    public static int buscarEquipo(String msj) {
        Equipo equipo;
        String nombre;
        int posicion = 0;
        boolean encontrado = false;

        try {
            // Pide el nombre del equipo a buscar
            nombre = Vista.leerNombreEquipo(msj);
            // Abre el flujo de entrada y lo recorre hasta
            // el final, o hasta encontrar el equipo buscado
            DataInputStream dis = new DataInputStream(
                        new FileInputStream("liga.dat"));
            while (dis.available() > 0 && !encontrado) {
                // Llevamos la cuenta de la posición
                // (nº de registro) en el que estamos.
                posicion++;
                // Lee un equipo del fichero y lo carga en la variable eq
                Equipo eq = new Equipo();
                eq.loadFromFile(dis);
                // Si el nombre del equipo coincide con el buscado y no
                // está borrado, ya lo hemos encontrado
                if (eq.getNombre().contains(nombre) && !eq.isBorrado()) {
                    encontrado = true;  // Para salir del bucle
                    // Muestra los datos del equipo encontrado
                    Vista.mostrarCabeceraTabla();
                    Vista.mostrarEquipo(eq);
                }
            }
        } catch (Exception e) {
            e.printStackTrace();
        }
        if (!encontrado) {
            Vista.error("Equipo no encontrado.");
```

```
            posicion = -1;   // Si no encuentra al equipo devuelve -1
        }

        // Devuelve la posición (nº de registro) en la que encontró
        // el equipo en el fichero, o -1 si no lo encontró.
        return posicion;
    }

    /**
     * Modifica un equipo directamente en el fichero de datos
     */
    public static void modificarEquipo() {
        Equipo eq = null;
        // Primero buscamos el equipo
        int posicion = buscarEquipo("MODIFICAR EQUIPO");

        // Si el equipo no está en el fichero, posición valdrá -1
        if (posicion != -1) {
            // El equipo ha sido encontrado. La variable posición nos
            // indica el nº de registro en el que se encuentra.
            try {
                // Nos situamos al inicio del registro
                RandomAccessFile raf =
                        new RandomAccessFile("liga.dat", "rw");
                raf.seek((posicion - 1) * 39);
                // Leemos el equipo del fichero y lo cargamos
                // en la variable eq.
                eq = new Equipo();
                eq.loadFromFile(raf);
                raf.close();
            } catch (Exception e) {
                e.printStackTrace();
            }

            BufferedReader buff = new BufferedReader(
                            new InputStreamReader(System.in));
            String nombre;
            int pj, pg, pe, pp;

            // Ahora pedimos de nuevo los datos del equipo, para
            // modificarlos (esto se puede mejorar. Por ejemplo,
            // haciendo que, si pulsamos Intro, el dato
            // en cuestión no se modifique, y solo se cambie
            // si tecleamos algo).
            eq = Vista.entrarDatosEquipo("MODIFICAR EQUIPO.\nPor favor,
introduzca los datos modificados:");

            // Una vez cambiados los datos del equipo en la variable eq,
            // ahora vamos a volcar esa variable en el fichero de nuevo.
            try {
```

```
                RandomAccessFile raf =
                        new RandomAccessFile("liga.dat", "rw");
                // Nos posicionamos en el lugar correcto
                raf.seek((posicion - 1) * Equipo.TAM_REGISTRO);
                // Escribimos el equipo en el fichero
                eq.saveToFile(raf);
                Vista.mensaje("Registro modificado con éxito.");
                raf.close();
            } catch (Exception e) {
                e.printStackTrace();
            }
        }

    }


    /**
     * Marca un equipo como borrado en el fichero de datos
     */
    public static void borrarEquipo() {
        // Primero buscamos el equipo y obtenemos su posición
        // (nº de registro) en el fichero
        int posicion = buscarEquipo("BORRAR EQUIPO");

        if (posicion != -1) {
            // Hemos encontrado el registro.
            // Vamos a marcarlo como borrado.
            try {
                RandomAccessFile raf =
                        new RandomAccessFile("liga.dat", "rw");
                Equipo eq = new Equipo();
                // Nos situamos al comienzo del registro
                raf.seek((posicion - 1) * Equipo.TAM_REGISTRO);
                // Cargamos el equipo en una variable de tipo Equipo
                eq.loadFromFile(raf);
                // Ponemos el atributo de borrado a true
                eq.setBorrado(true);
                // Volvemos a posicionarnos y sobreescribimos
                // el registro con los nuevos valores del equipo
                raf.seek((posicion - 1) * Equipo.TAM_REGISTRO);
                eq.saveToFile(raf);
                Vista.mensaje("Registro borrado con éxito.");
                raf.close();
            } catch (Exception e) {
                e.printStackTrace();
            }
        }
    }

    /**
     * Ordena el fichero de datos con el método de la burbuja
```

```java
    */
    public static void ordenarFichero() {
        Vista.mensaje("Ordenando fichero...");
        try {
            RandomAccessFile raf = new RandomAccessFile("liga.dat","rw");
            Equipo eq1 = new Equipo();
            Equipo eq2 = new Equipo();
            for (int i = 1; i <= raf.length()/Equipo.TAM_REGISTRO; i++) {
                for (int j = 2; j <= raf.length() / Equipo.TAM_REGISTRO;
                     j++) {
                    // Leemos el registro j-1 del fichero
                    raf.seek((j - 2) * Equipo.TAM_REGISTRO);
                    eq1.loadFromFile(raf);
                    // Leemos el registro j del fichero
                    raf.seek((j - 1) * Equipo.TAM_REGISTRO);
                    eq2.loadFromFile(raf);

                    if (eq1.getPuntos() < eq2.getPuntos()) {
                        // Estaban desordenados. Los intercambiamos.
                        raf.seek((j - 2) * Equipo.TAM_REGISTRO);
                        eq2.saveToFile(raf);
                        raf.seek((j - 1) * Equipo.TAM_REGISTRO);
                        eq1.saveToFile(raf);
                    }
                }
            }
            Vista.mensaje("Fichero ordenado con éxito.");
        } catch (Exception e) {
            e.printStackTrace();
        }
    }
}


import java.io.*;

/**
 * Esta clase representa a cada uno de los equipos de la liga de fútbol.
 */
public class Equipo {
    String nombre;
    int jugados, ganados, empatados, perdidos;
    boolean borrado;
    public static final int TAM_REGISTRO = 39;

    public Equipo() {
        nombre = "Desconocido";
        jugados = 0;
        ganados = 0;
        empatados = 0;
```

```java
        perdidos = 0;
        borrado = false;
    }

    public Equipo(String nombre, int jugados, int ganados,
                  int empatados, int perdidos) {
        this.nombre = nombre;
        this.jugados = jugados;
        this.ganados = ganados;
        this.empatados = empatados;
        this.perdidos = perdidos;
        this.borrado = false;
    }

    public String getNombre() {
        return nombre;
    }

    public void setNombre(String nombre) {
        this.nombre = nombre;
    }

    public int getJugados() {
        return jugados;
    }

    public void setJugados(int jugados) {
        this.jugados = jugados;
    }

    public int getGanados() {
        return ganados;
    }

    public void setGanados(int ganados) {
        this.ganados = ganados;
    }

    public int getEmpatados() {
        return empatados;
    }

    public void setEmpatados(int empatados) {
        this.empatados = empatados;
    }

    public int getPerdidos() {
        return perdidos;
    }
```

```java
public void setPerdidos(int perdidos) {
    this.perdidos = perdidos;
}

public boolean isBorrado() {
    return borrado;
}

public void setBorrado(boolean borrado) {
    this.borrado = borrado;
}

public int getPuntos() {
    return ganados * 3 + empatados;
}

/**
 * Escribe el equipo en un stream
 * @param os El stream que apunta al fichero de datos
 */
public void saveToFile(DataOutputStream os) {
    try {
        // Forzamos que el nombre tenga siempre 20 caracteres
        // para tener registros de longitud fija
        String nombre20caract = String.format("%-20s", nombre);
        os.writeUTF(nombre20caract);
        os.writeInt(jugados);
        os.writeInt(ganados);
        os.writeInt(empatados);
        os.writeInt(perdidos);
        os.writeBoolean(borrado);
    }
    catch (Exception e) {
        e.printStackTrace();
    }

}

/**
 * Escribe el equipo en un RandomAccessFile
 *
 * @param raf El RandomAccessFile que apunta al fichero
 */
public void saveToFile(RandomAccessFile raf) {
    try {
        // Forzamos que el nombre tenga siempre 20 caracteres
        // para tener registros de longitud fija
        String nombre20caract = String.format("%-20s", nombre);
        raf.writeUTF(nombre20caract);
        raf.writeInt(jugados);
```

```
                raf.writeInt(ganados);
                raf.writeInt(empatados);
                raf.writeInt(perdidos);
                raf.writeBoolean(borrado);
        }
        catch (Exception e) {
            e.printStackTrace();
        }

    }

    /**
     * Carga el equipo desde un stream
     * @param is El stream que apunta al fichero de entrada
     */
    public void loadFromFile(DataInputStream is) {
        try {
            nombre = is.readUTF();
            jugados = is.readInt();
            ganados = is.readInt();
            empatados = is.readInt();
            perdidos = is.readInt();
            borrado = is.readBoolean();
        }
        catch (Exception e) {
            e.printStackTrace();
        }
    }

    /**
     * Carga el equipo desde un RandomAccessFile
     *
     * @param raf El RandomAccessFile que apunta al fichero de datos
     */
    public void loadFromFile(RandomAccessFile raf) {
        try {
            nombre = raf.readUTF();
            jugados = raf.readInt();
            ganados = raf.readInt();
            empatados = raf.readInt();
            perdidos = raf.readInt();
            borrado = raf.readBoolean();
        }
        catch (Exception e) {
            e.printStackTrace();
        }
    }


}
```

```
import java.io.BufferedReader;
import java.io.InputStreamReader;

/**
 * Esta clase es la implementación de la vista (interfaz de usuario) de la
liga de fútbol.
 * Se ha separado del resto del sistema para poder cambiar el interfaz sin
afectar al resto.
 * La implementación actual utiliza la consola de texto como medio de
interacción con el usuario.
 */
public class Vista {

    /**
     * Lee por teclado los datos de un equipo.
     * @param msj El mensaje informativo que se ofrece al usuario
     *            antes de pedirle los datos del equipo
     * @return Un objeto Equipo con los datos introducidos por el usuario.
     */
    public static Equipo entrarDatosEquipo(String msj) {
        BufferedReader buff = new BufferedReader(
                                    new InputStreamReader(System.in));
        String nombre;
        int pj, pg, pe, pp;
        Equipo equipo = null;
        System.out.println(msj);

        try {
            // Pide los datos del equipo por teclado
            System.out.print("  Nombre del equipo > ");
            nombre = buff.readLine();
            System.out.print("  Partidos jugados > ");
            pj = Integer.parseInt(buff.readLine());
            System.out.print("  Partidos ganados > ");
            pg = Integer.parseInt(buff.readLine());
            System.out.print("  Partidos perdidos > ");
            pp = Integer.parseInt(buff.readLine());
            pe = pj - pg - pp;  // Los partidos empatados no hace falta
preguntarlos porque se pueden calcular

            // Crea un objeto Equipo con los datos introducidos
            equipo = new Equipo(nombre, pj, pg, pe, pp);
        } catch (Exception e) {
            e.printStackTrace();
        }

        return equipo;
    }
```

```
/**
 * Muestra el menú de opciones y lee la opción elegida por el usuario
 *
 * @return La opción elegida, o -1 si hay un error de lectura
 */
public static int mostrarMenu() {
    BufferedReader buff = new BufferedReader(
                            new InputStreamReader(System.in));
    int opcion = -1;

    System.out.println("\n\nLIGA DE FÚTBOL - MENÚ PRINCIPAL");
    System.out.println("  1. Mostrar lista.");
    System.out.println("  2. Añadir equipo.");
    System.out.println("  3. Buscar equipo.");
    System.out.println("  4. Modificar equipo.");
    System.out.println("  5. Borrar equipo.");
    System.out.println("  6. Ordenar datos.");
    System.out.println();
    System.out.println("  0. Salir.\n");
    System.out.print("Elija una opción > ");

    try {
        opcion = Integer.parseInt(buff.readLine());
    } catch (Exception e) {
        e.printStackTrace();
        opcion = -1;
    }
    return opcion;

}

/**
 * Muestra la cabecera de la tabla de la lista de equipos.
 */
public static void mostrarCabeceraTabla() {
    System.out.println("\nLISTA DE EQUIPOS");
    System.out.println("Nombre                   Jug Gan Emp Per Pun");
    System.out.println("----------------------------------------");
}

/**
 * Muestra una de las filas de la tabla de la lista de equipos
 * @param eq El equipo cuyos datos deben mostrarse en esta fila
 */
public static void mostrarEquipo(Equipo eq) {
    System.out.format("%20s %3d %3d %3d %3d %3d\n", eq.getNombre(),
eq.getJugados(), eq.getGanados(), eq.getEmpatados(), eq.getPerdidos(),
eq.getGanados() * 3 + eq.getEmpatados());
}
```

```java
/**
 * Lee por teclado el nombre de un equipo.
 * (para la operación de búsqueda, modificación, borrado, etc)
 * @param msj El mensaje informativo que se ofrece al usuario
 *            antes de pedirle los datos del equipo.
 * @return
 */
public static String leerNombreEquipo(String msj) {
    BufferedReader buff = new BufferedReader(
                            new InputStreamReader(System.in));
    String nombre = null;

    System.out.println(msj + "\nPor favor, introduzca el nombre del
equipo:");

    try {
        // Pide el nombre del equipo a buscar
        System.out.print("   Nombre del equipo > ");
        nombre = buff.readLine();

    } catch (Exception e) {
        e.printStackTrace();
    }
    return nombre;
}


/**
 * Muestra un mensaje informativo en la consola.
 * La implementación es igual que la del mensaje de error, pero se separan
para poder
 * hacerlos diferentes con facilidad sin afectar al resto del programa.
 * @param msj El texto del mensaje.
 */
public static void mensaje(String msj) {
    System.out.println(msj);
}


/**
 * Muestra un mensaje de error en la consola.
 * La implementación es igual que la del mensaje informativo, pero se
separan para poder
 * hacerlos diferentes con facilidad sin afectar al resto del programa.
 * @param msj El texto del mensaje.
 */
public static void error(String msj) {
    System.out.println(msj);
}
}
```

Ejercicio 6.17: Agenda de contactos

Dijimos que no íbamos a mostrar más soluciones de estos kilométricos ejercicios-proyecto, y no lo haremos. Lo que tienes aquí es solo un boceto para que no tengas que empezar desde cero y no te paralice el "bloqueo de la página en blanco" que a veces ataca a los escritores, los pintores y los programadores. Es decir: puedes tomar esta solución parcial como un punto de partida desde el que edificar tu propia aplicación de agenda de contactos.

La idea que se propone es utilizar los flujos para escritura y lectura de objetos completos (ObjectInputStream y ObjectOutputStream), y aprovecharlos para facilitar la lectura y escritura de contactos en el fichero.

También se propone construir una jerarquía de clases para los contactos con una superclase abstracta (Contacto) de la que derivan varias subclases (Familiar, CompañeroDeTrabajo, Amigo). Los atributos y métodos comunes se implementarán en la superclase (por ejemplo, el atributo nombre y los métodos getNombre() y setNombre()), mientras que los que sean específicos de las subclases se implementarán en ellas (como getTwitter() o setTwitter()), o se sobreescribirán si es necesario (por ejemplo, el método toString()).

El código siguiente es un boceto de la clase Agenda, de la clase abstracta Contacto y una de sus subclases, Familiar. Observa que hemos sugerido implementar los métodos para leer y escribir objetos en Agenda, no en Contacto, pero puedes moverlo de lugar si te parece conveniente. Lo que es importante del método nuevoContacto() no es la clase donde está, sino el hecho de que *el mismo código sirve para guardar en el fichero contactos de cualquier tipo*, ya sean familiares, amigos o compañeros de trabajo, gracias al polimorfismo. En el código de ejemplo que te mostramos, se crean, de hecho, tres contactos de diferente tipo, para que veas a qué nos referimos.

Teniendo esto en cuenta, ya puedes lanzarte a programar tu propia agenda de contactos.

```java
import java.io.*;

public class Agenda {

    public static void main(String[] args) {
        String opc = null;
```

```java
    do {
        System.out.println("1. Nuevo contacto");
        System.out.println("2. Buscar contacto");
        System.out.println("3. Listar agenda");
        System.out.println("4. Borrar contacto");
        System.out.println("S. Salir");
        try {
            BufferedReader buff =
                new BufferedReader(new InputStreamReader(System.in));
            opc = buff.readLine();
        }
        catch (Exception e) { e.printStackTrace(); }
        if (opc.equals("1")) {
            nuevoContacto();
        }
        if (opc.equals("2")) {
            buscarContacto();
        }
        if (opc.equals("3")) {
            listarContactos();
        }
        if (opc.equals("4")) {
            borrarContacto();
        }
    }
    while (!opc.equals("S"));
}

public static void nuevoContacto() {
    Amigo c1 = new Amigo(1, "Luis", "Pérez", "Padilla");
    Companero c2 = new Companero(2, "Marta", "Gutiérrez", "Muñoz");
    Familiar c3 = new Familiar(3, "Luz","Marín","Ruiz","C/ Jón 15");
    try {
        FileOutputStream fos =
                    new FileOutputStream("agenda.dat", true);
        ObjectOutputStream oos = new ObjectOutputStream(fos);
        oos.writeObject(c1);
        oos.close();
        fos.close();

        fos = new FileOutputStream("agenda.dat", true);
        oos = new ObjectOutputStream(fos);
        oos.writeObject(c2);
        oos.close();
        fos.close();

        fos = new FileOutputStream("agenda.dat", true);
        oos = new ObjectOutputStream(fos);
        oos.writeObject(c3);
        oos.close();
```

```
                fos.close();
        }
        catch (Exception e) {
            e.printStackTrace();
        }
    }

    public static void buscarContacto() {
        System.out.println("Opción en desarollo...");

    }

    public static void listarContactos() {
        Contacto c = null;
        try {
            FileInputStream fis;
            int i = 0;
            fis = new FileInputStream("agenda.dat");
            while (fis.available() > 0) {
                ObjectInputStream ois = new ObjectInputStream(fis);
                c = (Contacto)ois.readObject();
                System.out.println(c.toString());
                i++;
            }
            fis.close();
        }
        catch (Exception e) {
            e.printStackTrace();
        }

    }

    public static void borrarContacto() {
        System.out.println("Opción en desarollo...");

    }


}
```

```
public class Contacto implements java.io.Serializable {

    protected int id;
    protected String nombre, apellido1, apellido2;

    Contacto(int id, String nombre, String ap1, String ap2) {
        this.id = id;
        this.nombre = nombre;
        apellido1 = ap1;
```

```
        apellido2 = ap2;
    }

    public void setNombre(String nombre) {
        this.nombre = nombre;
    }

    public String getNombre() {
        return nombre;
    }

    public String getApellido1() {
        return apellido1;
    }

    public String getApellido2() {
        return apellido2;
    }

    public int getId() { return id; }

    public String toString() {
        return "CONTACTO: " + id + " - " + nombre + " " + apellido1 +
                " " + apellido2;
    }
}
```

```
public class Familiar extends Contacto {
    String domicilio;

    Familiar(int id, String nombre,
            String ap1, String ap2, String domicilio) {
        super(id, nombre, ap1, ap2);
        this.domicilio = domicilio;
    }

    public String getDomicilio() { return domicilio; }

    public String toString() {
        return "FAMILIAR: " + super.toString() +
                " Domicilio: " + domicilio;
    }
}
```

¿Hemos terminado?

Sí. Y no. Me explico.

Un programador nunca deja de formarse. Si dominas, digamos, el 50% de lo que te hemos contado en este manual, puedes programar un montón de cosas. Pero lo que te falta por aprender es tanto que resulta fácil abrumarse.

No te preocupes demasiado: al mejor programador del mundo le falta por aprender tanto que también puede abrumarse si piensa mucho en ello. La diferencia entre 1 e infinito es igual de grande que entre 100 e infinito. Tú eres el 1, y el mejor programador del mundo es el 100. Conclusión: nadie puede saberlo todo.

Sin embargo, es lícito que quieras seguir formándote y mejorando, en este caso en Java. ¿Por dónde deberías seguir tu camino? Esta es una pregunta muy personal, desde luego, pero hay una respuesta razonable que se ajustará a una gran cantidad de lectores.

Si quieres profundizar en Java, hay muchas cosas de las que me hubiera gustado hablar en este libro y que no han tenido cabida por razones de espacio (más páginas significan mayor coste, y mayor coste significa que, tal vez, tú no hubieras comprado el libro, así que hay que poner un límite). Algunas de esas cosas, que me parecen muy importantes, son:

- Creación de aplicaciones con interfaz gráfico de usuario: AWT, Swing y JavaFX.

- Acceso a bases de datos externas.

- Algorítmica avanzada: recursividad, búsqueda automática de soluciones, técnicas de inteligencia artificial.

- Java en el lado del servidor: JSP (Java Server Pages)

De modo que, si quieres profundizar más en Java, mi consejo es que investigues en esas direcciones. Pero, por supuesto, eres tú quien debe decidir qué camino tomar. Tampoco es descabellado echar un vistazo a otros lenguajes de gran proyección, como Python, Ruby o el mismísimo Javascript, o a los lenguajes clásicos que aún perviven con una cuota de mercado nada desdeñable (¡por algo será!) como C o Cobol.

Y, sobre todo: programa, programa, programa. Cuanto más programes, mejor programador serás, del mismo modo que un herrero, un pintor, un alfarero o cualquier otro artesano no dejan de mejorar en su trabajo conforme acumulan horas de experiencia. Y nunca olvides la motivación: esa primera chispa que te llevó a interesarte por la programación, ese reto intelectual que te estimula y que tensa cada neurona de tu cerebro incitándola a dar lo mejor de sí misma, esa sensación de euforia que te invade cuando ves tu programa funcionando por fin. Sin motivación, sin sentir un auténtico placer por el hecho de crear esas ilusiones de puntos luminosos bailando en la pantalla que llamamos programas, no llegarás muy lejos.

Pero no hace falta que te lo diga, ¿verdad? Todo esto ya lo sabes, porque, de lo contrario, no habrías llegado hasta aquí.

Un saludo, y feliz codificación.

Antes de que te vayas

Enhorabuena, has llegado al final. "Java para novatos" termina aquí. Si tienes un minuto, te pedimos que vayas a la ficha del libro en Amazon y dejes una opinión honesta. Las opiniones de los lectores son importantísimas para la visibilidad del libro. Como siempre decimos, no nos vamos a hacer millonarios vendiendo estos libros, pero sí nos ayudará a seguir desarrollando contenido de interés.

Si quieres recibir noticias sobre nuevas publicaciones y ofertas especiales, puedes dejarnos tu correo electrónico en http://ensegundapersona.es. No recabamos ningún tipo de información personal. Además, prometemos no ser muy pesados y, en cualquier caso, podrás darte de baja cuando quieras.

Otros títulos publicados

¿Alguna vez te han dicho que programar en C es muy difícil? ¿Has querido aprender C pero no te has atrevido? ¿Has encontrado un montón de libros sobre C y no sabes por dónde empezar?

En este libro encontrarás el 99% de lo que necesitas saber para programar en C explicado de un modo claro y comprensible, desde lo más básico hasta las cuestiones más peliagudas como los ficheros indexados, los punteros o las estructuras de datos avanzadas.

El libro incluye:

- Programación estructurada con pseudocódigo y diagramas de flujo.

- La sintaxis del lenguaje C.

- Cómo construir programas estructurados y modulares con C.

- Funciones de la librería estándar de ANSI C.

- Estructuras de datos estáticas: arrays, cadenas, structs, uniones, enumeraciones, tipos definidos por el usuario. Ordenación de arrays.

- Ficheros (archivos): ficheros binarios y de texto, flujos en C, implementación en C de ficheros secuenciales, aleatorios e indexados.

- Estructuras de datos dinámicas: punteros, gestión dinámica de la memoria, listas, pilas, colas, árboles generales, árboles binarios de búsqueda.

- Otros aspectos avanzados: recursividad, creación de librerías, los compiladores gcc, mingw y Dev-C++, cómo construir un Makefile, el preprocesador de C, tipos de almacenamiento, manipulación a nivel de bits, etc.

- Ejercicios propuestos y resueltos descargables gratuitamente.

El libro no presupone ningún conocimiento previo del lector en el campo de la programación de ordenadores, pero no se queda solo en la superficie, sino que llega a profundizar en muchos aspectos avanzados del lenguaje C y de la programación estructurada. Por lo tanto, es apto tanto para principiantes ambiciosos como para programadores con cierta experiencia que quieren aprender C.

¡Ahora con el código fuente de regalo!

Los juegos constituyen unas de las categorías de programas más adecuados para el aprendizaje de la programación. Necesitan que practiquemos con muchas técnicas diferentes -ficheros, estructuras de datos variadas, gráficos, inteligencia artificial-, y, además... ¡son muy divertidos de programar!

El ajedrez es un juego hasta cierto punto fácil de transformar en programa de ordenador, ya que sus reglas están muy bien definidas, pero empieza a volverse complicado si queremos dotarlo de un interfaz gráfico y de inteligencia suficiente como para poder echarnos unas partidas contra nuestro propio juego.

En este texto se propone una planificación en 10 fases para que cualquier persona con una cierta experiencia en lenguaje C pueda acometer la realización completa de un programa para jugar al ajedrez. El autor ha sido profesor de informática durante más de quince años y ofrece pautas para resolver los problemas que surgirán por el camino y la documentación necesaria para afrontarlos. Al final del proceso, el lector/a dispondrá de un juego de ajedrez plenamente funcional y desarrollado por sí mismo.

Qué incluye este libro:

- Un resumen de las reglas del ajedrez.

- Un plan de trabajo detallado, distribuido en 10 fases, para conseguir culminar con éxito el proyecto.

- Documentación sobre las librerías ncurses y SDL para las realizar las versiones en modo texto y en modo gráfico del programa.

- Ideas para implementar el control del movimiento de las piezas, del estado de la partida y del tiempo.

- Cómo guardar y recuperar partidas usando la notación algebraica, convirtiendo la aplicación en un PGN viewer.

- Cómo dotar de inteligencia artificial al juego usando el algoritmo minimax.

Además, en el interior encontrarás las instrucciones para descargarte el código fuente de una implementación del juego de ajedrez completamente gratis, distribuida con Licencia Apache 2.0.

ÍNDICE

Made in the USA
Las Vegas, NV
06 March 2024

86826303R00260